Em que
Marx
tem razão?

Fritz Reheis

Em que Marx tem razão?

Tradução: Milton Camargo Mota

Edições Loyola

Título original:
Wo Marx Recht Hat
© Original Edition
„Wo Marx Recht Hat", 3rd edition
2016 by WBG (Wissenschaftliche Buchgesellschaft),
Darmstadt, Germany.
ISBN 978-3-8062-3236-3

Dados Internacionais de Catalogação na Publicação (CIP)
(Câmara Brasileira do Livro, SP, Brasil)

Reheis, Fritz
   Em que Marx tem razão? / Fritz Reheis ; [tradução Milton Camargo Mota]. -- 1. ed. -- São Paulo : Edições Loyola, 2023.

   Título original: Wo Marx recht hat
   ISBN 978-65-5504-283-2

   1. Capitalismo 2. Crises financeiras 3. Economia marxista I. Título.

23-161729   CDD-335.412

Índices para catálogo sistemático:
1. Economia marxista   335.412
Aline Graziele Benitez - Bibliotecária - CRB-1/3129

Preparação: Paulo Fonseca
Capa: Ronaldo Hideo Inoue
   Composição a partir das imagens
   de © PauloCesar | Adobe Stock
   e © Ihor | Adobe Stock (contracapa).
Diagramação: Telma Custódio

Edições Loyola Jesuítas
Rua 1822 nº 341 – Ipiranga
04216-000 São Paulo, SP
T 55 11 3385 8500/8501, 2063 4275
editorial@loyola.com.br
vendas@loyola.com.br
www.loyola.com.br

Todos os direitos reservados. Nenhuma parte desta obra pode ser reproduzida ou transmitida por qualquer forma e/ou quaisquer meios (eletrônico ou mecânico, incluindo fotocópia e gravação) ou arquivada em qualquer sistema ou banco de dados sem permissão escrita da Editora.

ISBN 978-65-5504-283-2

© EDIÇÕES LOYOLA, São Paulo, Brasil, 2023

Sumário

Agradecimentos 9
Introdução: As dúvidas se multiplicam 11
    De algum modo de pernas para o ar 12
    O que o leitor pode esperar 14
1. Céu e terra 17
    Como nos deixamos enganar? 18
    O olhar atrás da fachada 21
        O ponto de partida 21
        A produção da vida e a consciência 23
        Enganos 27
    Estruturas 30
    Resumo 33
2. Trabalho e exploração 35
    De onde vem a riqueza? 36

  O modo de funcionamento da exploração 39
    Propriedade privada 39
    Mercadoria, dinheiro, capital 42
    A contradição fundamental 50
  Globalização 52
  Resumo 56

3. Sentidos e ganância 59
  A imoderação é inata? 60
  A desolação dos sentidos 64
    A natureza de múltiplos lados do homem 64
    Propriedade privada e alienação 66
  Bulimia 70
  Resumo 73

4. Ordem e dominação 75
  A razão venceu? 76
  A subjugação do homem 83
    "Evapora-se toda estratificação, todo o estabelecido" 83
    A produção pela produção 85
  Autocoerção 89
  Resumo 93

5. Confiança e logro 95
  O homem é o lobo do homem? 96
  A deificação das relações 102
    O fetiche da mercadoria e do dinheiro 103
    O fetiche do salário 106
    O fetiche da renda ou a Santíssima Trindade 108
  Uniformidade 111
  Resumo 115

6. Risco e crise 117
  As crises são salutares? 118
  A produção de insegurança 125
    A possibilidade da crise 125
    A necessidade da crise 128
  Virtualização 130
  Resumo 137

7. Progresso e revolução 139
  A utopia comunista fracassou? 140
  A superação do capitalismo 144
    Forças produtivas e relações de produção 144
    Rompendo os grilhões 146

Transições 153
　　Resumo 161
8. Além do capitalismo 163
　　"*Socialismo ou barbárie?*" 164
　　A utopia do comunismo 170
　　　　O novo homem 170
　　　　A livre associação de produtores 174
　　Alternativas 176
　　Resumo 185
9. Fundamentos da vida 187
　　De que vivemos? 188
　　O corpo inorgânico e o corpo orgânico do homem 195
　　　　Fontes de riqueza 195
　　　　Desintegração do mundo e distúrbios dos ciclos 198
　　Sustentabilidade 203
　　Resumo 212

Perspectiva: E agora? 215

Bibliografia 223
　　1. *Karl Marx e Friedrich Engels* 223
　　2. *Bibliografia adicional* 224

Agradecimentos

O homem é um ser social. Ele não pode ser criativo sem intercâmbio interpessoal e um ambiente apropriado. Isso também se aplica a produtos intelectuais. Portanto, meus agradecimentos especiais vão primeiramente para meus "coautores", que acompanharam, parcial ou completamente, o processo de mais de dois anos de criação do manuscrito: Andreas Kallert, Bastian Langton, Benita Lippold, Christoph Linke, Ernst Wilhelm, Fabian Schulz, Franz Garnreiter, Harald Weiß, Jörg Schröder, Kristina Klemp, Lisa Melcher e Norbert Wimmer. Acima de tudo, eles cuidaram para que acontecessem três coisas como revisores de provas. Em primeiro lugar, que fosse explicado o que não era evidente por si mesmo; em segundo lugar, que as linhas de pensamento muitas vezes bastante abstratas de Karl Marx fossem sempre ilustradas por exemplos concretos e, em terceiro lugar, que o resultado também se estendesse aos leitores que não estudaram economia, sociologia, ciência política ou filosofia, numa linguagem bem digerível. Também estão incluídos nestas palavras de agradecimento aqueles que, por vários motivos, não podem ser citados pelo nome aqui. No que diz respeito ao ambiente em que trabalhei, os beneditinos de Münsterschwarzach contribuíram para a criação deste livro. No verão de 2008, retirei-me para dentro dos muros do mosteiro durante duas semanas, para poder me concentrar nos primeiros fundamentos do texto seguindo o ritmo da vida monástica. A casa de Waltraud Langton, numa ilha croata, também foi um lugar inspirador onde essencialmente completei o manuscrito no outono de 2010. E por último, não poderiam ser esquecidos aqueles que pensaram e discutiram sobre Marx comigo nas últimas três décadas e meia em círculos de trabalho e de leitura privados, nas instituições educacionais de igrejas e sindicatos, bem como em centros de educação para adultos, escolas técnicas superiores e universidades.

Introdução:
As dúvidas se multiplicam

"Marx está morto, Jesus vive!", havia exclamado triunfalmente Norbert Blüm[1], Ministro do Trabalho e Assuntos Sociais no governo Kohl, para operários do estaleiro em Danzig. Isso foi em 1989. Blüm tinha razão em relação a Marx? O fato é que muitos voltaram a se interessar por Karl Marx somente após o início da crise financeira e econômica de 2008. Especialmente o primeiro volume de sua obra-prima, *O Capital*, do ano de 1867, passou a ser procurado como não era havia muito tempo[2]. A editora Dietz, em Berlim, que já havia publicado as obras de Marx-Engels na República Democrática Alemã (RDA), teve dificuldade em dar conta de sua impressão no final do outono de

---
[1] Norbert Blüm pertence hoje, tal como Heiner Geissler, ao grupo de democratas-cristãos que alertam vigorosamente sobre os excessos do capitalismo.
[2] Já em 2007, ele estava na 5ª posição da lista de *best-sellers* do *Zentrale Verzeichnis Antiquarischer Bücher*. Ternes, 2008, 12.

2008[3]. Em muitas universidades há novamente seminários sobre Marx, como havia no final da década de 1960 e no início da de 1970. No outono de 2008, o semanário *Die Zeit* submeteu o livro a uma nova resenha[4] e um ano depois dedicou a Marx um livro próprio em sua série de Histórias[5]. A comunista viva mais conhecida da Alemanha, Sahra Wagenknecht, foi elogiada no *Süddeutsche Zeitung* por seu livro sobre a crise financeira e incluída entre celebridades da vida econômica em várias entrevistas[6]. O arcebispo de Munique e Freising Reinhard Marx, teve a ousadia de chamar seu livro sobre questões sociais e éticas atuais de *O Capital*[7], o que o lançou de imediato na lista dos mais vendidos da *Spiegel*. E um dos mais renomados especialistas em direito público e filósofo do direito da República Federal da Alemanha, o juiz de longa data do Tribunal Constitucional Federal alemão, Ernst-Wolfgang Böckenförde, está convencido de que Marx se tornou "novamente atual"[8].

De algum modo de pernas para o ar

O interesse renovado em Karl Marx, morto quase 130 anos atrás, está obviamente relacionado ao fato de que a confiança na ordem econômica e social atualmente dominante sofre um rápido declínio. Para mais de 85% dos alemães, a justiça é um "bem elevado", mas menos de 20% sentem que as coisas são justas na Alemanha[9]. 70% não veem com bons olhos a economia social de mercado; e 14% nutrem até mesmo uma ideia de uma alternativa possível[10]. Esses números provêm ainda da época em que, é verdade, se debatia sobre salários mínimos e remunerações de executivos, mas a crise financeira e econômica ainda não havia explodido. E hoje, depois que a economia voltou a crescer? De acordo com pesquisas recentes, enquanto 82% acreditam que é necessário um crescimento econômico adicional para manter a estabilidade política, a maioria não acredita que esse crescimento possa melhorar sua própria qualidade de vida[11]. Além disso, na opinião de

---

[3] *Der Spiegel*, n. 13 (2009) 118.
[4] *Die Zeit*, n. 43 (2008) 5.
[5] Der Prophet der Krisen: Karl Marx, Zeit Geschichte: Epochen. Menschen. Ideen, n. 3 (2009).
[6] SZ 7/8 fev. e 17 mar. 2009.
[7] *Marx*, 2008.
[8] SZ 24 abr. 2009. Ver capítulos 4 e 9.
[9] Hüther; Straubhaar, 2009, 18.
[10] SZ 9 jun. 2008.
[11] *Die Zeit*, n. 34 (2010) 21.

quase todos os entrevistados, o sistema econômico atualmente prevalecente é social e ecologicamente cego[12].

Mesmo que se deva sempre ter uma postura crítica em relação a pesquisas, elas refletem um mal-estar generalizado: por um lado, esse mal-estar diz respeito a uma política que, diante de uma crise financeira e econômica, não apenas tem a ideia de resgatar, mediante programas governamentais incrivelmente dispendiosos, bancos e grandes empresas "de importância sistêmica", que são em grande parte corresponsáveis pela crise, mas também, por meio de bônus dado por automóveis velhos para a compra de carros novos e ofensivas de incentivo às exportações, alimenta uma forma de consumo que tenta expulsar o diabo da crise econômica com o Belzebu da crise ecológica. Por outro lado, o mal-estar se aplica ao próprio sistema econômico. Pois este adquiriu tremendo poder *sobre* a humanidade, embora o gigantesco progresso técnico produzido por este sistema tenha realmente multiplicado o poder *do* homem. Este desconforto relacionado ao sistema tem a ver também com a legitimidade de uma ordem cuja retórica mudou radicalmente desde seus primórdios, como resume Thomas Assheuer no periódico *Die Zeit*: "os sons da charamela da religião do progresso" tornaram-se o "som metálico da restrição prática"; a "economia da promessa" tornou-se uma "economia de extorsão"[13]. Em termos simples: antes se dizia: "Empenhe-se e você ficará bem!" Hoje ouvimos: "Se você não entrar na linha, será excluído!"

E de quem é a culpa se o mundo está de algum modo de pernas para o ar? Claro, é sempre dos outros: os gerentes gananciosos, os políticos egoístas, os consumidores e poupadores acríticos — ou de uma perspectiva global: os EUA, a China, o Islã etc. Também se fala com frequência da natureza do ser humano como a causa real da situação mundial. No final, todos nós somos os culpados? Uma coisa é certa: somos confrontados com um imenso pátio de manobras da responsabilidade. Aqui se encaixam as terapias: umas apostam na economia doméstica, outras na indústria de exportação, umas desejam salvar os idosos, outras, os jovens; umas sobrecarregam a geração atual, outras, a futura. A transferência de ônus e responsabilidades na política tem seu equivalente na vida privada: se a pressão aumenta no local de trabalho, a saúde e a família sofrerão com isso. A carga sempre pousa onde menos encontra resistência.

---

[12] Ibid.
[13] *Die Zeit*, n. 14 (2008) 50.

O que o leitor pode esperar

Em vez de se envolver em truques sem fundamento e atividades de reparo sem planejamento, este livro trilha um caminho diferente. Ele defende a pausa e a revisão fundamental do modo de nossa economia e de nossa vida. Basicamente, ele oferece duas estratégias de teste: por um lado, podem-se contrastar pretensão e realidade; podemos perguntar, por exemplo, se os caminhos existentes para prosperidade e felicidade, paz e justiça, foram bem-sucedidos. No entanto, essa forma de exame, bastante frequente, ainda permanece dentro do pensamento usual. Se a resposta for negativa, uma segunda forma de teste torna-se inevitável: a comparação de realidade e possibilidade. Pode-se imaginar outra forma de atividade econômica e de vida? Esta pergunta é seriamente formulada com muito menos frequência. Sua resposta requer um recurso a uma maneira de pensar fundamentalmente diferente, uma abordagem radical. Uma maneira de pensar é radical se, como sugere o significado básico desse termo, tenta entender as relações a partir "da raiz". É essa abordagem que é representada por Karl Marx.

Em que Marx tem razão? pretende introduzir o pensamento de Karl Marx — mas não de maneira abstrata. A introdução é baseada em alguns dos tópicos que nos interessam e nos inquietam hoje. Essa abordagem concreta deve abrir o máximo de portas possível para Marx. Cada leitor deve encontrar seu acesso pessoal a um mundo que muitas vezes é experimentado como inacessível. Duas coisas devem se tornar claras nesta introdução: *Em primeiro lugar,* a análise da economia e da sociedade realizada há 150 anos é hoje mais atual do que nunca. E, *em segundo lugar,* ela provou ser extremamente fértil no século XX. Pois em seu solo nasceu uma tradição científica, a chamada Teoria Crítica, que cultiva o legado de Karl Marx e também tematiza as questões nas quais as respostas de Marx não são mais suficientes ou que Marx ainda não poderia ter formulado. O significado que Marx adquire no século XXI é particularmente evidente quando se contrastam suas ideias com as ofertas miseráveis do pensamento predominante tanto no público em geral como também em grande parte da ciência econômica.

Cada um dos nove capítulos aborda um tema da discussão atual do capitalismo e o relaciona a Marx. Num primeiro passo, faz-se um diagnóstico da época, central para o tema e que dá ensejo a questões para a ciência dominante, especialmente a ciência econômica. Somente após este breve desvio vem o segundo passo, que consiste em apresentar com mais detalhes a visão de Marx sobre as coisas. A reconstrução de seus argumentos centra-se em alguns conceitos, relações e citações essenciais. É dada especial ênfase à arquitetura do pensamento marxista: a conexão entre os pontos de partida escolhidos por Marx e as conclusões assim predeterminadas deve ficar tão clara quanto possível. A última parte de cada capítulo indica quais surpreendentes perspectivas teóricas sobre o mundo no século XXI serão abertas graças aos fundamentos de Marx. Aqui, também, haverá questões sobre os motivos da surpreendente estabilidade demonstrada até hoje pela ordem econômica e social capitalista. E mais uma coisa: ninguém deve esperar verdades incontestáveis, prognósticos precisos ou até mesmo receitas prontas de um pensador do século XIX, mas questões significativas e maneiras promissoras de respondê-las. Exatamente isto é o que pode ser encontrado em Marx[14].

---

[14] Há, entre os especialistas em Marx, uma extensa discussão sobre a leitura correta dos escritos de Marx. Esta discussão não será abordada aqui. No entanto, afasto-me de qualquer variante dogmática de um "marxismo de visão de mundo, ou marxismo do movimento dos trabalhadores" (marxismo-leninismo-stalinismo-maoísmo). De modo semelhante, Heinrich, 2004; Kurz, 2006; Bude; Damitz; Koch, 2010.

1
Céu e terra

Uma "séria depressão" está "fora do domínio da possibilidade", proclamou a prestigiosa *Harvard Economic Society* em novembro de 1929[1]. Um ano depois, a economia de todo o mundo ocidental estava no chão. Em setembro de 2008, os chefes do Banco Industrial Alemão (IKB) confessaram que nem sequer entendiam detalhadamente seus próprios negócios financeiros[2]. Pouco antes, haviam surgido rombos bilionários, e o banco teve de ser salvo com ajuda estatal. Perguntado se ele às vezes não se envergonhava de sua profissão diante do desenvolvimento catastrófico da economia, o prêmio Nobel em economia Robert Solow respondeu que economistas são "maus em prever as coisas", que eles não são profetas[3]. E continuou dizendo que os economistas são apenas "encanado-

---

[1] Galbraith, 2007, apud Wagenknecht, 2008, 9.
[2] *FAZ* 18 set. 2008.
[3] Por exemplo, *SZ* 27 nov. 2008.

res", e não devemos esperar nenhuma previsão de um encanador quando a privada quebra. Seu trabalho é consertá-la.

Os praticantes de economia se orientam, de fato, por qual tipo de conhecimento? Na prática do encanamento, isto está claro. Os encanadores devem ter aprendido alguma coisa sobre física e química, sobre engenharia de processos e propriedades de materiais, para que sua prática seja bem-sucedida. Mas gestores e políticos podem confiar em qual conhecimento sobre a economia e a sociedade? De que modo esse conhecimento foi realmente adquirido, e quando um caminho conduz ao engano em vez do conhecimento? Neste capítulo, o leitor é confrontado brevemente com algumas dificuldades fundamentais na busca do conhecimento, antes de conhecer a resposta marxista à questão epistemológica subjacente[4]. A provocação do jovem Marx, como veremos, consistiu em acusar que todo o grupo de pensadores de seu tempo havia se deixado ludibriar por uma ilusão fundamental, baseada num caminho errado na busca da verdade.

Como nos deixamos enganar?

Há três conceitos contrários ao conceito de verdade: mentira, erro e engano. O conceito de engano deixa aberto se o que temos é uma distorção intencional ou involuntária da verdade. Esses enganos serão discutidos abaixo. Então, por que podemos nos deixar enganar tão facilmente no caminho do conhecimento, especialmente no que diz respeito à economia e à sociedade — e até mesmo enganar os outros?

Qualquer conhecimento começa com uma "des-ilusão"[5]: de que o Sol não gira em torno da Terra, de que os escravos não são gado ou ferramentas, ou de que a icterícia não pode ser curada com a ingestão de sucos vermelhos. "Des-ilusão" como um primeiro passo para um conhecimento significa desistir de uma visão acostumada das coisas. Só que isso não é tão fácil, como sabemos por experiência própria. Revisar nossos pensamentos requer flexibilidade intelectual. As coisas ficam ainda mais difíceis quando estão em jogo interesses que devem ser coerentemente abandonados no caso de "des-ilusão". Sabemos que pode ser muito doloroso o reconhecimento de termos escolhido uma profissão que não combina conosco, ou

---

[4] Para Marx, a filosofia do conhecimento não pode ser separada da antropologia e da ontologia, pois, como ficará claro neste capítulo, o processo de conhecimento deve, da perspectiva materialista-histórica, adaptar-se às condições do mundo e do homem – e não vice-versa.
[5] Fromm, 1976, 48. Cf. também Fromm, 1956.

de termos seguido uma carreira que nos deixa infelizes. Quando se trata de economia e de sociedade, é compreensível que os interesses desempenhem papel central.

Antes de começar com considerações fundamentais sobre a aquisição de conhecimentos acerca da economia e da sociedade, imaginemos rapidamente um caso concreto para ilustrar o significado de interesses para o conhecimento. Uma habitante de Munique, divorciada, mãe de dois filhos, enfermeira geriátrica, precisa de dois empregos para sustentar sua família. Ela se culpa por não ter tempo suficiente para os filhos. Mas ela não sabe como mudar isso. Por que a situação é como é? Ela mesma talvez diga: não deveria ter me divorciado, deveria estar satisfeita com um filho apenas, não deveria ter me mudado para a cidade grande, deveria ter tido outra formação etc. Para um pesquisador social, a perspectiva sobre esta difícil situação de vida é bem diferente: por ocasião do divórcio, o ex-marido usou habilmente as lacunas nas leis de pensão alimentícia, o aluguel em áreas metropolitanas excede os custos razoáveis na camada de baixa renda, o nível de renda no campo de atendimento a idosos é extremamente baixo devido à qualificação relativamente baixa, ao reduzido grau de organização sindical e ao grande afluxo de trabalhadores da Europa Oriental e assim por diante. Qual das duas perspectivas corresponde à verdade? A da própria mulher, que tem em vista apenas seu comportamento individual, ou a do pesquisador, que está interessado exclusivamente nas condições externas desse comportamento? Ambos estão de algum modo certos; o retrato completo da realidade surge apenas da sinopse e da classificação das duas perspectivas.

Encontramos essa peculiaridade do conhecimento em todos os temas econômicos e sociais. Por que tantas pessoas têm de temer por seus empregos? Por que algumas pessoas conseguem fazer o dinheiro trabalhar para elas? Por que as maçãs da Nova Zelândia são mais baratas na loja de desconto do que no mercado local? O ponto de vista daquele que busca a verdade aponta o caminho do conhecimento. Esse ponto de vista é em grande parte responsável por quais perguntas serão formuladas e quais não serão, e também pelo lugar onde a resposta será procurada. Aqueles que estão realmente interessados no conhecimento devem tomar consciência dessa conexão entre ponto de vista, interesse e conhecimento. A mãe que cria os filhos sozinha cresceu num mundo onde as pessoas são ensinadas desde a idade precoce que cada um é responsável por si próprio; e o pesquisador social pode trabalhar por encargo da organização sindical *ver.di* e do departamento social da cidade de Munique num estudo sobre "Fatores de Risco

Biográfico e Pobreza", que se tornará a base para a negociação salarial e a política social do município.

Uma olhada em nossa linguagem cotidiana também mostra como pontos de vista e interesses afetam a qualidade dos conhecimentos. Ela está repleta de referências aos enganos condicionados por interesses. Isso começa com os termos, em alemão, *Arbeitgeber* (doador de trabalho; empregador) e *Arbeitnehmer* (tomador de trabalho; empregado). Este modo de falar põe de ponta cabeça as relações reais, porque afinal de contas é o empregador quem toma o trabalho; e é o empregado quem dá o trabalho. Os termos *Arbeitgeber* e *Arbeitnehmer* referem-se apenas à *oportunidade* de trabalho. Em seguida, temos a ideia generalizada de que existe um interesse geral em nível de desemprego baixo. Na verdade, contudo, só podem estar interessados num desemprego baixo aquelas pessoas que são dependentes de postos de trabalho, porque estes são a base para a sua subsistência. Para quem põe à disposição postos de trabalho beneficia-se com uma alta taxa de desemprego, pois ele pode escolher as pessoas dispostas a trabalhar e as condições de trabalho, incluindo a remuneração do trabalho, segundo seus próprios termos. Outro engano bastante generalizado esconde-se por trás da afirmação trivial de que a educação garante empregos. Na verdade, a educação inicialmente faz apenas com que os mais instruídos expulsem os menos instruídos dos mercados de trabalho. Somente postos de trabalhos adicionais podem tornar a educação uma fonte de renda. Além disso, todos conhecem a expressão popular segundo a qual podemos fazer o dinheiro "trabalhar". Ninguém jamais viu o dinheiro "trabalhando"; pessoas reais continuam sendo necessárias para produzir alguma coisa utilizando o dinheiro.

Com frequência, os enganos mais persistentes são aqueles que ocorrem dentro de nós. Muitas vezes pensamos que a compra de um novo item de consumo é indispensável para o nosso bem-estar, e logo depois constatamos dolorosamente a rapidez em que o prazer com esse objeto desapareceu, e isto frequentemente porque muitas outras pessoas também o adquiriram, fazendo dele um item padrão. Para muitos, a orientação da vida pela carreira e pela prosperidade material revela ser no médio e longo prazo um autoengano quando são obrigadas a admitir que o bem-estar e a felicidade dependem de circunstâncias totalmente diferentes, como, por exemplo, bons relacionamentos pessoais e atividades criativas. Há até mesmo indícios de que a prosperidade material realmente prejudica a capacidade de se divertir. Pesquisas recentes mostram que as pessoas nem precisam ser pessoalmente ricas; muitas vezes, a mera ideia de um montante de dinheiro é suficiente para estragar o sabor de um pedaço de chocolate, por exemplo[6]. Além disso, sabe-se que esses enganos internos são associados a interesses muito específicos, nomeadamente os interesses daqueles que se beneficiam da venda de bens de consumo, bem como os nossos próprios, na medida em que pretendemos consumir para compensar o estresse no local de trabalho, ou nutrimos sonhos de enriquecimento.

O olhar atrás da fachada

Como podemos nos proteger de enganos externos e pessoais, e olhar atrás das diferentes fachadas? Essa era a questão central do jovem Karl Marx. Especialmente em A *ideologia alemã*, uma obra polêmica escrita entre 1845 e 1846, Marx e Engels atacavam os discípulos do filósofo alemão Georg Wilhelm Friedrich Hegel, os chamados jovens hegelianos, mas também a teoria econômica clássica. Este texto contém uma proposta metodológica que questiona radicalmente a maneira de obter conhecimentos predominante naquela época. Esta proposta é fundamental para todo o trabalho de Marx.

O ponto de partida

Um conceito central nesta proposta é o do "ponto de partida", razão pela qual se deve iniciar com uma simples consideração preliminar: tal como se dá com outros caminhos, o ponto de partida é decisivo para o caminho do conhecimento. Só quando tenho certeza de onde eu começo, tenho bom motivo para esperar que não me perderei. Um bom ponto de partida deve estar firmemente ancorado no lugar e ser, acima de tudo, facilmente reconhecível, para que eu, em curso, sempre possa voltar a me orientar por ele. Por exemplo, numa cidade estrangeira, sabe-se que as torres altas servem mais como pontos de referência do que carros estacionados.

Marx acusa Hegel, os jovens hegelianos e outros de terem escolhido pontos de partida completamente inadequados para seus caminhos de conhecimento. Esses filósofos começam suas pesquisas com ideias. No entanto, sabemos que ideias estão constantemente mudando e que também são de difícil apreensão. Por exemplo, no curso da história humana, as noções de "liberdade", "justiça" ou "razão" passaram por grandes e constantes

---

[6] SZ 2/3 jun. 2010.

mudanças, e até hoje quase cada indivíduo tem delas uma compreensão diferente. Portanto, se queremos nos deixar guiar por ideias no processo de conhecimento, mas somos sempre confrontados com uma pluralidade de ideias em desenvolvimento e não podemos perseguir todas elas ao mesmo tempo, deveremos então necessariamente tomar decisões já no início do caminho do conhecimento: da plenitude de ideias, devemos selecionar aquelas que por algum motivo parecem mais plausíveis ou mais simpáticas. O ponto de partida do conhecimento neste caso é um estabelecimento arbitrário. De acordo com Marx, tal ponto de partida ideacional arbitrariamente estabelecido era, por exemplo, o "espírito do mundo", que, para Hegel, sempre esteve em atividade no plano de fundo dos desenvolvimentos individuais e sociais. Para Marx, o espírito do mundo não era senão uma "formação de nevoeiro no cérebro", um sedimento do processo da vida real das pessoas. Segundo Marx, Hegel conceitualizou na imagem do espírito do mundo os desenvolvimentos mais progressistas e fascinantes de seu tempo: o absolutismo esclarecido dos reis prussianos, a política de Napoleão dirigida contra o feudalismo e as reformas burguesas em alguns Estados alemães no início do século XIX.

Que outro ponto de partida é proposto por Marx?

> Ao contrário da filosofia alemã, que desce do céu à terra, é da terra ao céu que se sobe aqui. Dito de outro modo, não partimos do que os homens dizem, imaginam, representam, nem sequer dos homens narrados, pensados, imaginados, representados, para chegar em seguida aos homens em carne e osso; não, partimos dos homens em sua atividade real; é a partir de seu processo da vida real que representamos também o desenvolvimento dos reflexos e dos ecos ideológicos desse processo vital[7].

Qualquer um que realmente queira obter conhecimento não deve, de acordo com Marx, se satisfazer com as imagens encontradas sobre a realidade. Em vez disso, ele deve esforçar-se para entender as relações reais mostradas nas imagens. Pois quem, em sua busca de conhecimento, apenas descreve e critica ideias pode, é verdade, desmascarar os pensamentos dominantes como "fraseologias", às quais, contudo, ele contrapõe apenas outras fraseologias. Em termos concretos, isso significa que a falta de liberdade, a injustiça e a irracionalidade não são superadas pela proclamação da liberda-

---

[7] MEW 3, 26.

de, da justiça e da razão, mas apenas pela luta por elas. Os filósofos idealistas esquecem que "não estão de modo nenhum combatendo o mundo real existente, se apenas combatem as fraseologias deste mundo"[8]. Em outra parte, Marx escreve que esses filósofos idealistas se limitaram sempre a interpretar o mundo de maneiras diferentes, mas que o importante é mudá-lo[9].

A produção da vida e a consciência

O que é o "processo da vida real" acima citado, que Marx considera indispensável como ponto de partida de qualquer conhecimento? Para responder a esta pergunta, é preciso, de acordo com Marx, examinar mais de perto os "pressupostos reais" da economia e da sociedade[10]. Esses pressupostos devem ser verificados "de modo puramente empírico"; isto é, todos podem se convencer deles diretamente por experiência própria. Economia e sociedade só são possíveis onde há "indivíduos vivos", e os indivíduos, em virtude de sua "organização física", só podem estar vivos quando entram numa "relação com o restante da natureza". Em outras palavras, as pessoas precisam respirar, beber, comer, proteger seu corpo do calor e do frio, e outras coisas mais se quiserem permanecer vivas. Enquanto a respiração geralmente ocorre por si só, os outros aspectos dessa relação entre homem e natureza exigem que o homem se torne "ativo".

O metabolismo

Toda a vida é baseada num fundamental "metabolismo" com a natureza. Como o metabolismo entre homem e natureza é diferente daquela de plantas e animais? Todos os três tipos de seres vivos retiram da natureza energia, nutrientes etc. e novamente depositam nela suas diversas excreções. Mas, de acordo com Marx, só o homem faz isso com consciência. Abelhas ou aranhas, que também dominam atividades complicadas e constroem estruturas consideráveis cujas características técnicas às vezes são até superiores às maravilhas da arquitetura humana, não têm seus planos na cabeça antes de começarem a construir. Elas simplesmente constroem, guiadas por seus instintos, sem pensar. Somente o homem é capaz de "produzir" seus meios de vida, isto é, de gerá-los com consciência.

---

[8] Ibid., 20.
[9] Ibid., 7.
[10] Ibid., 20. Para o trecho seguinte, Ibid., 20-27.

O leitor crítico do século XXI pode objetar, dizendo que a questão se os animais têm consciência no sentido humano não pode ser respondida. No entanto, existe um claro critério de demarcação para a distinção entre animais e seres humanos, um critério que hoje pode ser bem fundamentado tanto em termos de teoria evolutiva quanto de fisiologia cerebral: a produção humana é acompanhada pela percepção da passagem do tempo, pela visão de volta ao passado, isto é, a reflexão; e pela visão avante para o futuro, a proflexão. É a percepção do tempo que capacita as pessoas a revisar e melhorar constantemente as técnicas com as quais se tornam ativas. Isso está relacionado ao fato de que apenas o ser humano pode armazenar suas experiências fora de seu corpo, em placas de pedra, rolos de papiro, páginas de livros e discos rígidos. Isso tem a grande vantagem de que a correção da experiência não exige a morte do corpo ou mesmo de toda a espécie. As pessoas precisam apenas reescrever livros e regravar discos rígidos se quiserem abrir novos caminhos em seus pensamentos e práticas. Essa capacidade permitiu que o homem, em sua história de um a três milhões de anos, subjugasse o mundo de uma maneira sem precedentes. Só ele pôde desenvolver constantemente suas ferramentas, tecnologias etc., e com velocidade crescente — plantas e animais não possuem tal evolução cultural.

A dupla relação

Marx esclarece os "pressupostos reais" da economia e da sociedade ao capturar os quatro lados ou relações da atividade de produção humana[11]. *Em primeiro lugar*, o homem produz sua própria vida material, isto é, ele satisfaz suas necessidades elementares. Respirar, beber e comer, vestir-se e morar são, em todo caso, parte da vida. *Em segundo lugar*, a satisfação dessas necessidades elementares leva a novas necessidades: tomar não apenas água, mas também vinho, não só proteger o corpo contra o frio, mas também ornamentá-lo, não apenas habitar uma caverna, mas também uma casa. Música, meditação e pesquisa também fazem parte de uma boa vida. *Em terceiro lugar*, as pessoas geram outras pessoas, criando relações sociais entre homens e mulheres, entre pais e filhos. Caso contrário, a história do homem teria terminado rapidamente.

Neste ponto, Marx aponta como o *quarto lugar* algo decisivo, que o acompanhará ao longo de toda sua análise posterior: o homem sempre trava

---

[11] Ibid., 28 ss.

uma relação dupla com a produção da própria vida e da vida alheia, isto é, a reprodução, que ocorrem desde o início da história humana: por um lado, uma relação natural; por outro, uma social. Essa dupla relação se desenvolve no curso da história humana de muitas maneiras. Ela se mostra em primeiro lugar na história da tecnologia, que medeia entre homem e natureza e, em segundo lugar, na divisão do trabalho, que é a base para a relação entre as pessoas. Mas a tecnologia e a divisão do trabalho também estão estritamente inter-relacionadas. Por exemplo, antes da invenção dos motores, se os pescadores quisessem usar grandes redes e barcos pesados, eles precisariam de muitas mãos para empurrar e puxar, muitas pessoas que tinham de coordenar sua força física. Hoje em dia, com a alta especialização e automatização dos fluxos de trabalho, às vezes basta um único olhar de controle no monitor de um computador para arrancar toneladas de peixes do mar. Quem quer entender a história da economia e da sociedade deve, de acordo com o programa de conhecimento de Marx, reconstruir com precisão essa dupla relação.

A consciência e o modo materialista-histórico de conhecimento

Somente agora Marx passar a falar da consciência como crítico da filosofia idealista. Mas, de acordo com Marx, ela também não nos sucede sem vínculo material, pois ela está estritamente associada à linguagem, que por sua vez, do ponto de vista material, consiste em camadas de ar em movimento. "A linguagem é a consciência real, prática, existente também para outros homens."[12] Tal como a consciência, a linguagem surge apenas da necessidade de troca e da necessidade de interação com outras pessoas. Para Marx, a linguagem e a consciência estão sempre vinculadas à produção material da vida. O que alguém diz e pensa tem sempre como pressuposto que ele faz algo. Portanto, o que ele faz e como ele o faz exprime-se na linguagem. Isso tem consequências de longo alcance para o processo de conhecimento: quem quer entender a linguagem e a consciência de outra pessoa ou de toda uma sociedade deve colocar essa conexão entre consciência e ser no centro de seu interesse do conhecimento. Como, então, a dupla relação em que o ser humano está envolvido se mostra em termos da relação entre ser e consciência?

No que diz respeito à relação entre homem e natureza, é necessário analisar o que é materialmente subjacente ao pensar e ao fazer. Trata-se

---

[12] Ibid., 30. Itálicos no original.

aqui, no sentido mais verdadeiro da palavra, do "metabolismo" entre o homem e a natureza. Elucidemos isso num exemplo breve: em termos bastante práticos, o que significa para esse metabolismo, por exemplo, quando os banqueiros anunciam que as ações de seu banco valem 25% mais a cada ano? Como explicar este aumento no valor de um título perante o fato de que a produção real geralmente cresce apenas alguns por centos ao ano? E como esses poucos percentuais de crescimento econômico real são possíveis no longo prazo num mundo cujas forças naturais não podem, como um todo, crescer no longo prazo porque a maioria dos recursos naturais é finita (ver capítulo 9)?

No que diz respeito à relação entre as pessoas, é necessário perguntar como as relações sociais são constituídas e como elas vieram a ser. Para permanecermos com o exemplo acima: como uma pessoa pode prometer a outra pessoa que multiplicará sua riqueza um quarto a cada ano? Que circunstâncias devem ter precedido essa promessa? Por exemplo, que papel desempenham a diligência e habilidade, as conexões e redes sociais, a chance de nascimento, o direito sucessório do Estado, os interesses e o poder dos grupos sociais mais influentes? Na busca da verdade, o olhar deve se voltar, segundo Marx, nessas duas direções: para "baixo", ou seja, para a base material e para "trás", ou seja, para a origem histórica. Nesse sentido, o caminho do conhecimento recomendado por Marx pode ser descrito como materialista-histórico[13].

Pessoas e circunstâncias

Aqueles que embarcam neste caminho do conhecimento e tentam analisar uma sociedade concreta descobrirão rapidamente que as circunstâncias em que uma geração nasce não determinam toda a vida dessa geração em todos os seus detalhes. A reconstrução da produção da vida, isto é, do ser e da consciência que acompanham esse ser, mostra a importância das interações. Toda nova geração já encontra certas condições da natureza e um legado da geração predecessora, que inicialmente ela deve simplesmente aceitar. Mas no decorrer da vida, ela aprende a também sempre modificar essas condições dentro de certos limites. Percebe-se que "as circunstâncias

---

[13] Esta heurística não deve ser confundida com o termo "materialismo histórico", que foi usado nos países do Bloco Oriental para uma parte central do desbastado saber marxista dominante (ver capítulo 7).

fazem os homens tanto quanto estes fazem as circunstâncias"[14]. Por conseguinte, é fundamental para o programa epistemológico de Marx que o processo de conhecimento deve se adaptar ao processo da vida, e não o contrário, como é o que ocorre nos filósofos idealistas. Em termos de espaço, o processo da vida fundamenta-se, em última instância, numa base material; e, no aspecto temporal, num evento evolutivo inimaginavelmente longo. Precisamos reconstruir esses fundamentos se quisermos entender nossa vida e nossa sociedade.

Tomemos o exemplo concreto de uma sociedade estrangeira, talvez até mesmo ameaçadora, como a do Congo ou do Irã. Essa análise não deve partir de uma categoria ideacional considerada incontestável em nosso próprio ambiente, como o "Estado de direito", para então medir todos os dados de acordo com a compatibilidade com essa ideia. Em vez disso, uma análise materialista-histórica deve começar com a questão sobre como as pessoas vivem lá no dia a dia: com que condições naturais as pessoas são confrontadas? Quem possui terra lá, quem possui as ferramentas para seu cultivo? Como as pessoas conseguem produzir os meios para sua subsistência? Que tipo de contrapartida elas, porventura, devem fornecer aos proprietários? Como e por que as condições materiais e históricas mudaram ao longo do tempo? Somente quando os fundamentos econômicos da vida são reconstruídos dessa maneira, quando, além das condições geográficas, também são expostas a relação do país com outros países, a sua ordenação na economia mundial global ou sua exclusão dela, as restrições econômicas do neocolonialismo e suas raízes no colonialismo, somente então podemos perguntar sensatamente por ideias, filosofias e teorias, como também, por exemplo, pela compreensão de Estado ali vigente e pelo significado que o "direito" possui ali.

Enganos

Para muitos, o ápice da provocação de Marx é a distinção entre consciência "certa" e "falsa". Sem dúvida, Marx enfatiza em muitos lugares que o caminho certo do conhecimento ainda não garante o alcance do objetivo do conhecimento, isto é, a verdade. O que as pessoas conhecem pode sempre reivindicar uma validade apenas provisória; ele deve poder ser corrigido num momento posterior. A história da busca pela verdade deve ser entendida como um processo de tentativa e erro que nunca pode terminar.

---

[14] *MEW* 3, 38.

No entanto, há para Marx circunstâncias que, com alguma probabilidade, levarão a um sistemático descaminho da consciência.

Divisão entre trabalho intelectual e trabalho manual

De acordo com Marx, as circunstâncias que podem turvar e enganar a consciência estão estreitamente relacionadas com o grau e a natureza da divisão do trabalho na sociedade. Se estamos falando da divisão do trabalho que existe entre camponeses e sapateiros, isto é, do trabalho material próximo da vida cotidiana, o caráter social da prática diária, especialmente a dependência recíproca de ambos, permanece vivo na consciência dos camponeses e dos sapateiros. O sapateiro talvez tenha ido de fazenda em fazenda perguntando, como ainda hoje faz às vezes o cuteleiro, se havia algo para consertar ou até mesmo se sapatos novos eram necessários. O avô do agricultor talvez tivesse feito este trabalho ele mesmo, de modo que tudo o que tem a ver com a divisão do trabalho e com a especialização das habilidades era óbvio para todos os participantes. Segundo Marx, a divisão do trabalho tornou-se problemática a partir do ponto em que o trabalho intelectual foi separado do material. Este é o caso quando uma parte da sociedade é responsável apenas pela produção material, a outra pelo que é "intelectual" — planejamento e direção. Marx chama de "real" essa forma especial de divisão do trabalho. O pressuposto material para ela é a existência de um produto excedente: a produtividade deve ser desenvolvida até um nível em que não só a sobrevivência material de todos esteja assegurada, mas também haja um excedente de víveres disponíveis, que permita que alguns membros da sociedade — sacerdotes, administradores, pesquisadores, gerentes — sejam dispensados da produção material. Eles são então unicamente responsáveis pelo planejamento e gerenciamento da produção.

Uma vez atingido este nível de divisão do trabalho, a relação entre ser e consciência altera-se de uma maneira decisiva: a consciência do caráter social das atividades materiais pode ser perdida. Por um lado, as pessoas que estão envolvidas em atividades executivas podem vê-las apenas como uma questão privada. Elas fazem seu trabalho e querem um bom dinheiro por isso; não estão interessadas em mais do que isso. Por outro lado, a consciência das conexões materiais de sua atividade pode desaparecer nos planejadores e gerenciadores da produção. Importa-lhes apenas que tudo funcione, que a relação de receita e despesa seja constantemente otimizada. Eles têm um interesse muito reduzido no que isso significa para os trabalhadores. Esta divisão social mostra-se numa imagem espelhada: "Aqueles lá em cima" são "teóricos puros" que não têm ideia da "prática real" — e "aqueles lá embaixo" não são capazes de "assumir responsabilidade", eles simplesmente precisam de uma "liderança clara". Quanto mais as atividades materiais e intelectuais forem separadas na economia e na sociedade, maior é o perigo de que sua conexão não seja mais estabelecida, nem mesmo na consciência. Isso tem uma dupla consequência: o processo de produção material permanece intelectualmente incompreendido, surge sem consciência, e a consciência pode imaginar ser algo diferente do "ser consciente". Este é o nascimento da "alienação" do homem, que Marx examinou mais de perto em vários de seus escritos posteriores (ver capítulos 3 e 5).

Responsabilidade terceirizada

Como numa sociedade industrial podemos imaginar tal consciência que se distanciou do ser? Numa fábrica clássica com atividades altamente especializadas, cada funcionário faz apenas alguns movimentos, sempre iguais. Ele tem poucas chances de supervisionar o contexto geral em que está envolvido. Talvez ele nem sequer saiba se está produzindo um invólucro para batom ou um cartucho de rifle. A ordenação dos movimentos individuais na produção total da empresa, e ainda mais a ordenação da produção total da empresa na economia nacional e mundial, ficam sob responsabilidade de outras pessoas: os engenheiros-chefes, economistas-chefes e gerentes gerais. Eles são os únicos que conhecem as conexões, e estas permanecem estranhas a todos os outros. No entanto, deve notar-se aqui que no mundo de trabalho de hoje, no início do século XXI, mudou a relação entre trabalho manual e trabalho cerebral, entre atividades executivas e de planejamento e liderança — não só porque nas sociedades altamente industrializadas e pós-industriais a produção de bens é cada vez mais substituída pela prestação de serviços, mas também porque a responsabilidade é cada vez mais deslocada de cima para baixo. No capitalismo *high-tech*, o funcionário dependente deve se sentir o máximo possível como empresário de sua própria força de trabalho, o qual é responsável, ele próprio, pela melhor utilização possível dela. Mais adiante será explicado que ocorre aqui uma forma particularmente refinada de engano da consciência (ver capítulo 4).

O que acontece, por outro lado, com a atividade intelectual separada da atividade material? Enquanto ainda estiver diretamente associada à atividade material, a tendência de tornar-se independente permanece dentro dos limites. A situação é diferente com os tipos de atividade intelectual vastamente desacoplados: o trabalho dos teólogos, filósofos ou cientistas sociais. Marx afirma:

> a consciência *pode* realmente supor ser algo distinto da consciência da prática existente, *realmente* representar alguma coisa sem representar algo de real — a partir deste instante ela encontra-se em condições de se emancipar do mundo e de passar à formação da teoria, teologia, filosofia, moral "puras" etc.[15]

No contexto da separação de trabalho intelectual e manual, é importante observar que Marx fala expressamente apenas da possibilidade da falsa consciência. Isso significa que nem todo filósofo ou cientista social necessariamente desenvolverá uma falsa consciência apenas porque ele não é ao mesmo tempo ativo na produção material. Mas como essa consciência se torna provável, talvez até necessária? Aqui, de acordo com Marx, a propriedade dos meios de produção desempenha um papel central. Pois, se não apenas os meios de produção do trabalho material, mas também do intelectual, estão em mãos privadas, os proprietários desses meios se esforçarão para direcionar os conteúdos do trabalho intelectual, bem como do material, a seu favor. Pensemos numa empresa farmacêutica que oculta um estudo de risco porque este poderia prejudicar sua reputação, ou numa empresa multinacional que suspende seu patrocínio de uma universidade porque esta examina criticamente as condições de trabalho em suas fábricas de produção no Sudeste Asiático e os resultados são trazidos ao público. Segundo Marx, o financiamento privado do trabalho intelectual significa que os "pensamentos dominantes" são, em regra, os "pensamentos dos governantes" e servem para justificar ou disfarçar a dominação[16].

Estruturas

Como vimos, de acordo com Marx, as pessoas fazem sua própria história, mas não por vontade própria, não nas circunstâncias escolhidas por

---

[15] Ibid., 31. Itálicos no original.
[16] De resto, hoje sabemos que esta recomendação para um caminho seguro para o conhecimento na história já foi aprovada por alguns testes. Por exemplo, quando Friedrich Engels, 27 anos antes do início da Primeira Guerra Mundial, previu-a em detalhes — duração, número de vítimas, consequências constitucionais. MEW 21, 350. Para uma comparação sistemática dos paradigmas "materialista-histórico", "histórico" (escola histórica), "liberal" (individualismo metodológico) na teoria econômica, ver Reheis, 1991a.

elas. Sempre há condições imediatamente dadas, que precedem a ação. Quanto mais uma pessoa, em sua história, muda seu ambiente natural e seu entorno social por meio do trabalho, mais pronunciado é o "excedente de objetividade"[17] com o qual ele se confronta. Essas condições já dadas definem a moldura de pensamento e ação humanos, determinam em grande medida o que deve acontecer inicialmente e posteriormente em situações concretas; elas definem prioridades. No século XX, uma série de cientistas críticos partiu desse fato e desenvolveu o programa epistemológico materialista-histórico de Karl Marx. O ponto de partida é que a ação humana é compreensível apenas quando se leva em conta essa grande importância das condições objetivas sem, no entanto, negligenciar o fator subjetivo, a pessoa que age. Isso vem acompanhado pela percepção de que os fenômenos não podem ser entendidos como fenômenos individuais, mas apenas sobre um plano de fundo de um contexto maior.

Para fazer justiça tanto ao comportamento do homem quanto às condições da sociedade sobre o plano de fundo deste contexto maior, que é vivenciado como altamente complexo, as ciências sociais assimilaram dois conceitos que desde muito se usavam nas ciências naturais: sistema e estrutura. Sistema significa "junção" e se refere ao fato de que certas partes de um todo maior se inter-relacionam, ou seja, estão separadas do entorno. Estrutura significa "disposição" e se refere à organização internas de um sistema. O conceito estrutural foi originalmente utilizado na linguística, para expressar que, num sistema linguístico, a compreensão do significado de uma frase requer não só o conhecimento da importância do grande número de palavras que mudam de acordo com a sentença, mas também, pelo menos de igual modo, o conhecimento das comparativamente poucas regras fixas de gramática. De maneira semelhante, sabe-se que rotinas fixas nas atividades cotidianas têm um efeito estruturante, que nos poupam de tomar decisões constantemente. A ideia básica aqui é que a consideração de estrutura e sistema possibilita, em vista da crescente complexidade do mundo, uma melhor investigação de como a estabilidade e a mudança são igualmente possíveis e estão interligadas[18].

---

[17] Reichelt, 1970, 17.
[18] O linguista Ferdinand de Saussure, o etnólogo Claude Lévi-Strauss e o sociólogo Louis Althusser são considerados os fundadores do estruturalismo no início do século XX. Um dos impulsos mais importantes em termos de teorias econômica e social foi dado pelo historiador francês Fernand Braudel (1949), cujo trabalho foi continuado por Immanuel Wallerstein. O estudo de Wallerstein sobre o "sistema capitalista mundial" é visto como continuação teórico-estrutural e teórico-siste-

O problema do conhecimento pode ser reformulado sobre este plano de fundo. Para que o comportamento e as circunstâncias sejam descritos e explicados sem enganos, a pessoa que busca o conhecimento não deve parar no nível de pessoas e ações, mas deve apreender as interconexões que já estão dadas para os agentes: por um lado, os sistemas em suas inter-relações dinâmicas com o entorno; por outro, as estruturas, por assim dizer, os pilares de suporte, que são criados para garantir a estabilidade necessária. As estruturas de suporte podem ser encontradas, em princípio, na cultura e na sociedade como um todo, bem como na forma como as pessoas pensam e sentem. Em relação aos enganos mencionados acima, isso significa que se alguém quiser analisar a ideia de dinheiro "que trabalha" ou da felicidade do consumo material, é preciso olhar mais de perto as estruturas que estão dadas de antemão para essa pessoa, que se orienta precisamente com base nessas ideias.

Para a discussão do capitalismo de acordo com Marx, é interessante ver como os problemas acarretados por todo sistema, inclusive o sistema econômico capitalista, são examinados por meio de estruturas de apoio. No início da década de 1970, o cientista político Claus Offe, por exemplo, mostrou com base na análise marxista quanto as ações do Estado são influenciadas pelas coações da economia capitalista e, ao mesmo tempo, como o Estado está em condições de compensar esse sistema pelo desenvolvimento de suportes estruturais[19]. Para este fim, o Estado, constantemente confrontado com uma variedade de interesses, desenvolve um filtro para que entrem em ação aqueles interesses que asseguram a estabilidade da economia e da política, especialmente o crescimento econômico e a lealdade das massas.

A supremacia dos dados objetivos, o medo do colapso em face do grau de complexidade alcançado hoje, são sentidos como particularmente opressores nas situações em que é difícil estabelecer prioridades. É interessante observar como os detentores de responsabilidades na economia e no Estado se servem, nesta situação, do pensamento sistema-estrutura nas ciências sociais críticas. Isso vai ao ponto em que, diante da crise financeira e econômica de 2008 e 2009, foram repentinamente abandonados aqueles princípios que antes haviam sido considerados completamente intocáveis. Não se

---

mática da análise de Marx (ver capítulo 2). Em sua *Teoria da estruturação*, o sociólogo Anthony Giddens tentou encontrar um caminho intermediário entre uma perspectiva puramente objetivista e uma puramente subjetivista sobre a interação entre homem e sociedade. Giddens, 1984. Sobre a relação entre ação e estrutura no pensamento de Karl Marx cf. Demirović, 2010.

[19] A esse respeito, cf. Offe, 1969 e 1971.

perguntava mais pelo "verdadeiro" e "falso" em relação às descrições e análises, e muito menos por valores morais. O que importa em tais situações é apenas se uma única medida ou um programa inteiro se ajusta à estrutura e está em condição de dar suporte ao sistema. Estamos falando aqui das gigantescas operações de resgate em que se traçou uma espessa linha divisória entre, de um lado, os grandes bancos (Hypo Real Estate), grandes empresas (Opel) e Estados (Grécia) "importantes para o sistema", e, de outro, o restante da economia e da sociedade. Quando se fala nas políticas econômicas e financeiras de "crise estrutural", "desemprego estrutural" ou "*déficit* estrutural", é para exprimir o drama de uma situação problemática mais do que sazonal — sem, é claro, deixar ressoar tons de crítica ao capitalismo. Nos capítulos seguintes, indagaremos como as estruturas formadas pela ordem econômica e social capitalista contribuem para a estabilização do sistema.

Resumo

Quem julga uma pessoa pelo que esta proclama de si mesma é facilmente enganado. No entanto, ao julgar fatos econômicos e sociais, geralmente confiamos em autorrepresentações idealizadas. Isso é um grave erro, diz Marx. Porque as respostas às nossas perguntas serão encontradas não no céu das ideias, mas na terra, onde a vida ocorre. Para poder viver, o ser humano — como espécie — deve trabalhar. É o trabalho que liga as pessoas antes de tudo ao ambiente natural e ao entorno social. Na produção da vida mediada pelo trabalho, a consciência do homem é formada ao mesmo tempo. A divisão do trabalho em trabalho manual e intelectual torna possível que a consciência se distancie do ser, que ela imagine ser algo diferente do "ser consciente". Além disso, se o trabalho intelectual ocorre sob a direção da propriedade privada dos meios de produção, essa possibilidade torna-se uma probabilidade ou mesmo uma necessidade, a consciência social perde sua base terrena. Os sociólogos críticos, que no século XX se orientaram pela concepção de conhecimento de Marx, apontam para o enorme excedente de objetividade que resultou do desenvolvimento da relação homem-natureza e homem-homem ao longo das muitas gerações. Portanto, quanto mais abrangente e complexo se torna o mundo criado pelo próprio homem, mais a ação deve se adaptar às estruturas produzidas pelo próprio homem, porque tanto menos suficiente é limitar-se ao nível do comportamento humano para descrever e explicar os econômicos e sociais.

2

Trabalho e exploração

A quantidade de riqueza está além da nossa imaginação. Quem tem o hábito de olhar os iates nos portos do mediterrâneo durante o verão pode facilmente constatar que a ostentação dos super-ricos parece não sofrer limites. Atualmente, o maior "navio dos sonhos" privado, de um xeique árabe, tem 160 metros de comprimento, dispõe de cinema, pista de dança, quadra de *squash*, helicóptero e submarino e exigiria para seu funcionamento uma equipe de mais de 100 pessoas[1]. A riqueza privada da família mais rica dos EUA é mais do que o dobro do produto interno bruto de Bangladesh, que deve ser suficiente para 127 milhões de pessoas[2]. O alemão mais rico, Karl Albrecht, tem uma fortuna privada de cerca de 17 bilhões de euros, que lhe traria uma receita de cerca de 250 mil euros

---

[1] SZ 30/31 ago. 2008.
[2] Chossudovsky, 1997, 29.

brutos por hora, se ele colocasse a quantia para render modestos 4% na poupança[3]. Os CEOs do Deutsche Bank, da Siemens ou da Audi devem se virar com um montante significativamente menor; eles "só" conseguem embolsar um rendimento anual de vários milhões de euros. E o outro lado? A cada quatro segundos, uma criança morre de fome em nosso planeta ou morre de sequelas da fome[4]; cerca de um bilhão de pessoas encontram-se em estado permanente de desnutrição[5]; o salário médio em fábricas de têxteis em Bangladesh totaliza cerca de 30 euros por mês[6]; na Alemanha, uma entre sete pessoas seria afetada pela pobreza, de acordo com o último estudo de renda do Instituto Alemão de Pesquisa Econômica em Berlim (DIW). Na rica Baviera, a pensão média das mulheres em 2009 era pouco menos de 500 euros por mês[7]; e mães que criam os filhos sozinhas, e também muitas vezes cuidam de seus pais, precisam abrir mão de oportunidades profissionais e, portanto, carregam um tremendo fardo, mas, como sabemos, recebem da sociedade uma remuneração especialmente precária. Em termos de riqueza e pobreza, as tendências são alarmantes: enquanto o quinto mais rico da população mundial na década de 1960 ganhava 30 vezes mais do que o quinto mais pobre *per capita*, hoje ganha quase 100 vezes mais[8]. Para a Alemanha, o estudo da renda do DIW mostra que não só o número dos mais pobres e dos mais ricos cresce continuamente e que, portanto, a classe média está encolhendo, mas também que os mais pobres estão ficando cada vez mais pobres nesses últimos dez anos.

Como é que surgiu essa diferença entre ricos e pobres? A riqueza é resultado de um esforço mil vezes maior, um desempenho mil vezes maior, uma responsabilidade mil vezes maior? Este capítulo mostrará que, do ponto de vista de Marx, tais tentativas de explicação são absurdas. Elas disfarçam a verdadeira causa da riqueza: a exploração do trabalho humano.

De onde vem a riqueza?

No cerne da teoria econômica prevalecente entre nós, há uma resposta simples e muito técnica para a questão da fonte da riqueza — e de sua con-

---

[3] Estimação com base na chamada lista da *Forbes* regularmente publicada na *Managermagazin*.
[4] SZ 17 set. 2010.
[5] SZ 12 out. 2010.
[6] SZ 13 ago. 2010.
[7] SZ 12 ago. 2010.
[8] Calculado de acordo com as estatísticas da UNCTAD e do FMI. Immel; Tränkle, 2007, 19.

traparte, a pobreza: se algo é escasso num mercado, mas tem uma grande demanda, o mecanismo de preços cuida para que o bem escasso se torne proporcionalmente caro. Evidentemente, esse princípio também se aplica à renda. Esse tipo de argumentação permite tanto justificar altos salários de executivos quanto criticar a demanda por salários mínimos[9]: como os bons gerentes são escassos em todo o mundo, mas os candidatos a empregos comuns, especialmente aqueles sem qualificações especiais, existem como areia na praia, os salários altíssimos de gerentes e os salários baixíssimos de operários são, para os defensores da doutrina dominante, a coisa mais natural do mundo. O único propósito deste tipo de argumentação é impedir que os destinatários cheguem à ideia de estabelecer um vínculo causal entre pobreza e riqueza, ou seja, reconhecer que uma é o reverso da outra.

"O dinheiro se origina na cabeça"

Nesta doutrina de justificação, a origem das escassezes interessa tão pouco quanto a origem das necessidades. Ambas são simplesmente consideradas dadas; elas supostamente entram no sistema de mercado como fatores externos. Mas este é o ponto crucial. Pois as escassezes não são apenas resultado da natureza externa do homem, mas também da distribuição dos bens escassos e da distribuição dos recursos técnicos e financeiros que auxiliam a superar a escassez; elas são, portanto, o resultado de todo o desenvolvimento econômico precedente. E, contrariamente ao modelo de mercado predominante, as necessidades são não só o resultado da natureza interior do homem, mas também do desenvolvimento social e cultural dos modelos que moldam a vida. Esta forma de teoria econômica omite o fato de que escassez e necessidade são determinadas em grande medida não só pelas relações econômicas, mas também pelas relações de poder e domínio. Essas omissões possibilitarão que o modelo de mercado predominante dê a impressão de que o mercado, em face de desafios econômicos, providencia sempre a melhor das soluções concebíveis, de modo que, com a ordem econômica prevalecente, a pedra da sabedoria é, de certo modo, finalmente encontrada. Adam Smith, o fundador desse pensamento, falou no século XVIII da sabedoria única da "mão invisível" do mercado.

Além disso, o mercado toma conhecimento apenas das necessidades que estão dotadas de um poder de compra correspondente, o qual, por sua

---

[9] Por exemplo, Hans-Werner Sinn em SZ 28 dez. 2007 e 1 abr. 2008.

vez, depende de uma miríade de fatores: mas isso não é levado em conta pelo modelo de mercado prevalecente. Portanto, os teóricos do mercado, quando se orientam pelo modelo básico, ignoram a experiência realmente trivial de que os já bem-sucedidos podem começar muito mais à frente na próxima rodada, e os malsucedidos retrocedem, por regra, a cada rodada. Os praticantes do mercado não têm nenhum problema com o fato de que a concorrência no mercado é muitas vezes tão justa como uma luta de boxe entre um jovem e um ancião.

"O dinheiro se origina na cabeça" era uma frase que se podia ler alguns anos atrás no anúncio de uma empresa de investimento para investidores "inteligentes"[10]. Esta mensagem mira o cerne das estratégias de justificação dos ricos para sua riqueza: os ricos devem sua riqueza supostamente à sua capacidade de encontrar soluções inteligentes para problemas de escassez. Inversamente, é preciso concluir que a pobreza dos pobres se deve à sua incapacidade de fazer alguma coisa útil para resolver os problemas de escassez. Neste diagnóstico, a diferença entre a escassez de água encanada e a escassez de sedas de luxo caiu vítima da abstração.

Justiça e desempenho

O léxico distingue três conceitos clássicos de justiça: a justiça das necessidades, a justiça da posição e a justiça do desempenho. A justificativa de dezenas de milhares ou mesmo centenas de milhares de euros por hora com base no argumento da justiça das necessidades é absurda — comprar um Rolls Royce a cada hora? A justificativa da posição social é uma recaída em tempos pré-Iluminismo. Desde o Iluminismo, pelo menos na Europa, assumimos que as pessoas nascem com a mesma dignidade e o mesmo direito básico de viver uma vida feliz e satisfeita. A justificativa baseada no desempenho precisa ser mais específica sobre o que é desempenho[11]. É ele medido com base no esforço ou no resultado de uma atividade? O critério do esforço é pouco digno de crédito: muitas enfermeiras geriátricas se esforçam mais do que muitos filhos de bilionários. E com base no resultado? Se o CEO do Deutsche Bank anunciar que, para elevar seu rendimento em 25%, terá de demitir outros 6 mil funcionários e se esse anúncio por si só aumentar o preço da ação do banco, ele realmente alcançou um resultado.

---

[10] O anúncio é da ADIG INVEST.
[11] Por exemplo, Engler, 2005, 288-299.

Mas esse resultado pode ser avaliado como desempenho no sentido positivo apenas por uma pequena proporção dos afetados, a saber, os acionistas. As pessoas demitidas dificilmente apreciarão esse desempenho.

Portanto, quem quiser realmente esclarecer a origem da riqueza terá de se confrontar com as relações de poder e domínio dentro das quais se pode definir o desempenho. Se a riqueza é simplesmente justificada pelo desempenho sem essa confrontação, ela será, de fato, justificada apenas por si mesma: os ricos compram influência e poder e, com sua ajuda, determinam o que é desempenho, garantem que o desempenho assim determinado seja adequadamente recompensado, definem para isto um fator de multiplicação de 10, 100 ou 1000, coletam o correspondente "bônus de desempenho" e, finalmente, afirmam que este também é justificado pelo desempenho prestado. Este ciclo funciona apenas se abstraímos de todas as desigualdades existentes nos pressupostos naturais, culturais e sociais das atividades e de sua avaliação. No final, o piloto de um carro de corrida de Fórmula 1 parece, na verdade, ter mais a desempenhar do que o motorista de um ônibus escolar, e o corretor, mais do que a professora de um jardim de infância[12].

O modo de funcionamento da exploração

Para Marx, tais esforços de justificação não são senão "formação de nevoeiro no cérebro", como que "fraseologias" para justificar a riqueza ou a pobreza (ver capítulo 1). Em vez de perguntar quais motivos os ricos dão para sua riqueza, devemos, segundo Marx, perguntar o que eles realmente fazem. É importante examinar com atenção a dupla relação que acompanha todo trabalho humano: a relação entre homem e natureza, e aquela entre homem e homem.

Propriedade privada

As reflexões de Karl Marx sobre riqueza, pobreza e exploração baseiam-se em algum conhecimento geral da antropologia cultural acerca da cone-

---

[12] As comparações de desempenho só podem, então, ser feitas sem problemas se as pessoas que forem comparadas produzirem o mesmo tipo de desempenho, quando o desempenho for quantificável e mensurável e se for claramente atribuível a um único agente. Além disso, para que a questão da equidade de desempenho seja retomada de forma bem fundamentada, é preciso também perguntar sobre os pressupostos de partida.

xão entre natureza, trabalho e propriedade[13]. Num sentido bastante elementar, a riqueza consiste inicialmente numa disposição abundante de coisas materiais como consequência de uma elevada produtividade do trabalho humano. Para determinar melhor a maneira como se dispõe dessas coisas, é útil um olhar sobre a história do conceito de propriedade. "Propriedade" designa originalmente a relação de um indivíduo com seu corpo e as coisas que o cercam. Historicamente, a propriedade como instituição social desempenha um papel maior primeiramente nas sociedades agrária e pecuária. Sem dúvida, no caso dos caçadores e coletores, as presas (animais, frutas) eram propriedade daqueles que as haviam capturado, como também o eram as ferramentas imediatas (armas, facas, cestas) utilizadas para isso. Mas o território em que caçavam e colhiam existia simplesmente para todos, como herança comum dos antepassados, dos deuses, da própria natureza. Entre agricultores e criadores de gado, predominava a propriedade comum sobre a terra e os animais, fundamentada por sua vez no trabalho humano (arroteamento, adubação e alimentação dos animais), que agora ocorria como cooperação em famílias, clãs etc. Os pressupostos técnicos para a vida econômica (irrigação, comércio, distribuição de bens) eram tarefa e, ao mesmo tempo, fundamento do poder do Estado. Ainda no direito germânico e na Idade Média, a propriedade da terra era acoplada a rigorosas condições, que deviam ser observadas. Ela era considerada empréstimo e estava inserida numa pirâmide feudal, em cujo topo estava Deus.

A transição do feudo medieval para a propriedade privada moderna já é evidente na palavra "privada", que deriva da palavra latina para "roubar". Se, por exemplo, na Idade Média, um senhor feudal reivindicasse para si só e cercasse uma lagoa da aldeia, um campo na borda da aldeia, ou um pedaço de floresta que até então tinha sido considerado propriedade comunitária da aldeia, então a "propriedade privada" era criada com este ato de violência. Foi só na época do Iluminismo que o conceito de propriedade privada veio a adquirir conotação positiva: seja como propriedade que pertence a cada pessoa quase "por natureza" para satisfação das necessidades básicas e que, portanto, assegura sua liberdade desejada pela natureza; ou como propriedade que se origina pelo trabalho de uma pessoa e, portanto, está limitada "por natureza" à extensão que o indivíduo pode ganhar com seu trabalho[14].

---

[13] Por exemplo, Vivelo, 1988 e Goetze, 1983.
[14] As teorias iluministas sobre a propriedade diferem no fato de a propriedade privada ser considerada ilimitada (por exemplo, Hobbes) ou limitada apenas aos bens em que o próprio indivíduo pode

O elemento crucial neste conceito de propriedade privada é que, com ele, o vínculo estreito entre pessoa e coisa pode, em princípio, ser dissolvido: a terra se torna comprável. Desde então, também houve conceitualmente uma distinção rigorosa entre propriedade privada e comunitária, bem como disputas ferozes sobre questões de demarcação e legitimidade, como sabemos.

Várias passagens da obra de Marx tratam desta pré-história do capitalismo, que constituiu 99% da história humana. Marx, como teórico econômico e social, mostra-se aí menos preocupado com propriedade de coisas de necessidades pessoal, de louças, roupas e joalharia etc. O importante para ele é a propriedade das coisas que se encontram em estreita ligação com o trabalho, com os meios de produção, pois esta propriedade molda as relações sociais entre as pessoas. Acima de tudo, Marx examina o processo pelo qual a propriedade comum original foi transformada em propriedade privada[15]. Nele, segundo Marx, a chamada "comunidade agrícola" desempenha um papel decisivo. Ela era caracterizada pelo fato de que os aldeões não estavam mais conectados por relações de sangue, mas viviam juntos por vontade própria. Enquanto as florestas circundantes, as terras em pousio e as pastagens eram de propriedade comum, a terra cultivada e, evidentemente, a casa e o quintal já eram propriedade privada das famílias individuais. A comunidade agrícola já constituía, portanto, um primeiro passo na privatização, o germe da propriedade da era moderna havia sido plantado. De acordo com Marx, ela gerou uma atração crescente pela propriedade comum circundante, o que primeiro transformou a terra cultivada restante, depois as florestas, as pastagens e a terra em pousio em propriedade privada e depois destruiu a igualdade econômica e social original. No dualismo das estruturas de propriedade coletiva e privada, havia, segundo Marx, uma tremenda "vitalidade"; e ele enfatiza que foram as condições concretas que determinaram como evoluiu a tensão entre os dois lados, os estilos individual e público de vida e de economia — se o estilo cooperativo ou privado prevaleceu. Verifica-se, portanto, que Marx, de modo nenhum, condenava a propriedade privada em geral; o que sempre importava para ele eram as interações entre as conquistas sociais e o desenvolvimento das possibilidades humanas.

---

trabalhar (por exemplo, Locke) ou já trabalhou. Somente Rousseau e depois os primeiros socialistas (por exemplo, Proudhon) criticaram a propriedade como pressuposto e consequência da desigualdade social e da exploração.

[15] No trecho seguinte, *MEW* 19, 401-406.

Mercadoria, dinheiro, capital

É claro que o advento da propriedade privada dos meios de produção não fez surgir, de pronto, uma economia sistemática de mercadorias, e seriam necessários séculos para que o dinheiro fosse usado como "capital" e se pudesse falar de "capitalismo". Marx escreveu suas reflexões sobre a análise do capitalismo em vários textos menores ao longo de mais de vinte anos e publicou parte deles, até que, finalmente, em 1867, apareceu o primeiro volume do famoso livro *O capital*, com o subtítulo *Crítica da economia política*, no qual esses resultados foram sistematicamente resumidos. Economia política no século XIX significava o mesmo que a economia nacional de hoje, incluindo as condições políticas gerais da economia. Marx pretendia submeter essa teoria dominante a uma crítica minuciosa. No sentido original da palavra grega, crítica significa: fazer distinções exatas. Importava para Marx a reconstrução exata da dupla relação em que está inserido o trabalho do homem: a relação com a natureza e a relação com as outras pessoas (ver capítulo 1).

Abstração em vez de microscópio

"A riqueza das sociedades em que domina o modo de produção capitalista apresenta-se como uma 'imensa acumulação de mercadorias'. A análise da mercadoria, forma elementar desta riqueza, será, por conseguinte, o ponto de partida da nossa investigação."[16] Esta é a primeira frase de *O capital*. Em relação à nossa questão da origem da riqueza, isso significa que também a riqueza que consiste em iates, fábricas, bancos e pacotes de ações tem a forma de mercadoria na sociedade capitalista, podendo, portanto, ser comprada e vendida. Na Idade Média, como explicado acima, a riqueza dos ricos, suas terras, incluindo propriedades, castelos, palácios, igrejas e mosteiros, juntamente com os súditos lá residentes, eram, como feudo, em princípio, invendíveis.

Já no prefácio do primeiro volume de *O capital*, Marx compara a mercadoria como uma "forma elementar" da economia capitalista com a célula como forma elementar do corpo humano. Em ambas as formas elementares

---

[16] MEW 23, 49. A mercadoria é adequada como ponto de partida porque, em primeiro lugar, todos sabem o que é uma mercadoria e, em segundo lugar, porque partindo dela — como algo logicamente elementar e historicamente anterior — todo o capitalismo pode ser deduzido. Haug, 1974, 27-38. Para a relação entre lógico e histórico em *O Capital*, cf. Haug, 2003.

já estão contidas todas as determinações potenciais e essenciais da estrutura grande e madura que emergem delas com o passar do tempo. Mas enquanto a análise da célula do corpo é realizada com auxílio de microscópio e reagentes químicos, apenas o poder de abstração do intelecto está disponível para a análise da célula econômica[17]. A abstração significa subtrair, em pensamento, certos detalhes, isto é, omiti-los para poder conhecer o geral, o essencial. A peculiaridade não facilmente acessível da exposição de Marx em seu *O Capital* consiste num duplo movimento mental: inicialmente, a mercadoria é decomposta em seus componentes para que suas propriedades sejam esclarecidas. Aqui, a análise se afasta dos fenômenos concretos da troca de mercadorias em direção da profundidade de suas causas últimas, de sua forma germinal. Em seguida, sobre o plano de fundo desse conhecimento, trilha-se o caminho de volta para a superfície. Transferindo para a célula, isso significa: primeiramente, uma célula individual é dissecada; depois, as células individuais são reagrupadas formando o corpo inteiro. O ponto de virada do movimento mental está exatamente onde se oculta o mistério da conexão entre os fenômenos individuais, tanto do capitalismo quanto do corpo. Quando Marx, depois de desvelado o mistério, reorganiza mentalmente o capitalismo, ele não segue apenas sua lógica material, mas ao mesmo tempo — no geral — sua gênese histórica. Nesse sentido, *O capital* pode ser entendido como uma exposição da "lógica de desenvolvimento" do capitalismo.

A mercadoria e o trabalho abstrato

O ponto de partida da análise da mercadoria de Marx é a distinção entre valor de uso e valor de troca: mercadorias são valiosas porque podem ou ser usadas para satisfação de necessidades ou ser trocadas para a aquisição de outras mercadorias. Embora os valores de uso — independentemente da forma de divisão do trabalho — tenham sido uma condição prévia para a vida desde o início da história humana, os valores de troca apareceram primeiramente onde a divisão do trabalho era organizada mediante a troca de mercado. Para compreender o conceito marxista de mercadoria é importante sempre incluir também os serviços, na medida em que eles são justamente utilizados e trocados. Para revelar a essência da sociedade produtora de mercadorias, é preciso, segundo Marx, primeiramente perguntar o que

---

[17] Ibid., 12.

possibilita a troca entre coisas distintas. Seguindo o programa de conhecimento materialista-histórico, Marx busca o motivo da permutabilidade das mercadorias nos pressupostos materiais e históricos, que estão igualmente contidos em cada uma das mercadorias intercambiáveis. Para tanto, ele usa o poder do intelecto para examinar o que, de um lado, deve estar presente em termos materiais e lógicos, para que o ato de troca se torne possível, e, de outro, o que precede o ato de troca, em termos histórico-temporais. O resultado diz: cada mercadoria, seja lá qual for, só veio ao mundo pelo trabalho humano. Até mesmo as substâncias naturais só podem ser trocadas quando são arrancadas da natureza pelo ser humano, ou seja, quando há trabalho contido nelas. Sempre, então, que duas pessoas trocam entre si duas mercadorias, elas assumem que estas são, de modo igual, resultado do trabalho humano; elas, portanto, equiparam seu trabalho. Ou seja, elas deixam de lado todas as peculiaridades de suas respectivas atividades, assar, costurar, forjar etc., de modo que reste somente o gasto de músculos, nervos, cérebro etc. Portanto, é o trabalho "abstrato" que primeiramente torna uma mercadoria adequada para troca, faz dela um "valor". Este é o núcleo do mistério da sociedade produtora de mercadorias, como Marx a vê.

Agora, surge evidentemente a questão da dimensão do valor. Para Marx, como também para muitos outros teóricos de seu tempo, o valor do trabalho depende do tempo médio de trabalho socialmente necessário. Isso pode, novamente, ter fundamentação material e histórica. Se alguém pergunta pelo fundamento material da troca — no sentido de uma base lógica — e toma consciência de que todo trabalho, em princípio, é trocável por qualquer outro, os trabalhos individuais diferem apenas no tempo que duraram em cada caso. Numa formulação mais precisa: todo trabalho individual é apenas uma diminuta fração do trabalho total da sociedade, de modo que em cada mercadoria reside apenas uma fração do tempo total de trabalho da sociedade. A consequência dessa lógica de média é que apenas o tempo médio de trabalho necessário, e não o trabalho individual efetivamente gasto, conta para a formação de valores. Portanto, um produtor que leva mais tempo em relação à média não tem seu trabalho totalmente substituído no ato de troca; quem é mais rápido faz um lucro extra. Se perguntamos pelo fundamento histórico — no sentido de base temporal ou genética — da troca de mercadorias, um olhar sobre os primórdios da economia de trocas mostra que os realizadores das trocas, em parte por experiência própria, foram capazes de estimar o consumo médio do tempo naquela fase inicial da divisão do trabalho e, por isso, o fixaram como parâmetro. O sapateiro ia de uma propriedade rural para outra, executando o trabalho na frente do agricultor. Um agricultor teria tido pouca compreensão se o sapateiro quisesse trocar três dias de trabalho de agricultor por um dia de trabalho de sapateiro. Enquanto nas primeiras trocas o valor oculto nos bens tornava-se visível por outras mercadorias, que mudavam constantemente, o desenvolvimento da produção de mercadorias acabou por fazer com que uma determinada mercadoria se especializasse inteiramente nesta função, medir o valor e mediar a trocar: a saber, o dinheiro, inicialmente na forma de ouro e prata. É importante observar que nada isso é trabalho de uma razão planejadora, mas surgiu "por trás das costas" das pessoas, emergindo de alguma forma espontânea da lógica material da ação diária[18].

O dinheiro como riqueza abstrata

Inicialmente o dinheiro foi usado por muito tempo apenas como meio de troca de mercadorias. Pois as pessoas perceberam muito rapidamente a vantagem do dinheiro. É simplesmente mais fácil se o sapateiro que necessita de um novo par de calças não precisa esperar até encontrar um alfaiate que necessite de sapatos novos para poder trocar seu produto pelo produto do outro. Com auxílio do dinheiro, o processo de troca é, portanto, acelerado: cada um dos produtores de mercadorias troca sua mercadoria por dinheiro e pode então comprar tudo para o qual o dinheiro é suficiente.

No entanto, o dinheiro é uma mercadoria com seduções especiais. Uma análise materialista-histórica examina essas possibilidades objetivamente contidas no dinheiro, para explicar o uso subjetivo delas. O dinheiro não só pode tornar o valor da mercadoria visível, pois este valor é escrito como montante monetário sobre uma etiqueta de preço, como também, como meio de troca, facilitar o resgate do valor; com auxílio do dinheiro, o valor pode ser até mesmo conservado muito mais facilmente. Enquanto o sal ou o gado possuíam a função de um meio geral de troca, a conservação só era possível de maneira muito limitada por motivos físicos

---

[18] Valores devem ser estritamente distinguidos de preços. Em primeiro lugar, só é possível falar de valores para produtos de trabalho, isto é, bens e serviços, que também são sempre produzidos de novo, não para produtos naturais ou atos únicos, que, no entanto, possuem preços. Em segundo lugar, os valores são aquelas grandezas em torno das quais os preços flutuam de acordo com a oferta e a demanda. Sobre a questão de saber se Marx fornece uma descrição convincente da conexão entre valores e preços (o chamado problema da transformação), cf. por exemplo, Heinrich, 1999 e Nutzinger; Wolfstetter, 2008.

ou biológicos. Por isso, as pessoas procuravam coisas tão duráveis quanto possível e que podiam ser facilmente divididas em porções e transportadas. Obviamente, eram os príncipes e os comerciantes que tinham um enorme interesse em que coisas que não possuíssem outro valor de uso fossem aceitas como meio de troca, tanto quanto possível. O resultado foi o dinheiro que conhecemos hoje: moedas cunhadas, cédulas impressas, unidade de armazenamento eletrônico. O fator decisivo, no entanto, é que o dinheiro só pode servir como medida, meio de troca e conservação de valor desde que se confie que, com ele, os valores de troca simbólicos são sempre permutáveis por valores de uso reais, ou seja, que números sejam permutáveis por coisas úteis.

Precisamente esta possibilidade de conservação ilimitada, de acordo com a reflexão baseada no filósofo grego Aristóteles, seduz o possuidor de dinheiro a acumular tesouros.

> O impulso para o entesouramento é, por natureza, sem medida. O dinheiro é qualitativamente, ou segundo a sua forma, sem limites, ou seja, representante universal da riqueza material, porque imediatamente convertível em cada mercadoria. Mas, ao mesmo tempo, cada soma de dinheiro real é quantitativamente limitada, portanto também apenas meio de compra de efeito limitado. Esta contradição entre o limite quantitativo e a falta de limites qualitativa do dinheiro remete constantemente o entesourador para o trabalho de Sísifo da acumulação. Passa-se com ele o mesmo do que com o conquistador do mundo que, com cada novo país, apenas conquista uma nova fronteira[19].

No entanto, o acumulador de tesouro tem um duplo problema: de um lado, ele próprio deve inicialmente trabalhar para ter seus próprios valores e, de outro, ele deve renunciar a transformar em outra mercadoria aquele valor conquistado pela venda do produto de seu trabalho. "Laboriosidade, poupança e avareza constituem, assim, as suas virtudes cardeais; vender muito, comprar pouco é a suma da sua economia política."[20] Como o dono do dinheiro pode resolver esse duplo problema? De acordo com Marx, ele teria de encontrar no mercado uma mercadoria que não perde seu valor com o consumo, mas o conserva porque ela própria pode criar valor — até mesmo mais do que ela custa. Essa mercadoria é a força de trabalho hu-

---

[19] *MEW* 23, 147.
[20] Ibid.

mano. No entanto, o dono do dinheiro só pode comprá-la se ela estiver livremente disponível. Por esta razão, a produção capitalista de mercadorias só pôde se desenvolver quando as massas de camponeses que se tornaram supérfluas nas áreas rurais por causa do aumento de produtividade nelas e, portanto, foram liberados do senhorialismo e, sem seus próprios meios de produção, mudaram-se para as cidades e buscaram desesperadamente novos meios de subsistência. Esses camponeses eram, como Marx ressalta, "duplamente livres": pessoalmente, porque tinham obrigações em relação a um senhorio; e objetivamente, porque não tinham seus próprios meios de produção[21].

A lógica material da exploração e da justiça formal

Na teoria econômica predominante na época de Marx e ainda hoje, a palavra "exploração" não existe. Quando falamos coloquialmente de exploração, estamos nos referindo a uma falta moral singular dentro de um campo total de condições moralmente inofensivas. Marx tem uma visão completamente diferente: ele desenha uma anatomia detalhada da exploração do homem pelo homem.

Comecemos com o lado lógico-material: o possuidor de dinheiro compra no mercado a força de trabalho da pessoa capaz de, e disposta a, trabalhar e paga seu valor por isso. Este valor consiste, como no caso de qualquer outra mercadoria, no tempo de trabalho que é necessário para a produção da força de trabalho. Isso inclui tudo o que é necessário para o sustento do trabalhador: alimentação, vestuário, moradia, mas também educação, diversão etc. Também estão incluídos no sustento aqueles períodos de tempo ou custos acarretados pela preocupação com os descendentes como condição para a continuidade da relação de trabalho assalariado. Afinal, amanhã e depois de amanhã, forças aptas e dispostas a trabalhar devem estar disponíveis. Esta compra da força de trabalho só faz sentido para o possuidor do dinheiro se ele puder arrecadar no final mais do que gastou no início. Ele pode alcançar esse objetivo de duas maneiras: ou faz o trabalhador trabalhar mais tempo do que o necessário para restaurar a força de trabalho, ou, mediante melhorias técnicas, cuida para que o trabalhador obtenha o valor equivalente à sua força de trabalho em menos tempo. Em ambos os casos, surge uma assim chamada mais-valia: o excedente que re-

---
[21] Ibid., 181 s.

sulta quando se subtraem do rendimento das mercadorias produzidas pelo trabalhador os custos aí incorridos. Embora esses custos também incluam os gastos com matérias-primas e máquinas, estes são, durante a produção, transferidos apenas para o produto, de acordo com Marx. Somente o trabalhador pode criar valor, e como o possuidor de dinheiro adquiriu legalmente matérias-primas, máquinas e mão de obra, ele também tem o direito de tratar todo o rendimento dos bens produzidos, incluindo a mais-valia, como sua propriedade.

Do ponto de vista formal, este processo de troca é justo: o vendedor da força de trabalho recebe em troca o valor total da força de trabalho e, portanto, não pode reclamar; e o comprador da força de trabalho recebe, assim, uma possibilidade de entesouramento inteligente: ele pode consumir mais, mas não precisa trabalhar mais. Ele pode até mesmo limitar sua carga de trabalho pessoal ou confiar totalmente no dinheiro "que trabalha". Embora mais cedo ou mais tarde ele seja obrigado por seus concorrentes a reinvestir parte da mais-valia, a nova mais-valia daí resultante é "naturalmente" sua propriedade outra vez. Ao pôr o entesouramento sobre uma base mais sofisticada, ou seja, eficiente e automatizada, o possuidor do dinheiro tornou-se um capitalista. Em última análise, portanto, o capitalista usa apenas a capacidade do homem de criar um produto excedente para converter esse produto excedente numa mais-valia a fim de se apropriar desta e acumulá-la. Tudo parece acontecer da maneira correta, mas tudo não passa de exploração.

Para uma análise materialista-lógica da fonte da riqueza do dinheiro, é importante olhar mais de perto a relação entre propriedade, agora na forma de dinheiro, e o trabalho humano. Em comparação com a simples produção de mercadorias, ou seja, a produção do agricultor ou do artesão destinada à troca de mercado, algo decisivo mudou na produção capitalista de mercadorias.

> Originalmente, o direito de propriedade aparecia-nos fundado em trabalho próprio [...]. A propriedade aparece agora, pelo lado do capitalista, como o direito de se apropriar de trabalho alheio não pago ou do seu produto; pelo lado do operário, como impossibilidade de se apropriar do seu produto próprio. A cisão entre propriedade e trabalho torna-se consequência necessária de uma lei que [...] partia da sua identidade.

A riqueza privada é baseada, portanto, na separação violenta dos trabalhadores das condições de seu trabalho, das ferramentas, máquinas e matérias-primas com que eles lidam diariamente. Com cada geração, esta separação é herdada e aprofundada ainda mais, porque os trabalhadores são privados do excedente resultante do seu trabalho e são sempre compensados apenas pelo valor de sua força de trabalho. Esta é a lógica fundamental do emprego do dinheiro como capital. Mais tarde examinaremos como essa lógica se converte em seu contrário na consciência dos envolvidos (ver capítulo 5).

A gênese histórica da exploração e a violência social

Como a lógica material se manifesta no desenvolvimento histórico concreto? Como essa separação de trabalho e propriedade ocorreu na Europa, forçando milhões de pessoas, na condição de "duplamente livres", a oferecer sua força de trabalho? No início era a violência crua: a expulsão dos camponeses, a destruição das guildas, a tomada global de terras no além-mar. O nascimento do capitalismo baseia-se numa gigantesca expropriação mundial dos meios de produção. As vítimas da tomada de terras pelos brancos nas Américas do Norte e do Sul são incomensuráveis e poderiam ofuscar as do stalinismo ou nacional-socialismo. O que nos livros didáticos é representado eufemisticamente como "era das descobertas"[22] é iluminado por Marx de um ângulo completamente diferente:

> A descoberta das terras do ouro e da prata, na América, o extermínio, a escravização e o enfurnamento da população nativa nas minas, o começo da conquista e pilhagem das Índias Orientais, a transformação da África num cercado para a caça comercial às peles negras, marcam a aurora da era de produção capitalista [...]. O tesouro apresado fora da Europa diretamente por pilhagem, escravização e assassinato refluía à metrópole e transformava-se em capital[23].

Tudo isso foi organizado entre os séculos XVI e XVIII, principalmente pelos Estados na maior parte absolutistas da Europa. Marx fala de "acumulação primitiva", uma espécie de pecado original no desenvolvimento da troca de mercadorias com que o capitalismo conquistou o mundo. Por certo, os camponeses deslocados na Europa haviam se tornado pessoalmente livres, os artesãos rejeitados da ordem das guildas receberam pela

---
[22] Heinrich, 2004, 16.
[23] *MEW* 25, 779 ss.

primeira vez a oportunidade de criar um negócio próprio, e os africanos e os índios conheceram a civilização europeia e, assim, conseguiram expandir espiritualmente suas experiências. Pelo menos de uma perspectiva europeia, isso devia ser visto como um progresso. Mas, daí em diante, em vez da violência tradicional e feudal, o que determinou a vida dos três grupos de vítimas da acumulação original foi a violência dos comerciantes, banqueiros e príncipes europeus, uma violência que inicialmente também era pessoal, mas que foi integrada às estruturas da ordem econômica capitalista (ver capítulo 4).

Esta violência não só decide sobre o padrão de vida das pessoas, ou seja, o consumo, mas também sobre as condições de trabalho: o local, o tempo e a duração, os esforços e os riscos para a saúde, o grau de variedade, de criatividade, as oportunidades para a comunicação colegiada etc. Como o proprietário privado dos meios de produção decide sozinho sobre o uso da mais-valia, é ele que pode determinar a direção dos investimentos, ou seja, o desenvolvimento de algo novo: de novas técnicas de produção, bem como de novos produtos para consumo. A exploração capitalista do homem pelo homem, como Marx a retrata, acabou por tirar da maioria das pessoas a possibilidade de determinar o futuro, colocando esse poder nas mãos de uma pequena minoria.

A contradição fundamental

Marx está convencido de que esse sistema de exploração do homem pelo homem não pode ter longa duração, não apenas porque seria considerada injusta, mas porque sofre de uma contradição interna básica que, com o tempo, vai arrancando desse sistema o fundamento de dentro para fora: é a contradição entre o caráter social da produção e o caráter privado da apropriação dos produtos — incluindo o comando sobre a produção e o uso da mais-valia. Essa contradição básica pode ser experimentada de várias maneiras.

Em primeiro lugar, a contradição fundamental é uma contradição entre valor de uso e valor. Essa contradição torna-se particularmente clara quando os valores de uso são destruídos para salvar valores, como é o caso da produção até o desgaste — ou nos bônus de sucateamento de carros. Algo semelhante ocorre quando uma porção crescente do produto nacional é usada para prevenir ou reparar danos sistêmicos e não para melhorar a qualidade de vida.

Em segundo lugar, a contradição básica se mostra como oposição entre a expansão da produção e a limitação do consumo: por um lado, o interesse dos donos do capital na mais-valia e a concorrência entre eles pela maior participação de mercado possível geram cada vez mais produtos. Por outro lado, devido ao empenho dos donos do capital em minimizar tanto quanto possível os custos do trabalho, o poder de compra dos assalariados é sempre muito exíguo para a venda de toda a montanha de mercadorias produzidas. Precisamente porque cada empreendedor — de modo individualmente racional — expande a produção e economiza custos, ele agrava — de modo socialmente irracional — a situação para todos os demais. Por isso, esse lado da contradição também pode ser visto como contradição entre razão individual e coletiva. Ela inevitavelmente leva a repetidas crises econômicas (ver capítulo 6).

Por fim, quanto mais a contradição fundamental se torna mais aguda no decorrer do desenvolvimento do capitalismo, mais óbvia se torna a *terceira* manifestação da contradição fundamental: a contradição entre a relação do trabalho com a natureza e a relação deste com a sociedade. Por um lado, as forças com que o homem trabalha a natureza, ou seja, ferramentas, tecnologias etc., são desenvolvidas numa escala cada vez maior; por outro lado, as condições sociais nas quais este trabalho é realizado travam cada vez mais esse progresso. Segundo Marx, essa contradição impele à sua superação revolucionária (ver capítulo 7).

O dado importante é que essas três manifestações da contradição fundamental são consequências da forma específica da divisão do trabalho no capitalismo. O trabalho socializado que as mercadorias individuais produzem com suas propriedades de valor de uso não é organizado socialmente — exceto na organização interna à corporação —, mas esgotado privadamente. O nexo social dos trabalhos individuais não é planejado desde o início, mas é estabelecido somente retrospectivamente, pelas costas das pessoas — ou nem isso. Teoricamente, a contradição básica entre a produção social e a apropriação privada pode agora ser resolvida de ambos os lados do trabalho: mediante uma privatização da produção ou uma socialização da apropriação. A primeira possibilidade, no entanto, está fora de questão para Marx, pois ela teria de ser acompanhada por um recuo da divisão do trabalho e da mecanização. Marx, como a maioria de seus contemporâneos, só podia conceber o progresso histórico como a libertação progressiva do homem de coerções supérfluas, e isto sempre requer um aumento contínuo da produtividade do trabalho. Para Marx, apenas a segunda possibilidade podia ser cogitada: a apropriação dos produtos — incluindo a disposição sobre os meios de produção, o comando sobre a produção e, portanto, a formação do processo de trabalho e o uso da mais-valia e, com isto, o futuro do trabalho e do consumo — devia ser posta nas mãos da sociedade.

Globalização

Hoje, muitas vezes se diz que a globalização só começou na década de 1990. Este é um grande erro, como já nos indica um olhar sobre as origens históricas do capitalismo. Este sistema econômico foi programado desde o início para se expandir globalmente e absorver a riqueza do mundo. A competição obriga todos os capitalistas e todos os Estados que levam a sério os interesses da economia a reinvestir constantemente a mais-valia obtida. Para isso, eles precisam sempre de novas forças de trabalho, novas máquina, novas matérias-primas — e também, claro, consumidores. De acordo com Marx, a compulsão de expandir essa ordem econômica é também, em última instância, consequência da contradição fundamental, há pouco esboçada, entre o caráter social da produção e o caráter privado da apropriação e, mais precisamente, na sua segunda forma de manifestação: o dono do capital espera, com a extensão espacial de seus negócios, poder compensar o problema das vendas sempre muito baixas, ou o problema de custos sempre muito elevados. Como esta extensão espacial se apresenta hoje, 150 anos após a análise de Marx, e o que os desenvolvimentos mais recentes supostamente significam para a estabilidade do sistema?

Divisão de trabalho mundial

Immanuel Wallerstein, historiador econômico e sociólogo norte-americano, mostrou em detalhes como o sistema global de exploração evoluiu e como ele funciona[24].

O ponto de partida de Wallerstein foi a crítica ao conceito de modernização ainda hoje prevalecente, segundo a qual todos os países do mundo têm de "crescer" de acordo com o mesmo padrão de desenvolvimento. Em contraste com esta "fraseologia" da modernidade, Wallerstein, que

---

[24] Para o trecho seguinte, cf. também Wallerstein, 1974.

combina a abordagem de Marx com a abordagem sistema-estrutura (ver capítulo 1), pensa que devemos partir da categoria de trabalho e indagar sobre as restrições do sistema que se seguem da organização capitalista do trabalho. De acordo com Wallerstein, o padrão básico que determina a economia mundial que se desenvolve ao modo capitalista é o contraste entre centro e periferia: no centro, mercadorias de valor superior são produzidas com trabalhadores altamente qualificados e tecnologia avançada; e na periferia, os produtos mais simples. Por conseguinte, a troca entre o centro e a periferia é determinada desde o início por uma desigualdade estrutural fundamental.

A construção desta estrutura começou na Europa, quando a nobreza rural inglesa, por causa da indústria têxtil incipiente, começou a se especializar na criação de ovinos para a produção de lã e, ao mesmo tempo, fundou nas cidades manufaturas de panos e mais tarde fábricas de têxteis. Outras regiões europeias, como a Polônia, concentraram-se em grãos e gado. Assim, no século XVII, a Inglaterra tornou-se o centro, a Polônia e outras regiões, a periferia. Embora o centro e a periferia tivessem condições geográficas muito semelhantes, a Inglaterra teve uma vantagem relativa decisiva do seu lado, sobretudo por causa da força da realeza inglesa e da fragmentação da nobreza polonesa. Entre os séculos XVII e XIX, a divisão de trabalho europeia tornou-se, passo a passo, uma divisão global do trabalho. Embora as constelações tenham mudado várias vezes nesse processo, a estrutura básica de centro e periferia permaneceu. Desde a Primeira Guerra Mundial, os EUA, a Europa Ocidental e o Japão formam o centro do sistema econômico mundial capitalista. O fato importante é que a atribuição de papéis de um país ou região depende inicialmente de condições naturais e coincidências históricas. No entanto, depois que o papel é assumido, é a atuação das forças do mercado mundial que acentua as diferenças, institucionaliza-as e as torna insuperáveis por um bom tempo.

A esfera entre centro e periferia, que Wallerstein chama de semiperiferia, inclui os países emergentes que ainda esperam, de algum modo, se juntar ao centro. Na fase inicial da divisão de trabalho europeia, era o Mediterrâneo, hoje são o Oriente Médio e partes do Sudeste Asiático e da América Latina. Com certeza, observamos hoje que centros e periferias não são formações fechadas: em Nova York, Paris e Berlin, existem áreas que lembram as condições do Terceiro Mundo, assim como existem bairros residenciais em Calcutá, Nairobi e Buenos Aires que não ficam atrás daqueles do Primeiro Mundo. Mas a estrutura básica descrita por Wallerstein não mudou no início do século XXI, e para o futuro dificilmente é concebível que as semiperiferias possam ser totalmente integradas aos centros (ver capítulo 9). Como um país ou uma região pode se erguer, quando os excedentes tendem a ser reinvestidos onde o poder de compra é o maior?

A sucção global da riqueza

Embora Marx derive a mais-valia exclusivamente da relação de trabalho assalariado, para Wallerstein esta questão sobre a posição do direito laboral é de importância secundária. O trabalho dos escravos e servos nas plantações e nas minas também é apropriado pelos donos do capital nos centros da economia mundial, indiretamente; e isso eleva a mais-valia. Até mesmo o trabalho de camponeses e artesãos autônomos nas periferias é usado para a acumulação de capital nos centros, pois os governos de lá introduzem impostos que obrigam o trabalho adicional para o mercado[25]. A história da gênese do sistema capitalista mundial mostra que desde o início os Estados consideraram sua tarefa criar as condições básicas para sugar a mais-valia da periferia. Wallerstein enfatiza, ao contrário de Marx, que a implementação do sistema mundial capitalista não pode de modo algum ser avaliada como um progresso histórico, nem moral nem materialmente, pelo menos para uma grande maioria da população mundial[26]. Que futuro Wallerstein vê para essa ordem econômica global? Os custos para mantê-la aumentarão cada vez mais em comparação com os lucros; a competição por oportunidades de acumulação dentro do centro, ou seja, entre a América do Norte, Europa e Japão será agravada; nisto, ele vê a posição hegemônica dos EUA na política internacional já em desintegração. De acordo com Wallerstein, para as próximas décadas devemos contar com condições anárquicas, com "extrema incerteza"[27]. Ele prognostica o colapso do sistema mundial capitalista, e aqui não está claro se o que vem depois é melhor, ou seja, mais justo e democrático, ou pior, ou seja, mais hierárquico e autoritário[28]. De qualquer forma, é certo que, se hoje quase um bilhão de pessoas passam fome, e se dezenas de milhares morrem de fome ou de suas consequências imediatas, isso tem muito a ver com a ordem econômica, social e política pre-

---

[25] Os microcréditos, tão elogiados hoje, também conduzem à integração das economias periféricas na economia mundial capitalista.
[26] Wallerstein, 1992, 102.
[27] Id., 2003, 240.
[28] Id., 2008, 7.

valecente no mundo. Se as pessoas concretas fossem responsáveis por essa catástrofe diária, poderíamos no máximo disputar se aí se trata de "omissão de assistência" ou de "assassinato", segundo a formulação drástica de Jean Ziegler, o embaixador de longa data da ONU para o direito à alimentação.

Por que essas estruturas puderam durar tanto tempo? Para esta questão da estabilidade do capitalismo, supostamente desde o início é de especial importância o fato de que o Estado era impulsionado pelos interesses dos grandes agricultores, grandes comerciantes, grandes industriais e grandes banqueiros, bem como pela necessidade de demonstrar força interna e externamente. Mas, em certo sentido, ele também serviu e continua a servir aos interesses materiais da maioria da sociedade. Pois os habitantes dos centros, quer queiram quer não, estão agora integrados ao sistema global de exploração das periferias e se beneficiam mais ou menos com ela, dependendo da sua posição social. A riqueza extraída do assim chamado Terceiro Mundo durante vários séculos permitiu aos Estados do centro proporcionar aos seus cidadãos um grau relativamente alto de segurança jurídica e social. Esta é provavelmente a principal razão pela qual, ao contrário do que Marx esperava, não houve até agora um empobrecimento generalizado nos centros altamente desenvolvidos. Pelo contrário, os assalariados participaram do crescimento da prosperidade dos centros e foram integrados ao Estado de forma cada vez melhor. Na Alemanha, isso começou, como se sabe, com Bismarck e, por meio da trégua política durante a Primeira Guerra Mundial, resultou na importância fundamental dos sindicatos e da social-democracia na República de Weimar. Quem tem a experiência de estar materialmente melhor ano após ano pode, com relativa facilidade, ignorar os lados escuros do sistema total, caso tome consciência deles: ou seja, de que uma pequena minoria enriquece imensamente às suas custas e que sua ascensão material se dá à custa dos outros que nas periferias do mundo pagam tanto quanto possível a prosperidade nos centros, ao fornecer em minas, plantações e fábricas os fundamentos materiais para a riqueza dos centros e ganhar um décimo ou um centésimo do que é ganho nos centros. Anteriormente, o *slogan* social-revolucionário de que os trabalhadores não têm nada a perder senão seus grilhões era válido nos centros. Agora se diz: seu salário, seu direito de férias e de aposentadoria, sua casa geminada também estão à disposição.

Por outro lado, os Estados do centro estão em constante concorrência como locais de negócios e, portanto, são forçados a limitar mais ou menos as despesas para o Estado de direito e o Estado de bem-estar social. A consequência disso é que dezenas de milhões de pessoas vivem na pobreza, mesmo nas sociedades mais ricas do mundo — e é provável que esse número aumente. No longo prazo, os salários e os sistemas de segurança social dos centros poderiam se aproximar daqueles da periferia e se estabilizarem numa média mundial. Pois, segundo uma das ideias centrais em O *Capital*, o valor da mercadoria "força de trabalho" é medido pelos custos médios de reprodução e, à medida que a internacionalização do mercado de trabalho progride, o valor de referência desta média desloca-se cada vez mais do centro para a periferia. No geral, contudo, a expansão do sistema de exploração subsequente à lógica do desenvolvimento do capitalismo e a construção de uma estrutura centro-periferia conduziram até aqui a uma certa pacificação das sociedades do centro e, assim, à estabilização do capitalismo. Em virtude de sua expansão contínua, o sistema adquiriu, por assim dizer, vastos eixos de suporte — que, entretanto, não provarão ser muito baratos (ver capítulo 9).

Resumo

Um dos enganos mais sérios pode ser a noção de que a riqueza de uma pessoa é a recompensa de qualidades particularmente valiosas, como a capacidade de desempenho em relação à sociedade. Marx expõe esse engano ao desviar o olhar do céu das ideias de justificação em direção da terra da vida real. Uma vez que seu fundamento é o trabalho humano, o surgimento da riqueza pessoal deve ser explicado em conexão com o trabalho. A tese central de Karl Marx é que a riqueza de indivíduos só pode ser criada no longo prazo pela exploração do trabalho de um grande número de outras pessoas. Nesse processo, a exploração torna-se tanto mais fácil quanto menos os explorados tiverem oportunidade de trabalhar para si mesmos. Este é o caso quando eles não possuem seus próprios meios de produção. Em comparação com outras formas de exploração, o capitalismo se distingue pelo fato de que nele a propriedade dos meios de produção e a falta de propriedade dos produtores estão firmemente e permanentemente vinculados por um mecanismo não vinculado a pessoas. Com isso, segundo Marx, a produção excedente é sempre apropriada de novo pelos proprietários dos meios de produção. Isso é controlado pelo uso do dinheiro como capital e pela competição pela melhor valorização possível. De acordo com Marx, a base histórica da forma capitalista de exploração na Europa foram a expulsão em massa de camponeses na Inglaterra a partir do final do século

XVI, a destruição da ordem das guildas e as incursões globais das potências coloniais. Os cientistas que partem de Marx enfatizam o significado que teve a política colonial executada em toda a Europa durante séculos para o desenvolvimento da ordem econômica mundial de hoje: a pilhagem dos tesouros da Índia, da América e da África pela escravização mais ou menos aberta das pessoas que vivem lá, até os dias hoje. O que no século XXI é designado de forma inofensiva como globalização anda de mãos dadas com uma divisão mundial do trabalho específica, que se desenvolveu ao longo dos séculos, entre centros altamente industrializados e periferias que lhes fornecem matérias-primas ou mão de obra assalariada pouco qualificada. A extração sistemática da riqueza mundial também permite que os assalariados dos centros participem da exploração, o que os torna objetivamente os pilares estruturais do sistema.

3

Sentidos e ganância

O empresário suábio Adolf Merckle, de 74 anos, pôde ficar com suas casas particulares, sua propriedade florestal, seu castelo e um montante de um dígito de milhão[1]. Todo o restante ele teve de ceder a um depositário, inclusive todos os direitos de voto e ações da empresa. O trabalho de toda uma vida foi destroçado, especialmente devido ao dramático colapso dos preços do mercado de ações em 2008. Em 5 de janeiro de 2009, Merckle assinou os termos dos 30 bancos com os quais trabalhara no final e se dirigiu ao leito ferroviário. Lá, não muito longe de sua casa, os restos dispersos de seu corpo foram encontrados algum tempo depois. Um ano antes, ele ainda era um dos alemães mais ricos, proprietário de um império de empresas, que faturava 35 bilhões por ano e empregava 100 mil pessoas. O ponto de partida para esta história de sucesso foi a aquisição da empresa

---

[1] *Der Spiegel*, n. 3 (2009) 61-69.

farmacêutica de seu pai em 1967. Todos os anos, o faturamento tinha de crescer 30% — isso era lei para Merckle. Quando o mercado saturou, ele apostou inicialmente na produção barata de medicamentos genéricos, mas depois passou a comprar empresas de ramos que não tinham nada a ver com produtos farmacêuticos: materiais de construção, engenharia elétrica, engenharia mecânica e niveladoras de neve. Claro, com dinheiro emprestado. "Temos agora 8% de retorno, o que não é bom, nem ruim. No ano que vem, quero 12% e no próximo, 20%", ele teria estabelecido como diretriz para seu CEO de longa data. As acrobacias financeiras de Merckle eram quase impossíveis de entender no final. Então veio a crise: Merckle é descrito por alguns como um estrategista agressivo, até mesmo como jogador, por outros como uma pessoa sensível, profundamente religiosa. Na verdade, nos Merckles as pessoas tinham sua própria pastora empresarial, bem como uma sala de oração nas instalações da empresa; e palavras da Bíblia eram colocadas diariamente na mesa dos colegas de trabalho. Em todo caso, quando o império de mais de 40 anos foi destruído, o empresário parou de ver sentido na vida.

O destino de Adolf Merckle lembra o conto de fadas do pescador e sua esposa. Ela também não pudera receber o suficiente, queria viver como um cidadão, um príncipe e um imperador, e, finalmente, como Deus, até que "o linguado" a enviou de volta para seu "velho penico" em sua cabana. De onde vem o estreitamento do olhar, a fixação num único aspecto da vida humana ou, como no caso dos Merckles, no sucesso empresarial? Como é possível que mesmo pessoas com raízes religiosas acabem perdendo sua orientação dessa maneira? O que, assim pergunta este capítulo, se pode dizer sobre tal destino da perspectiva de Marx? A resposta: é o capitalismo que empobrece os sentidos do ser humano e o "condiciona" a um único sentido — o "sentido do ter".

A imoderação é inata?

Merckle não é um caso isolado. Em torno das bolsas de valores do mundo, as catástrofes psicológicas se acumulam quando os preços desabam. Alguns afetados despedem-se do mundo de seus credores apenas formalmente ao encenar a própria morte, como aquele americano que derrubou seu avião privado, não sem antes se salvar com o paraquedas. No entanto, muitos veem apenas o caminho que Merckle escolheu: dirigem sua agressão contra si mesmos. Como é a psique dessas pessoas? Como a economia prevalecente lida com o tema da moderação?

"Se você tem alguma coisa, então você é alguma coisa"

A chave para entender o estado mental dessas pessoas é a autoconsciência[2]. Qualquer pessoa que pertence ao grupo dos super-ricos, ou pelo menos como corretor negocie constantemente com milhões e recebe os pagamentos de bônus correspondentes, está acostumada com uma equação simples: quanto melhores os números, maior será o valor que você tem. "Essas pessoas apuram em cada dia de transação na bolsa quanto elas valem", explica um psiquiatra especializado no tratamento dos super-ricos. Eles se sentem constantemente avaliados, como na escola. Observam-se uns aos outros detalhadamente e registram as menores diferenças. Se dois multimilionários tiverem, cada um, 100 milhões, e um deles puder aumentar 10 milhões, isto é uma catástrofe mediana para o outro. A hierarquia é crucial. Além disso, os grandes possuidores de riqueza e negociadores de dinheiro crescem num ambiente em que cada sucesso conta como uma conquista individual, e cada derrota, como uma falha pessoal. Especialmente entre os jovens corretores, esse comportamento muitas vezes continua também na esfera privada como uma "postura machista", de acordo com o lema: quanto mais bem-sucedido no mercado de ações, melhores as chances com as mulheres jovens. Quando o mercado realmente anda mal das pernas, os homens muitas vezes se tornam impotentes, relata o terapeuta. As fantasias de onipotência subitamente se revelam uma ilusão, o significado da vida até então é destruído. Os desabados sofrem como viciados que, de repente, se veem privados da droga. Então, muitos recorrerão a drogas legais, e não poucos ficarão deprimidos. Entre os super-ricos, a crise de sentido geralmente começa após os primeiros cinco bilhões, diz o psiquiatra. Mesmo sem colapso no mercado de ações, eles começam a perceber que não são realmente felizes. Seu único problema é que pessoas muito mal-acostumadas com o sucesso acham difícil abrir-se com o terapeuta e questionar a vida que levaram até então. No final da vida, Merckle também já não conseguia se consolar com a fé.

Mas não só os super-ricos e corretores pautam a vida pela posse material. O princípio "Se você tem alguma coisa, então você é alguma coisa" está profundamente enraizado na sociedade, assim como a mentalidade "ganância é bom". Isso começa com o vício em compras. Três motivos para o nosso comportamento de consumo foram cientificamente bem estudados[3].

---

[2] Para o trecho seguinte, *Die Zeit*, n. 37 (2008) 26; *SZ*, n. 23/24 ago. 2008.
[3] Para o trecho seguinte, por exemplo, Ullrich, 2006.

Primeiro: no consumo compensatório, o consumo deve compensar-nos por algo que nos foi negado, principalmente no mundo do trabalho. Depois de um dia de trabalho frustrante, uma breve volta pelo *shopping*, passando por boutiques ou lojas de eletrônicos, faz parte do programa regular para muitos.

Segundo: no caso do consumo com vistas ao *status*, nós nos orientamos pelo poder simbólico dos bens de consumo. O consumo de muitos produtos está associado à imagem; o consumidor desta marca é particularmente *cool*, bem-sucedido, influente, rico, *sexy*. Esses símbolos de *status* parecem tanto mais importantes quanto mais uma sociedade se define como uma sociedade da competição e do desempenho e menos oportunidades oferece aos seus membros para representar o *status* de uma maneira diferente para o entorno.

Terceiro: o consumo que visa à autorrealização gira em torno da questão: quem sou eu? A tendência da autoestilização está dominando cada vez mais todas as áreas da vida humana — a escolha de lugares para morar e passar as férias, do meio de transporte, do vestuário, da cirurgia plástica. Deste modo, o consumo às vezes se torna um assunto altamente criativo. A autorrealização por meio do consumo passou a ser vista como um fator essencial de progresso para a história cultural do homem. Aliás, o viciado em consumo pode ficar bastante incomodado se o suprimento do produto for prejudicado, e isso não se refere apenas às drogas clássicas. Consideremos, por exemplo, as reações dos motoristas aos aumentos de preços da gasolina ou às dificuldades de abastecimento de gasolina ou a reação de todo o Ocidente industrializado, quando no início da década de 1970 a Organização de Países Exportadores de Petróleo (OPEP) ameaçou limitar a produção, e, em resposta a isso, exigiu-se a ocupação profilática de campos petrolíferos no Oriente Médio. O cidadão educado de antigamente tornou-se cidadão consumidor de hoje. Para o filósofo Norbert Bolz, a cultura consumista tornou-se um "sistema religioso", e o bem de consumo individual se tornou uma "hóstia secularizada", que promete comunhão e salvação[4].

Consumidores soberanos?

Retornemos à pergunta inicial sobre a origem da ganância: quais são as chances dos ricos de evitar o perigo de ganância? E como fica nossa liberdade de encontrar e manter a medida correta no comportamento de consumidor? Se indagarmos a teoria econômica prevalecente, receberemos

---

[4] Ibid., 40.

inicialmente a resposta de que o consumidor está sentado junto ao "teclado do órgão da economia" (Antony P. Samuelson), ele é o soberano. No entanto, um olhar factual sobre os desejos do consumidor mostra que essa soberania conta pouco na prática. Um fato significativo é perceber o gasto que as empresas de consumo têm com publicidade. Para motivar as pessoas a consumir e, portanto, torná-las continuamente insatisfeitas com o que já têm, gastou-se na Alemanha já no início da década de 1990 o equivalente ao montante gasto em educação[5]. É de supor que os psicólogos mais bem pagos não estão no setor de saúde ou de educação, mas precisamente neste campo de trabalho. A publicidade é hoje considerada a cultura de massa mais amplamente difundida.

A objeção mais óbvia é que você como consumidor crítico não precisa participar disso. No entanto, como se sabe, os custos de publicidade não só são recuperados pelos compradores dos bens desejados, mas também são subsidiados pelo contribuinte, porque eles podem ser deduzidos da dívida tributária. Portanto, nós mesmos temos de pagar duas vezes pela lavagem cerebral que sofremos. Além dessas taxas obrigatórias para manter a sociedade de consumo, o consumidor também é obrigado a pagar "taxas" para a inovação constante de produtos sem que ele seja questionado. Essas inovações geralmente dizem respeito ao *design* de formas e cores, sons e aromas. Toda a direção do desenvolvimento de produtos é concebida nos laboratórios dos produtores, que são responsáveis pelos interesses comerciais das empresas. Claro que tudo tem de ser vendido depois, de alguma forma. Mas quais opções são selecionadas é algo que não depende dos desejos originais dos consumidores, mas dos desejos que se pode e se pretende despertar neles. A chamada pesquisa de consumo, que deve levar em conta esses desejos, mas que, novamente por motivos econômicos e comerciais, só pode agir de modo que no final apareçam necessidades novas e utilizáveis, deveria ser chamada de controle do consumo.

Por que esta contradição entre a afirmação da soberania do consumidor e os esforços para contorná-la é pouco abordada pela ciência econômica? Uma peculiaridade da atividade acadêmica dominante é que ela oferece uma disciplina científica própria para quase todos os aspectos da questão sobre o homem. Cada disciplina tem seu próprio questionamento específico e seu instrumental especial. O grande problema é, no final, reunir as peças num todo. Portanto, não é surpreendente que os conhecimentos fragmentários

---

[5] Eicke, 1991, 14.

dessa ciência não combinem entre si de forma alguma. Por exemplo, como a fixação da economia dominante em bens materiais e serviços pode combinar com conhecimentos das pesquisas sobre felicidade e satisfação, segundo os quais não há mais nenhuma coerência entre a provisão absoluta de bens materiais e o bem-estar e o sentimento de felicidade das pessoas além de um certo limiar, relativamente baixo? Isto porque o homem acostuma-se com suas posses, quanto mais tem; porque o homem se compara constantemente com o seu vizinho e quer se sentir superior a ele, mesmo que agora provavelmente esteja em situação melhor do que ele, e porque outros pré-requisitos totalmente diferentes são decisivos para o estado de satisfação: saúde, segurança, relacionamentos, reconhecimento e ação criativa[6]. Exatamente por isso o campo econômico, dividido em disciplinas e que implacavelmente separa o mundo e as pessoas em fragmentos, não pode realmente explicar a ganância e a avareza. Presumivelmente, o filósofo social Theodor W. Adorno, um dos fundadores da Teoria Crítica, resumiu esta situação com precisão: "Não nos atrevemos a pensar o todo, porque perderemos a esperança de mudá-lo"[7].

A desolação dos sentidos

Em contraste com a teoria econômica prevalecente, Marx reivindica ter em vista o todo, desde o início. O que isso significa para os sentidos humanos? Como explicar que sua diversidade necessariamente encolha sob a influência do capitalismo, de modo que no final reste apenas o "sentido do ter"? Nos *Manuscritos econômico-filosóficos*, publicado em 1844, o trabalho preliminar ao *A Ideologia alemã* (ver capítulo 1), Marx expõe os fundamentos de sua concepção da humanidade, os quais são decisivos para a resposta a essa pergunta.

A natureza de múltiplos lados do homem

De acordo com Marx, os sentidos humanos são o elo decisivo entre o homem e seu ambiente. Ao ver, ouvir, cheirar, provar e tatear, temos a primeira experiência de como é constituído o mundo ao nosso redor. Por certo, as precondições físicas de nossa sensibilidade são inatas, mas a capacidade de usá-las só é devidamente desenvolvida ao longo da vida. Quan-

---

[6] Por exemplo, New Economic Foundation (www.neweconomics.org) e Frey; Stutzer, 2010. A moderna pesquisa sobre o cérebro enfatiza a unidade do pensamento, sentimento e ação. Essa unidade é fundamentalmente perturbada quando o trabalho é alienado e o consumo nos torna passivos.
[7] Adorno, 1961, 142.

to melhores e mais diversos nossos sentidos são, mais oportunidades temos para moldar e desfrutar nossa vida. Por outro lado, sentidos não solicitados nem promovidos atrofiam rapidamente. O que nossos sentidos absorvem é, por sua vez, matéria-prima para sentir e pensar.

A conexão entre humanos e meio ambiente, o "processo de metabolismo" (ver capítulo 1), também é um processo de formação. Nisto, o interior, o corpo e a psique, deve se adaptar ao exterior, à natureza e à cultura, e vice-versa. Trata-se, portanto, de uma relação recíproca cuja direção e maneiras passaram por mudanças no curso da história cultural humana. Nas culturas caçadoras e coletoras, a influência do homem sobre a natureza ainda era bastante limitada; e, portanto, era principalmente a natureza que tinha um efeito sobre o homem; mas as culturas agrária, pecuária e, em particular, a industrial colocam a ênfase do outro lado. Mas sempre houve interações. Por essa razão, Marx fala de um "processo de apropriação" mútuo, para o qual os sentidos do homem, em última análise também como base para a criação de sentido na vida, são os pontos de ancoragem centrais. É sobre esse plano de fundo que deve ser avaliada a enorme importância da tese marxista sobre o aniquilamento da diversidade dos sentidos humanos e a permanência do "sentido do ter".

Segundo Marx, no processo de troca entre o interior e o exterior mediado pelos sentidos, não só se concretizam as relações elementares do homem com a natureza, mas também com outras pessoas: o homem produz sua própria vida e a de outras pessoas, primeiro pela procriação e cuidado para com seus descendentes imediatos, mas também posteriormente para com seu entorno social mais próximo e mais distante. As relações interpessoais, em última análise, também produzem e passam adiante as instituições da sociedade. A pessoa individual deve inicialmente se submeter por completo aos pressupostos que surgem dos dois tipos de relações, isto é, com a natureza e com seu semelhante, antes que ela possa talvez modificá-los ou até mesmo revolucioná-los no decorrer de sua vida. Neste contexto, apenas aos poucos se forma no ser humano uma consciência do que está acontecendo nele e ao seu redor, como precondição, em última análise, para responder à questão sobre o sentido da vida.

Tudo isso é, desde o início, um processo holístico, abrangente num duplo sentido. *Em primeiro lugar*, a pessoa inteira, concebido como ser humano único, está envolvida neste processo de formação, do qual participa não só a percepção em sentido mais estreito. "Todas as suas relações *humanas* com o mundo — ver, ouvir, cheirar, saborear, pensar, observar, sentir, desejar, agir, amar — em suma, todos os órgãos" participam na apropriação do mundo humano pelo ser humano[8]. Na pesca, por exemplo, a visão, a audição e o olfato do pescador se dirigem para o mar e se aguçam. Com isso, o pescador, por um lado, se familiariza com o mar; por outro lado, ele aprende a confiar em seus sentidos, que se aguçam e se diferenciam mais com cada prova. De resto, o mesmo se aplica ao pensamento, aos "sentidos" intelectuais do pesquisador, que constantemente treina sua mente ao se aprofundar no seu objeto de pesquisa.

Em segundo lugar, a vida também é holística e de múltiplos lados, na medida em que o homem sempre é ativo como ser da sociedade. Seu fazer está integrado na rede mais ou menos óbvia da divisão social do trabalho: seus materiais, suas ferramentas, seu conhecimento, até mesmo a sua linguagem, ele os deve a outras pessoas que viveram antes dele ou ainda vivem ao mesmo tempo que ele; e o que ele produz é, por sua vez, destinado a outras pessoas com o desenvolvimento progressivo da cultura.

Neste ponto, o contraste entre a abordagem radicalmente holística em Marx e o pensamento individualista da ciência predominante torna-se especialmente nítido: Marx entende o homem desde o início como um ser social. Mesmo que acreditemos estar agindo como indivíduos, na verdade, estamos sempre conectados com os outros — com aqueles que são nossos contemporâneos, e aqueles que viveram antes de nós e viverão depois de nós. Consideremos, por exemplo, um cientista sentado em sua sala silenciosa e examinando impressões deixadas em pedras por seres extintos: talvez essas pedras tenham sido coletadas por outras pessoas antes. Deve haver termos disponíveis para cada forma individual para que os fósseis possam ser classificados. O investigador deve estar suprido de alguns pré-requisitos materiais durante o período de pesquisa: salas, equipamentos, informações e, evidentemente, tudo o que é necessário para sua subsistência. Se, como resultado dessas pesquisas, surgir uma imagem mais precisa da história da evolução da vida, então, por exemplo, a Igreja é forçada a reinterpretar o relato da criação no Antigo Testamento.

Propriedade privada e alienação

Quais vestígios a propriedade privada e o capitalismo deixam no ser humano? Como a ordem econômica e social afeta a relação entre nosso

---

[8] MEW, suplemento, 539. Itálicos no original.

mundo interior e o exterior e, acima de tudo, o desenvolvimento dos sentidos como pontos de ancoragem para experiências? Que pensamentos se tornam possíveis nesta base da experiência, quais são prováveis, quais são necessários — quais são negados ao homem? O que resta da totalidade e da multiplicidade de lados dos sentidos humanos?

Pobreza pela riqueza

Sem ter explorado em detalhes o modo de operação do capitalismo, o jovem Marx acredita conhecer até que ponto essa ordem econômica interfere na formação do ser humano.

> A propriedade privada tornou-nos tão néscios e parciais que um objeto só é *nosso* quando o temos, quando existe para nós como capital ou quando é diretamente comido, bebido, vestido, habitado etc., em síntese, *utilizado* de alguma forma... Assim, *todos* os sentidos físicos e intelectuais foram substituídos pela simples alienação de *todos* eles, pelo sentido de *ter*[9].

Marx, portanto, ainda não faz uma distinção explícita entre os efeitos que remontam à propriedade privada, à produção simples de mercadorias ou à produção capitalista de mercadorias. Mas está claro para ele que, sob a influência dessas condições materiais, existe um empobrecimento fundamental da sensibilidade humana. "O trabalhador torna-se mais pobre quanto mais riqueza ele produz."[10]

De acordo com Marx, a experiência que o homem tem ao lidar com o dinheiro, como um entesourador primitivo, ou como um capitalista refinado (ver capítulo 2), deforma a sensibilidade de maneira particularmente forte. O homem se acostuma a não mais gastar muito tempo em ver, ouvir, cheirar, saborear, sentir etc., a não mais simplesmente se abrir involuntariamente para a natureza e qualquer outra coisa que lhe ocorra; ao contrário, ele sempre pergunta imediatamente o que pode fazer com o percebido, como pode se apropriar dele, utilizá-lo, valorizá-lo. Dependendo do objetivo estabelecido, como Marx distingue mais tarde, a valorização prática consiste no uso privado, na troca privada, ou no emprego privado como meio de acumulação. Se examinarmos com mais precisão a origem da alienação dos sentidos

---

[9] Ibid., 540. Itálicos no original.
[10] Ibid., 511.

sob a lupa da análise materialista-histórica, encontraremos seus pressupostos em estreita relação com os pressupostos da existência humana em geral: o trabalho. Aqui, também, Marx toma o caminho epistemológico oposto àquele da teologia ou da filosofia moral, que também tendem a falar de alienação, mas a atribuem à perda de Deus ou a uma falsa orientação da vida própria.

Trabalho e alienação

Para o diagnóstico de alienação, é decisiva a conexão entre o trabalho, ou seja, a produção de bens e a prestação de serviços, e a produção capitalista de mercadorias. De acordo com a tese central, isso cria uma experiência de perda fundamental: a perda de um sentimento de vida, que só pode ser vagamente descrito com termos como lar, enraizamento, familiaridade, segurança, significado. O trabalho alienado mostra-se, segundo Marx, em quatro aspectos[11].

Em primeiro lugar, o trabalhador é alienado de seu produto. Ele não pode se identificar com ele corretamente. Aqui, ainda não se distingue se a alienação decorre da fixação na propriedade privada do produto, ou na venda do produto, subsequente à produção e forçada pelas condições, ou até mesmo da fixação na dominação pelo produto na produção capitalista de mercadorias. No último caso, o produto até mesmo se opõe ao homem como poder hostil, porque o produto, como propriedade do dono do capital, impõe as condições de trabalho ao trabalhador. Com frequência, as pessoas reagem a esse sentimento mediante uma espécie de autossugestão: elas procuram se identificar com seus produtos, como se pertencessem a eles, porque isso torna o trabalho mais suportável.

Em segundo lugar, de acordo com Marx, o trabalhador é alienado de seus semelhantes. Sob as condições da simples produção de mercadorias, já lhe é vedado moldar em conjunto as relações sociais com eles. Isso pode fazer com que eles se ameacem mutuamente em sua existência econômica, por exemplo, quando um produtor individual de mercadorias não recebe o valor equivalente a seu trabalho por algum motivo, pelo qual ele próprio não é responsável. Essa alienação aplica-se ainda mais à produção capitalista de mercadorias. Pois o fato de que os produtores estão sob o domínio do capital e da lei do valor também arrasta os trabalhadores para o turbilhão de

---

[11] Ibid., 510-522. Em Marx encontramos diferentes formas de representação para essas dimensões da alienação. Para a interpretação dessas passagens difíceis no texto de Marx, cf., por exemplo, Fetscher, 1999, 50-53. Com respeito à quarta dimensão, eu me afasto de Fetscher.

crises sistemáticas, que acompanham a acumulação de capital (ver capítulo 6). Este lado social do sentimento de alienação é desagradável e também disfuncional para os processos empresariais. Portanto, muitas vezes é evitado por estratégias de engano e autoengano: pela invocação do "nós", pela menção excessiva de "nosso" chefe, pelo orgulho de "nossa empresa". Mas ai se essa aparência se rompe, pois então a decepção emocional é maior.

Em terceiro lugar, de acordo com Marx, o trabalhador é alienado de sua atividade. Ele também não pode se identificar com ela, que lhe nega o cumprimento da reivindicação de autorrealização no trabalho. Isto se deve, já na produção simples de mercadorias, ao fato de que as incertezas do mercado e a lei de valor nele prevalecente ditam as condições do trabalho. Na produção capitalista de mercadorias, acrescenta-se o domínio do proprietário do capital sobre a configuração de todas as circunstâncias do trabalho. Os sentimentos e pensamentos, até mesmo as ideias criativas dos trabalhadores, não são solicitados no processo de produção, a menos que possam ser utilizados pelo dono do capital para reduzir os custos de produção ou aumentar a produção. Por esta razão, os métodos de gestão modernos há muito descobriram o "empreendedor da força de trabalho", que se liberta emocionalmente da compulsão externa e autonomamente otimiza a valorização de sua contribuição para o todo (ver capítulo 4).

Em quarto lugar, isto leva o homem, como "ser genérico" — a biologia moderna deveria chamá-lo "espécie" — a se alienar de si mesmo, porque a alienação diz respeito àquela atividade que distingue o ser humano frente a seus antepassados evolucionários, plantas e animais: o trabalho humano. Este se torna para ele algo externo.

> O trabalhador, portanto, apenas fora do trabalho sente-se em si mesmo, e, no trabalho, fora de si. Ele se sente em casa quando não está trabalhando, e, quando trabalha, não se sente em casa [...]. Chegamos à conclusão de que o homem (o trabalhador) só se sente livremente ativo em suas funções animais, comer, beber e procriar, ou no máximo ainda em construir uma morada e se adornar etc.; enquanto em suas funções humanas ele se reduz a um animal. O animal se torna humano e o humano se torna animal[12].

À medida que o capitalismo obstrui a necessidade básica de autorrealização na execução de um trabalho — junto com outras pessoas —, o

---

[12] MEW, suplemento, 514 s.

homem tenta obter fora do trabalho o que lhe é negado: isto é, no consumo individual. A consequência é aquela cultura de consumo que foi caracterizada na primeira parte deste capítulo e que a ciência econômica dominante encontra dificuldades para explicar. A forte tendência de privatização e comercialização do cotidiano que se pode observar nos últimos vinte anos, o desejo de transformar tudo em mercadoria, bem como de transformar as capacidades humanas em capital humano de forma tão abrangente quanto possível, são uma indicação de como já prosperou a alienação no início do século XXI. O homem alienado de seu ser genérico, em última análise, também delega a responsabilidade moral pelas consequências ecológicas de suas ações (ver capítulo 9).

Bulimia

"E que proveito tem o homem em ganhar o mundo inteiro, se ele se perde ou arruína a si mesmo", diz o Evangelho de Lucas[13]. Esta é a mensagem de muitas religiões e filósofos: quanto mais o homem se concentra na aquisição de riqueza material em sua vida, maior será o perigo de que se empobreça como ser humano. Quem pretende alcançar o mais alto nível de desenvolvimento humano não deve buscar posses, ensina Buda; e a mensagem relativamente unânime de todas as doutrinas de felicidade dos gregos antigos é que posse cria dependência, gera medo e distrai do essencial.

Ter ou ser

Hoje, somos confrontados, em toda a severidade, com as consequências dessa desorientação da vida humana. Já na década de 1970 do século XX, o filósofo social e psicanalista alemão Erich Fromm provou a conexão entre o capitalismo e o estado psíquico do homem com base nas descobertas de Marx. No entanto, embora Marx tenha essencialmente relacionado essa conexão apenas com o trabalho e a economia, Fromm mostra como a ordem econômica e social prevalecente deixa o homem doente em seu plano mais íntimo, em sua "alma". Para Fromm, existem duas maneiras fundamentalmente diferentes de orientar a vida. No "modo de existência do ter", o ser humano quer tomar posse, dispor de tudo e de todos, incluindo ele próprio. No "modo de existência do ser", o homem se preocupa

---

[13] Lucas 9,24 s., apud Fromm, 1976, 27.

com uma relação com o mundo que é viva e autêntica. O ter concerne à superfície do mundo, porque se eu disponho de algo, basta que a disposição funcione. Por outro lado, o ser diz respeito à essência interior do mundo e do homem. A riqueza múltipla da vida se abre somente quando alguém alcança esse ser interior. De acordo com o diagnóstico de Fromm, a sociedade baseada na propriedade privada e na acumulação de capital gera sistematicamente o tipo do ter.

De acordo com Fromm, o modo de existência do ter marca nossa vida cotidiana em todos os seus poros, o tipo do ter nos aparece em muitas situações e variantes. A característica mais importante são a orientação pelo consumo, a busca da "incorporação". Historicamente, a conexão entre consumir e querer possuir aparece no canibalismo, que almeja apropriar-se dos poderes mágicos do incorporado, e biograficamente no empenho do bebê em explorar o mundo com a boca. "O consumidor é o eterno bebê", diz Fromm[14]. É claro, o consumo é psicologicamente ambivalente: reduz a ansiedade, porque ninguém mais pode tomar de mim o que eu consumi. Mas também me obriga a consumir mais e mais, porque o efeito satisfatório desaparece rapidamente. No contexto da aprendizagem e do saber, o tipo do ter também se mostra: ele quer armazenar, fazer balanço e marcar como feito — em vez de se envolver, aprimorar-se como ser humano, permanecer curioso. Ele quer saber muito, mas a superfície lhe é suficiente. No que diz respeito ao relacionamento com seus semelhantes, o tipo do ter age estrategicamente: na comunicação com os outros, ele quer estar certo, impressionar e impor sua vontade, em vez de se abrir para o interlocutor e explorar o novo, expandir-se. No amor, o tipo do ter importa-se com a certeza e o controle. Fromm lidou com o amor de forma especialmente intensa. Para ele, está claro que alguém nunca pode "ter" o amor, sempre há apenas o "ato de amar":

> Amar é uma atividade produtiva, implica cuidar de alguém, conhecê-lo, envolver-se nele, aceitá-lo, alegrar-se com ele — seja um ser humano, uma árvore, uma imagem, uma ideia. Significa despertar essa pessoa (essa coisa) para a vida, aumentar sua vitalidade. É um processo que renova e faz crescer[15].

Quem é incapaz de se envolver nesse processo é inevitavelmente sufocado pelo amor.

---

[14] Fromm, 1976, 37.
[15] Ibid., 52. Cf. também Id., 1956.

Sobre a eliminação da coisa incorporada

O modo de existência do ter transforma tudo o que é vivo "em objetos mortos, sujeitos ao meu poder"[16]. Quem quer ter algo ou alguém ignora que tanto o objeto de seu desejo quanto ele próprio como sujeito mudam constantemente. Tudo pode ser diferente já amanhã. Deste modo, o tipo do ter nega também, em última instância, a transitoriedade, a temporalidade. Ele confere caráter absoluto ao presente. Quando pensa sobre o passado, este é para ele aquele período em que acumulou suas posses; e o futuro é importante para ele, sobretudo, porque nele pode continuar seu trabalho de multiplicação. O ser humano orientado pelo ter não só se esquece de desfrutar o presente, como também não tem lembrança viva, nem uma expectativa aberta. Nesse sentido, ele tenta sujeitar o tempo, em vez de respeitar e viver dentro dele e com ele.

O aspecto doentio no modo de existência do ter torna-se particularmente claro em sua estreita relação com o caráter anal, como Freud o caracterizou: uma pessoa cuja maturação foi interrompida prematuramente, num estágio em que o interesse por suas próprias fezes era particularmente importante, tende, quando adulto, a ser pronunciadamente econômico, a acumular coisas e dinheiro. Enquanto Freud atribui esse paralelo entre dinheiro e excremento a um distúrbio da primeira infância, Fromm enfatiza que é precisamente neste contexto simbólico que o lado doentio da sociedade capitalista com sua fixação em bens materiais se exprime vividamente. Por consequência, de acordo com Fromm, a cura para esta doença requer nada menos que uma mudança radical nos fundamentos dos modos de economia e de vida prevalecentes. Em vez de produzir constantemente novos bens materiais e, em seguida, estimular artificialmente novas necessidades, as pessoas deveriam ter a oportunidade de se realizar já no trabalho — por ações criativas e por uma convivência baseada em consideração e solidariedade mútuas. Essa é a contradição fundamental do capitalismo, acrescentaria Marx, que faz com que o produto excedente apropriado privadamente não seja pago aos produtores sociais; e, portanto, faz com que o aumento da produtividade não seja usado na mesma medida para a humanização qualitativa e a limitação quantitativa do trabalho.

A imagem da fixação anal deveria talvez ser suplementada ou substituída hoje por outra metáfora: bulimia. De acordo com informações de pesquisas de dependência, a bulimia nervosa vem se espalhando há décadas e

---

[16] Id., 1976, 79. Para a perspectiva budista sobre a ganância humana, cf. também Brodbeck, 2005.

afeta principalmente meninas e mulheres jovens que estão particularmente sob pressão de mostrar desempenho. As sociedades industriais avançadas se esforçam de modo incrível para produzir rapidamente, consumir o produzido e, de alguma forma, livrar-se dos restos inúteis com a mesma rapidez. Quem pode se surpreender com o fato de que a ganância é algo natural, e a avareza é algo atraente? O capitalismo do século XXI não é apenas acompanhado por fixações anais; ele é em seu cerne um sistema bulímico — a eliminação do que foi incorporado é feita no modo turbo.

O atrofiamento da sensibilidade e a fixação no ter contribuem também para a estabilidade do sistema total? Pelo menos, a ocupação com devorar e expelir o que foi devorado, com o crescimento econômico e a eliminação dos resíduos, consome muita atenção, interesse, energia e tempo para refletir sobre o que está acontecendo, e, portanto, para o significado que isso realmente tem para a meta de uma vida boa e feliz. Tal como acontece com todos os vícios, aos afetados pelo vício do ter também falta, sempre, a vivência subjetiva de sofrimento, sem a qual não pode haver motivação para a terapia. Nesse sentido, a enfermidade psíquica diagnosticada por Fromm poderia ser interpretada como uma formação da estrutura estabilizadora do capitalismo, uma estrutura que aqui — em contraste com a expansão externa do capitalismo em todo o globo (ver capítulo 2) — cobriu o interior do homem, seu pensamento e sentimento, sua "alma".

Resumo

A ganância do homem é considerada, por um lado, inata; por outro, é em certa medida influenciável pela educação. Do ponto de vista marxista, essa ideia deve ser rejeitada como superficial. A base para isso é uma análise precisa da conexão entre a sensibilidade natural do homem e os efeitos das instituições historicamente desenvolvidas e sociopoliticamente protegidas da propriedade privada, da produção de mercadorias e do capitalismo. As impressões sensíveis são, para o ser humano, matéria-prima para seus pensamentos e ideias; os sentidos, por assim dizer, a primeira etapa da formação da consciência. Marx argumenta que, sob a influência da propriedade privada, da produção de mercadorias e do capitalismo, a diversidade dos sentidos humanos é reduzida de tal forma que, no final, apenas resta um: o "sentido do ter". Em outras palavras, é verdade que curiosidade, insatisfação, busca de prazer e pulsões semelhantes trazem o homem ao mundo, mas o objeto de sua curiosidade, a causa de sua insatisfação, que tipo de prazer ele imagina, como ele, portanto, lida concretamente com essas pulsões inatas são coisas determinadas pelo ambiente em que ele nasceu. Isso inclui, num ponto central, o trabalho alienado. Os teóricos marxistas do século XX detalham como um modo de vida baseado no ter realmente empobrece o homem. Quando quase tudo gira em torno de ter, dispor de, controlar e dominar, o homem está acometido de um amor mórbido pela morte: quanto mais ele consome mais precisa expelir, e quanto mais expele, mais ele deve voltar a consumir etc. Esta doença, também, pode ser interpretada como formação de estrutura, que, no íntimo do ser humano, cuida para que o sistema total permaneça relativamente estável.

4

Ordem e dominação

No início de 2009, duas ações judiciais na Alemanha causaram descontentamento público. Em fevereiro, o Tribunal do Trabalho do Estado de Berlim confirmou a demissão sem aviso prévio da caixa Barbara E. por seu empregador Kaiser's Tengelmann[1]. O motivo suficiente para a demissão foi que a sra. E. teria desviado €1,30. O fator decisivo não teria sido o valor baixo, mas a perda de confiança. Barbara E. trabalhava para Kaiser's Tengelmann havia 31 anos. Ela tem três filhos e dois netos. Com a idade de 50 anos, depois da demissão passou a viver do auxílio desemprego, mas queria voltar a procurar emprego como caixa. Um mês antes, o Tribunal Regional de Bochum condenou o ex-presidente da empresa de correios Klaus Zumwinkel por evasão fiscal a uma sentença de dois anos com liberdade condicional e multa de um milhão

---

[1] SZ 25 fev. 2009.

de euros[2]. A multa corresponde aproximadamente ao valor dos impostos sonegados. O fator agravante, segundo o tribunal, era que Zumwinkel evadiu impostos durante 21 anos "conscientemente, meticulosamente e, portanto, com energia criminosa", produzindo um "máximo de anonimato" e infligindo ao Estado um prejuízo total de 3,9 milhões de euros. Sua "confissão abrangente, repleta de arrependimento" foi um fator atenuante, e a cooperação com as autoridades encarregadas da investigação da infração foi levada em conta. Em várias entrevistas, Zumwinkel posteriormente acabou por expressar suas dúvidas sobre o Estado de direito alemão, que, segundo ele, o tratou injustamente. Pouco tempo depois, com 65 anos de idade, ele reportou às autoridades alemãs sua mudança para a Itália, onde possui um castelo no Lago de Garda e anunciou que trabalharia no futuro como empresário e investidor independente.

Supostamente, em ambos os casos, tudo correu legalmente em termos jurídicos. O Tribunal Federal do Trabalho em Erfurt corrigiu o veredicto contra a caixa um ano depois, mas sublinhou a gravidade da quebra de confiança. A emoção pública em 2009 decorre, em vez disso, do vago sentimento de que a abordagem "formal" dos juristas não faz justiça às pessoas "em termos de conteúdo", não se ajusta às suas ações, sentimentos e pensamentos concretos[3]. No entanto, os representantes desta abordagem objetam a isso dizendo que essa restrição ao aspecto formal é a grande vantagem do nosso sistema jurídico, pois somente dessa maneira pode-se proteger a maior liberdade possível do cidadão contra a interferência do Estado. Este capítulo mostrará que, para Marx, essa moderação é uma pseudoneutralidade, que ele, entretanto, considera um progresso histórico em relação à ordem que a precedeu.

A razão venceu?

As decisões judiciais difíceis de entender são apenas um exemplo de aborrecimentos e escândalos nas interfaces de moral, economia e política. Consideremos a longa história de casos de suborno e influência sobre os

---

[2] Id., 27 jan. 2009; Id., 28 jan. 2009.
[3] No plano internacional, somos confrontados com dimensões totalmente diferentes de decisões judiciais de difícil compreensão, como mostra o processo jurídico da explosão da fábrica de produtos químicos da empresa americana Union Carbide em Bopal, na Índia, em 1984, que se tornou o "maior crime econômico de todos os tempos" com 800 mil vítimas, incluindo entre 15 mil e 30 mil mortos. *Die Zeit*, n. 33 (2010) 25.

órgãos do Estado, o poder de chantagem da economia resultante de sua disposição sobre os postos de trabalho, a influência da economia nos meios de comunicação e na opinião pública etc. Nesses casos, a resposta é também que sempre continuará havendo insuficiências humanas, mas a ordem subjacente é, no cerne, totalmente racional. Só ela garante a melhor aproximação possível daquele ideal que é visto desde a época do Iluminismo como um objetivo obrigatório de qualquer ordem da vida humana: uma vida digna, acompanhada pelo direito à maior liberdade possível de condução da vida — para todo ser humano. Eram os cidadãos de posses e instruídos que a partir do século XVIII defendiam esse tipo de progresso, motivo pelo qual Marx e outros chamaram essa ordem de "burguesa".

O triunfo da liberdade igual para todos

Para entender as conexões entre ordem, dominação e razão, faz sentido inicialmente examinar os conceitos. "Ordem" refere-se à estrutura relativamente estável em que a nossa vida cotidiana está inserida e pela qual, portanto, orientamos nossas ações[4]. A ciência social designa como "dominação" geralmente aquela forma de poder que não só mantém a ordem, mas normalmente é considerada justificada. A dominação é considerada justificada se ela pode ser considerada racional, e "razão" significa a capacidade de julgar do intelecto humano.

O que isso significa concretamente em relação à ordem burguesa? Junto ao berço do mundo burguês, após muitas décadas de sangrentas guerras de religião em toda a Europa, estava inicialmente o princípio da neutralidade ideológica do Estado. "Cada um deve ser bem-aventurado à sua própria maneira", dizia o famoso adágio do rei prussiano Frederico II. Além disso, todos devem ser livres para se mudar e se instalar em qualquer lugar, casar-se sem consideração de posição social, exercer uma atividade profissional, poder comprar e vender. E todos devem reivindicar seus direitos e — isso se acrescentou com o passar do tempo — também poder influenciar indiretamente a estipulação desses direitos. Nada disso existia na Idade Média, quando o acaso do nascimento definia quase todas as possibilidades da vida, e a grande maioria das pessoas era excluída da definição das regras do jogo da economia e da política — porque, em última instância, elas eram consideradas a vontade de Deus.

---

[4] Por exemplo, Maurer, 2004.

Como cumprir essa elevada reivindicação da ordem burguesa?[5] *Em primeiro lugar*, o Estado prometeu direitos fundamentais a todas as pessoas, direitos que ninguém deveria poder desconsiderar, nem mesmo o Estado. Essa era a ideia do Estado de direito. *Em segundo lugar*, os cidadãos puderam participar do poder legislativo e também, posteriormente, do poder executivo do Estado, e isto, em princípio, valia para todas as pessoas de modo igual. Essa era a ideia da democracia. *Em terceiro lugar*, as tarefas do Estado e as tarefas da economia foram, em princípio, separadas em duas áreas. O Estado, como um vigia noturno, só deve cuidar para que a vida e a propriedade sejam protegidas, e as portas das casas estejam fechadas à noite. Ele deve apenas soar o alarme quando está queimando em algum lugar. O mercado é responsável pelo que acontece dentro das casas, pelo sustento das pessoas e pela felicidade privada. Essa divisão de responsabilidades implica também que o Estado deve ter a última palavra, porque somente o monopólio estatal da violência pode garantir o mesmo direito para todos[6]. Essa era a ideia do liberalismo.

O Estado de direito, a democracia e o liberalismo apresentam-se na Europa a partir do século XVIII numa procissão triunfal sem precedentes na história. A burguesia teve êxito em impor essa nova ordem, nascida do Iluminismo, contra a nobreza. De acordo com o sociólogo alemão Max Weber em sua obra *Economia e sociedade*[7], este novo tipo de dominação já não depende do carisma das pessoas ou da inquestionável validade das tradições, mas de uma forma específica de razão, mais precisamente uma razão "formal". Esta ordem de poder se espalhou a partir da Europa gradualmente, mas, num período de 300 anos, se expandiu em todo o mundo em diferentes velocidades. A expansão para uma área cada vez maior foi acompanhada de uma crescente penetração na vida. Por exemplo, tornou-se cada vez mais aceita a percepção de que as mulheres têm os mesmos direitos que os homens e que alguma proteção social dos cidadãos faz parte dos deveres do Estado.

---

[5] Para o trecho a seguir, cf., por exemplo, Schlangen, 1973.
[6] Somente num Estado democrático de direito pode-se aplicar o princípio protodemocrático de "um homem, um voto"; na economia, nos mercados vale, como se sabe, outro princípio: "quem paga, leva". Até o século XIX, muitos pensadores burgueses não pareciam ver contradição insuperável entre os dois princípios, porque acreditavam que o desenvolvimento da economia de mercado igualava cada vez as oportunidades econômicas iniciais das pessoas no longo prazo. Para o aprofundamento sociológico do conflito estrutural entre economia e política, cf. Dux, 2008.
[7] Weber, 1921.

Mas precisamente este último ponto levou a conflitos crescentes a partir do final do século XIX. Por onde deve correr a linha de demarcação entre Estado e economia, entre democracia e mercado? Quando e até que ponto o Estado pode ou deve intervir no mercado para proteger seu funcionamento e prevenir danos à comunidade? E, como indaga a crítica mais radical contra essa ordem: quão legítima é a dominação dos mercados realmente, se, por um lado, se concentram nele recursos cada vez maiores e, por outro lado, a pobreza e a dependência aumentam? A noção de igualdade e liberdade naturais do ser humano pode ser mantida nessas condições?

Razão burguesa e violência estrutural

Max Weber tentou mostrar contra essas vozes críticas que uma sociedade orientada pela economia de mercado é a epítome de uma ordem racional. Razão não só no sentido da burguesia com seus interesses especiais de classe, mas no sentido de toda a sociedade. De acordo com Weber, o dinheiro desempenha um papel central aqui. Nos mercados livres, pensa ele, a concorrência cria uma competição pacífica entre os participantes do mercado pela melhor satisfação possível das necessidades. Na linguagem de Weber, isso significa que o mercado livre é a epítome da "racionalidade formal", que não impõe estipulações de conteúdo supérfluas às pessoas, mas apenas predetermina uma moldura formal para a competição delas. O cálculo monetário da economia de mercado avançada permite que os participantes do mercado sejam providos da melhor informação possível. Pois os preços em dinheiro não são mais do que o resultado das estimativas dos benefícios dos participantes do mercado, que são simplesmente coordenadas pelas forças do mercado e reunidas no preço. Para Weber, um preço baixo nos diz que algo está frequentemente disponível e, além disso, é pouco desejado; um preço alto significa que algo é escasso e, além disso, é intensamente procurado.

Um olhar crítico sobre a realidade de hoje suscita algumas dúvidas sobre a racionalidade dessa ordem burguesa, sobretudo sobre a divisão de tarefas entre o Estado e a economia, e sobre a orientação da economia pela racionalidade do cálculo monetário. *Em primeiro lugar*, o poder estrutural da economia geralmente exerce influência direta na política e controla as autoridades do Estado. Ele força o Estado a prioridades muito específicas, define o que é sistematicamente importante e o que não é (ver capítulo 1). A primeira dúvida a respeito do primado da política surge apenas quando se nota que os altos executivos da economia ganham muitas vezes mais do que a elite política recebe por seu desempenho. Dúvidas quanto à racionalidade dessa ordem se multiplicam quando se incluem outras ocorrências do campo do sistema judicial e da persecução penal economicamente mais sérias do que as mencionadas acima. Vemos quão desamparado é o Estado, quando diretores ou outros funcionários dos bancos, por conduta incorreta, deveriam ser responsabilizados e se comprometer a indenizar prejuízos de milhões ou bilhões, ou também quando instalações industriais deveriam ser chamadas a prestar contas e se comprometer a ressarcir catástrofes técnicas causadas por negligência. E quão impotente é uma estratégia de segurança internacional que busca dissuadir, mediante ameaças de morte, os terroristas cujas armas consistem essencialmente em atentados suicidas. Nos poderes executivo e legislativo, o poder da economia se manifesta, por exemplo, no fato de que governos e legisladores se deixam aconselhar por grandes corporações e associações econômicas e permitem que elas elaborem propostas legislativas, dando a impressão que se trata apenas de uma troca justa de *expertise* e articulação de interesses. Entre os ramos do executivo e legislativo, aplica-se no mais alto aquilo que Claus Offe já descreveu em seu modelo de "estruturas de filtro" há quase quarenta anos (ver capítulo 1): o Estado baseia sua consideração da diversidade de interesses sociais num esquema concêntrico de prioridades. Quanto mais central é um interesse, mais o Estado se apropria dele. A maior prioridade é dada aos interesses que dizem respeito à lealdade das massas, segurança externa e crescimento econômico. Assim, quando o poder dos mercados é legalizado pela política, o poder econômico se torna poder político. Especialmente nos últimos vinte anos, no contexto da privatização dos serviços públicos, é bom estudar como a economização da vida avança, e como o poder estrutural da economia permeia nossa vida cotidiana.

Em segundo lugar: independentemente dessa influência direta da economia no Estado, o poder estrutural que prevalece na própria economia é legalizado pelo Estado ou, pelo menos, não é revogado por ele. Em que consiste esse poder estrutural interno da economia? Quem não tem o poder de compra necessário numa economia de mercado fica fora dos mercados e pode acompanhar os eventos do mercado através da cerca, por assim dizer, que circunda a praça de mercado. A "liberdade" do excluído consiste em não ser impedido de satisfazer suas necessidades por tradições ou pessoas, mas por estruturas. Trata-se aí do acesso aos mercados de bens de consumo ou de oportunidades de trabalho, sendo o acesso a este último geralmente uma precondição para o acesso ao primeiro. Outra forma de poder estrutural gerado economicamente ocorre ao homem, mesmo quando ele é um dos felizardos que são admitidos no mercado. Para quem encontrou um emprego, é a própria condição de trabalho assalariado que limita sua liberdade. Por exemplo, enquanto a violência pessoal consiste no *bullying* arbitrário de superiores contra colegas de trabalhos que desejam formar uma comissão de empregados, a violência estrutural resulta unicamente da assinatura voluntária formal do contrato de trabalho, o que obriga o signatário a executar durante o período de trabalho as tarefas que lhe são passadas. Então, a liberdade é praticamente deixada com o porteiro. Mas o empresário também é confrontado com violência estrutural quando os bancos lhe fecham a torneira de dinheiro ou quando é incapacitado por investidores privados, por exemplo, os chamados *hedge-funds*. Até mesmo Josef Ackermann se vê, com razão, como "impelido pelos mercados"[8].

Em terceiro lugar: a limitação da razão burguesa mostra-se, por fim, no próprio cálculo monetário. Como se sabe, ele não distingue entre bens que aumentam a qualidade de vida e aqueles que a reduzem. Quando compro um carro novo, dirijo-o contra uma árvore, passo meio ano numa clínica, tenho minha casa adaptada para a cadeira de rodas, eu elevo o produto nacional bruto várias vezes de maneira considerável. Algo parecido acontece no contexto de preparativos para uma guerra, de guerras e medidas de reconstrução, ou na destruição de recursos naturais e a tentativa de sua subsequente reparação. Qualquer pessoa que confia na razão dos sinais de dinheiro para a condução de sua vida muitas vezes arruína sua saúde, sua parceria, sua família enquanto se esforça para aumentar sua renda (ver capítulo 3)[9]. A direção de nosso progresso técnico também mostra uma forma bastante limitada de racionalidade. Consideremos, por exemplo, as empresas farmacêuticas que focam no desenvolvimento de medicamentos de estilo de vida e negligenciam medicamentos que salvam vidas; fabricantes de veículos que ainda se concentram no negócio de veículos particulares movidos por combustíveis fósseis, ou empresas de energia que impõem a prorrogação do tempo de funcionamento das usinas nucleares. Trata-se, nestes casos, de uma forma de razão altamente questionável do ponto de

---

[8] *Der Spiegel*, n. 14 (2010) 66.
[9] Inúmeras pesquisas confirmam, por exemplo, que a maioria das pessoas sofre de uma falta de conciliação entre família e profissão e gostaria de adaptar seu engajamento profissional à situação familiar, e não o contrário.

vista moral e tecnicamente pouco sustentáveis (ver capítulo 9)[10], que é tolerada e promovida pelo Estado sob pressão da economia. É também interessante aqui um olhar sobre a dimensão temporal dessa notável forma de divisão de tarefas entre economia e Estado: não é só que, em geral — de modo puramente empírico —, a economia age e o Estado reage, mas também que sistematicamente os processos econômicos são mais rápidos e têm um horizonte de tempo mais curto: são mais rápidos porque não precisam esperar a aprovação de todos os que são afetados por decisões; ao contrário, a resolução da vontade, muitas vezes solitária, de um proprietário basta e porque, por isto, a globalização da política está irremediavelmente atrasada em relação à globalização da economia. Além disso, o horizonte temporal é mais curto porque os balanços econômicos são produzidos trimestralmente, mensalmente ou, no setor financeiro, em períodos extremamente breves, enquanto a política deve pautar-se por períodos de legislatura e procedimentos de votação, e é obrigada pelas constituições a respeitar as gerações futuras.

A propagação da ordem burguesa, nascida do Iluminismo, a interação entre o Estado de direito, a democracia e a economia de mercado podem, portanto, ser festejadas como a vitória da razão? Neste ponto, passemos a palavra a uma testemunha insuspeita, o ex-juiz do Tribunal Constitucional, perito em direito constitucional e filósofo jurídico Ernst-Wolfgang Böckenförde, já mencionado na introdução deste livro. Em seu artigo sensacional para o *Süddeutsche Zeitung, Do que padece o capitalismo*, escreve o católico e socialdemocrata Böckenförde:

> Certamente, o Estado e o direito podem, de fora, traçar limites e impor regulações ao sistema do capitalismo, limitando seus excessos e consequências inaceitáveis, contanto que a ordem do Estado tenha força para tal, a qual, por sua vez, depende de uma economia geradora de crescimento. E, em certa medida, ele o faz. Mas, mesmo que ele tenha sucesso, este continua sendo uma correção marginal, que deve ser arrancada da lógica funcional do sistema, a qual sempre visa à maior desregulamentação possível. Então, de que padece o capitalismo? Ele não padece apenas de seus excessos, nem da ganância e do egoísmo das pessoas que operam nele. Ele padece de seu ponto de partida, seu princípio racional-

---

[10] Por esta razão, o padrão monetário há muito tempo foi complementado pelo Índice de Desenvolvimento Humano, que fornece uma imagem muito diferente do estado de desenvolvimento dos países. Vai ainda mais longe o "Índice do Planeta Feliz", que relaciona a expectativa de vida e satisfação de vida com a "pegada ecológica" do homem.

mente orientado a fins e seu poder formador de sistema. Por isto, a enfermidade não pode ser eliminada por remédios marginais, mas apenas pela inversão do ponto de partida[11].

Esse outro ponto de partida para além do "individualismo da posse" prevalecente é encontrado por Böckenförde em Tomás de Aquino, na doutrina social cristã, no papa João Paulo II e em Karl Marx.

A subjugação do homem

Como se apresenta o desenvolvimento desta ordem, quando tomamos como ponto de partida não o que a burguesia diz, mas o que ela faz? No *Manifesto do Partido Comunista*, de 1848, escrito por Marx e Engels em nome da Liga Comunista, o espantado leitor do século XXI encontra um verdadeiro hino às conquistas da nova classe emergente de comerciantes, donos de manufaturas e fábricas e sua nova economia. O *Manifesto*, o texto que, supostamente junto com a Bíblia, tem a maior circulação em todo o mundo, começa com a famosa asserção: "Um espectro ronda a Europa — o espectro do comunismo", e termina com a exortação citada com não menos frequência: "Proletários de todos os países, uni-vos!"[12]. No meio se encontra uma imagem cristalina do desenvolvimento de que somos testemunhas hoje, no século XXI.

"Evapora-se toda estratificação, todo o estabelecido"

O ideal predominante do mundo da burguesia, como veremos, é a dinamização do que está dado. Negócios e sociedade são postos em movimento. Comecemos novamente com a relação entre homem e natureza. No *Manifesto Comunista*, as "maravilhas da técnica" do modo de produção burguês são louvadas nos tons mais veementes. Elas fazem com que as "pirâmides egípcias, aquedutos romanos e catedrais góticas" pareçam pobres. Foi graças à burguesia que veio ao mundo a produção industrial moderna, cientificamente dirigida, desde a máquina a vapor, passando pelo tear, até a ferrovia e a eletricidade. "Revolucionar" os instrumentos de produção continuamente é algo que faz parte do modo de existência da burguesia.

---

[11] SZ 24 abr. 2009.
[12] MEW 4, 461 e 493.

Mudança, movimento, volatilização

No que diz respeito às relações sociais, a burguesia, onde quer que tenha chegado ao poder, destruiu todas as "condições feudais, patriarcais e idílicas". A burguesia "rompeu impiedosamente os variegados laços feudais que atavam o homem ao seu superior natural, não deixando nenhum outro laço entre os seres humanos senão o interesse nu e cru, senão o insensível 'pagamento em dinheiro'"[13]. Em outras palavras, o capitalismo substituiu as relações pessoais de dependência por relações comerciais objetivas, produziu um sistema que funciona como um autômato. Esse desenvolvimento "dissolveu a dignidade pessoal em valor de troca"[14]. Ele substituiu a exploração envolta em ilusões religiosas e políticas pela "exploração aberta, desavergonhada, direta, seca"[15]. A burguesia não precisa se empenhar em encobrir as novas relações entre as pessoas, nem se envergonhar delas, nem justificá-las. Eles simplesmente estão aí como realizações da nova era — e a economia funciona, impulsionada unicamente pelos interesses das pessoas.

Mudança, movimento, volatilização — estas são as características da era burguesa, como Marx a vê. Elas substituem as condições estáveis da época pré-industrial. A "transformação contínua da produção, o abalo ininterrupto de todas as condições sociais, incerteza e movimento eternos" distinguem a burguesia de todas as outras classes. "Todas as relações sólidas e enferrujadas, com seu séquito de venerandas e antigas concepções e visões se dissolvem; todas as novas envelhecem antes mesmo que possam se solidificar. Evapora-se toda estratificação, todo o estabelecido..."[16] Hoje falamos da dinamização e flexibilidade de todo o mundo da vida. Poderíamos também formular que, para Marx e Engels, o capitalismo é caracterizado, desde o início, por uma nova maneira de lidar com o tempo desde o início; ele é essencialmente um movimento de aceleração (ver capítulo 9).

Um mundo de acordo com sua imagem

O *Manifesto Comunista* também já enumera os meios e métodos utilizados pela chamada globalização de hoje. O modo de economia burguês

---
[13] Ibid., 464.
[14] Ibid., 465.
[15] Ibid.
[16] Ibid.

torna a produção e o consumo "cosmopolitas". Produtores e consumidores obtêm o que precisam para produção e consumo de regiões sempre mais distantes, como também procuram em todo o mundo o lugar mais vantajoso para produção e consumo. O capitalismo conduz, assim, a um aumento explosivo do transporte mundial de coisas e do trânsito mundial de pessoas, conduz a uma interdependência historicamente nunca vista. Isso também se aplica aos produtos intelectuais: a troca mundial faz literaturas locais e nacionais tornar-se "literatura universal", os produtos intelectuais das nações individuais tornam-se "patrimônio comum". Só está faltando a *World Wide Web*.

Os elogios das conquistas da burguesia culminam na apreciação da sua contribuição para a civilização da humanidade.

> Devido à rápida melhoria de todos os instrumentos de produção, à comunicação imensamente facilitada, a burguesia insere todos, até as nações mais bárbaras, no mundo civilizado. O preço baixo de suas mercadorias é a artilharia pesada com que ela põe abaixo toda e qualquer muralha da China, a arma com que força à capitulação a mais renitente xenofobia dos bárbaros. Obriga todas as nações a se apropriarem do modo de produção burguês, caso não desejem perecer; força-as a abraçar a assim chamada civilização, ou seja, a se tornarem burguesas. Em resumo, ela cria para si um mundo à sua própria imagem[17].

A produção pela produção

De onde a burguesia extrai a força para essa revolução? Dezenove anos após a publicação do *Manifesto comunista*, Marx esclarece por que a burguesia é bem-sucedida: porque o dono de dinheiro burguês realmenta sistematicamente o lucro e o investimento, porque ele, utilizando o trabalho assalariado, eleva o entesouramento a um nível racional e porque ele é forçado pela competição a fazer tudo isso se não quiser retroceder econômica e politicamente (ver capítulo 2). "Como fanático da valorização do valor ele [o capitalista] coage sem escrúpulos a humanidade à produção pela produção [...]. Porém, o que neste [no entesourador] aparece como mania individual, é no capitalista efeito do mecanismo social no qual ele é apenas uma roda motriz."[18]

---

[17] Ibid., 466.
[18] MEW 23, 618.

O automatismo da acumulação

O desenvolvimento da produção capitalista torna

> uma necessidade uma subida permanente do capital investido numa empresa industrial, e a concorrência impõe a cada capitalista individual as leis imanentes do modo de produção capitalista como leis coercivas exteriores. Ela coage-o a estender permanentemente o seu capital para o conservar, e só o pode estender por intermédio de acumulação progressiva[19].

Pode-se também traduzir essa compulsão de acumulação para a linguagem da cibernética. A ligação permanente de lucro e investimento imposta pela competição representa um *"feedback* positivo", positivo não num sentido coloquial ou moral, mas puramente técnico: o lucro, o resultado final de um processo, reentra sempre no processo como fator de partida, para que o processo se sustente e se reforce. O princípio capitalista da acumulação aquece continuamente a economia, como um termostato, que, com o aumento do calor ambiente, eleva a temperatura ambiente. Quanto maior o lucro, melhores serão as chances iniciais na próxima rodada. E vice-versa.

Se esta análise está correta, também é perda de tempo recomendar ao capitalista contentar-se com o que ele tem e, talvez, reservar alguma coisa disso para bons propósitos. Sem dúvida, em face de bons negócios e gorda fortuna, sempre pode haver margens de manobra, que podem prosperar especialmente em nichos do mercado. Mas a lei da concorrência cuida para que isso continue sendo a exceção; o capitalismo pune sem piedade o amor ao próximo. Mediante a lei da "acumulação progressiva", a burguesia faz da produção de algo novo, da própria produção, o objetivo da atividade econômica, mais precisamente: a acumulação de dinheiro. A consequência final disso é que a utilidade do que é produzido torna-se uma questão secundária. Quem "cria" porcos é, de acordo com isso, produtivamente ativo; quem cria pessoas, não, como observou acertadamente Friedrich List, um contemporâneo de Karl Marx[20]. A pergunta do dono do dinheiro que utiliza seu dinheiro como capital é: como posso fazer dobrar um dólar, euro ou iene o mais rápido possível? A resposta decidirá onde, como e o que é produzido — e o que não é. Se nada pode ser ganho, o capitalista não tem interesse — por maior que seja a necessidade das pessoas.

---

[19] Ibid.
[20] List, 1841-1844, apud. Krebs, 2002, 11.

É precisamente nisto que também consiste a violência específica que esta ordem econômica tem sobre as pessoas. Para Marx, a violência no capitalismo não é um resíduo normativo, como no pensamento liberal. O pensamento liberal baseia-se na concepção ideal de que todas as formas de subordinação entre as pessoas devem ser relações contratuais voluntárias e de que a submissão violenta das pessoas por outras pessoas deve ser substituída pela coordenação dos contratos das pessoas pela "mão invisível", sendo o Estado exigido apenas em caso de violação de contrato. Para Marx, por outro lado, a violência é parte integrante do capitalismo, sem a qual o sistema inteiro não poderia funcionar — violência, no entanto, como violência estrutural. O pensamento central aqui é: como o trabalhador assalariado não possui seus próprios meios de produção, ele é forçado a vender sua força de trabalho. E, como na sociedade produtora de mercadorias as mercadorias na troca são medidas apenas no tempo médio de trabalho exigido pela sociedade, o possuidor da mercadoria mantém exatamente o tanto de força de trabalho que ele e sua família necessitam para restaurar a força de trabalho (ver capítulo 2). Isto garante — unicamente com base em estruturas impessoais — que o trabalhador, em geral, permaneça trabalhador e que o capitalista, em geral, permaneça capitalista. Para Marx, a violência estrutural do capitalismo reside precisamente neste contexto, que também pode ser formulado levando em conta a estrutura social da sociedade: o capitalismo é, para Marx, uma sociedade de classes precisamente porque suas relações de propriedade são caracterizadas pela oposição entre proprietários e não-proprietários dos meios de produção, isto é, pela separação entre o trabalho vivo e os meios materiais necessários para o trabalho. Essas relações são herdadas e intensificadas de geração para geração.

Estado e ordem

No período mais longo da história humana, a era dos caçadores e coletores, havia anciãos e chefes tribais, que estavam munidos de autoridade e tinham de cuidar da ordem na comunidade, mas não havia Estados como entidades autônomas. Somente com o advento do sedentarismo, e o estabelecimento da cultura agrária e pecuária, surgiu a propriedade privada dos meios de produção (ver capítulo 2), e com ele o Estado tornou-se necessário para que os interesses comuns dos donos dos meios de produção pudessem ser salvaguardados.

Em primeiro lugar, a propriedade da terra teve de ser protegida, desde o início, de todos os tipos de ataques, especialmente dos sem-propriedade. *Em segundo lugar*, os proprietários dependiam do Estado para o desenvolvimento da propriedade mediante construção de caminhos e para a fertilização do solo por meio da irrigação. Este duplo interesse dos proprietários, de acordo com Marx, deu origem ao Estado como instituição independente ao lado — ou acima? — da sociedade.

A característica central desta instituição é a "violência pública", enfatiza Friedrich Engels[21]. Isso se refere não apenas à violência das pessoas, cuja tarefa especial é proteger a propriedade por meio de armas, mas também os "apêndices factuais", "prisões" e "instituições coercitivas de todos os tipos". A sociedade tribal não fazia ideia de nada disso. Para Marx e Engels, portanto, o Estado é tudo menos um produto do espírito do mundo que se instala na Terra, ao tornar as pessoas racionais no sentido de sociáveis, como Hegel e seus discípulos acreditavam (ver capítulo 1). Além disso, Marx rejeita todas as ideias que concebem o Estado como consequência de um contrato que os cidadãos firmam entre si para se proteger contra ataques uns dos outros, como afirmam as teorias do Estado liberal. Para Marx, o Estado não está ancorado na natureza humana, mas nas condições sob as quais as pessoas produzem suas vidas. Neste contexto, o controle ou não-controle sobre os meios de produção como precondição estrutural da exploração é de importância crucial[22].

Não só a existência, mas também a forma do Estado depende das relações históricas concretas entre os proprietários dos meios de produção e os produtores diretos. Uma breve olhada na história mostra isso. A ideia da igualdade política dos cidadãos era tão estranha para as sociedades arcaicas quanto para a Antiguidade grega e romana, na qual mulheres, estrangeiros e escravos não eram considerados cidadãos, mas auxílio ao homem livre. Tão-só com a burguesia, com o desenvolvimento da troca de mercadorias e, finalmente, com a acumulação de capital, ideias tão revolucionárias como a igualdade perante a lei tornam-se possíveis e necessárias. Somente então pôde surgir seriamente a ideia de que o Estado existe para as pessoas, de que ele é uma *res publica* e, portanto, um assunto público, e os próprios cidadãos poderiam, sob certas condições, governar. Os direitos humanos e fundamentais, a liberdade formal e a igualdade dos cidadãos são pressupos-

---

[21] Para o trecho seguinte, *MEW* 21, 165 ss.
[22] *MEW* 25, 799 s.

tos para que estes firmem tratados entre si e também possam confiar em sua observância — uma ideia historicamente completamente nova, tendo em mente que, no absolutismo esclarecido ou mais ainda nos projetos medievais ou antigos de Estado, o Estado ainda devia, como um "bom pastor", assistir seus cidadãos no êxito de sua vida. Mas, de acordo com Marx, a forma republicana ou democrática e constitucional do Estado burguês não deve ser confundida com seu conteúdo, com sua estrutura mais profunda. Em termos de conteúdo, o Estado burguês, segundo Marx, inicialmente serve para proteger as relações de classe — como pré-requisito para manter a exploração e a acumulação. Aqui está a diferença decisiva em relação à concepção de Estado do liberalismo, que sob a superfície das relações jurídicas, isto é, na profundidade, não é capaz de descobrir nada mais do que o livre-arbítrio e a natureza do homem. No entanto, a concepção de Estado de Marx não se esgota na constatação de seu caráter de classe, pois, de acordo com Marx, a ação concreta do Estado depende sempre da consciência dos agentes; nas repúblicas e nas democracias, ela depende, portanto, da consciência dos cidadãos (ver capítulo 5). O Estado é, em todo caso — como se pode asseverar em relação à contradição básica entre produção social e apropriação privada de produtos — uma instituição que contribui significativamente para a estabilização da sociedade: protege a propriedade privada e, ao mesmo tempo, garante a manutenção de interesses públicos que, de outra forma, estariam existencialmente em risco na luta concorrencial dos proprietários.

Autocoerção

Muitos teóricos de esquerda do século XX que continuaram desenvolvendo o pensamento político de Karl Marx procuraram caminhos pelos quais o aparato de poder do Estado poderia, pela utilização de suas estruturas, ser usado para a luta contra o capitalismo[23]. Aqui, no entanto, outra questão deve ser levantada: por que as pessoas realmente se subordinam a essas estruturas? Por que os assalariados, em particular, estão satisfeitos com uma liberdade e igualdade puramente formais, por que eles não exigem que estas sejam preenchidas de conteúdo, por que não querem emancipar-se da condição de cidadão para ser um burguês de posses? Tal reivindicação era

---

[23] Por exemplo, Antonio Gramsci, nas décadas de 1920 e 1930, desenvolveu um esboço para a luta entre capital e trabalho por hegemonia cultural.

bastante evidente desde a crise do liberalismo na década de 1870, desde a organização múltipla dos interesses sociais e da mudança daí resultante do Estado como vigia noturno para o Estado intervencionista, e foi amplamente erguida pelo movimento operário. Mas por que, é preciso perguntar hoje, essa reivindicação voltou a ser consideravelmente abandonada no século XX? Em outras palavras: por que o capitalismo se mostrou tão estável?

Exigir e promover

O filósofo social francês Michel Foucault, que se autodenominava "arqueólogo" e "etnólogo" da cultura ocidental, forneceu uma resposta interessante a esta questão, que Marx ainda não podia formular[24]. De acordo com a tese básica, a subordinação das pessoas, incluindo, portanto, os assalariados, ao regime burguês, está ligada a uma interação peculiar de dominação externa e autodominação: por coerção externa, as pessoas são levadas a forçar-se a fazer o que devem fazer. Consequentemente, é realmente a autocoerção que causa a subordinação do homem às condições prevalecentes. Isso altera fundamentalmente o caráter de coerção. Aqui são decisivas as "exigência e promoção" de técnicas de auto-otimização. Foucault formula isso como um problema técnico: a técnica externa deve dar permissão às pessoas para a técnica de si e, ao mesmo tempo, fornecer-lhes os meios para que as técnicas externas e as técnicas de si possam se complementar. No lugar de proibição e punição entram outros meios: a técnica externa no sentido de Foucault "incita" ou "distrai", "facilita" ou "dificulta", "expande" ou "limita". O objetivo de tudo isso é que os destinatários *queiram* o que *devem*.

Tomemos um exemplo da discussão atual da política educacional. Em vez de decretar ensino obrigatório para todos, uma sociedade pode ser exortada a cuidar ela própria da educação da prole. Incentivos e sistemas de suporte podem ser criados para atender a essa exortação. Igualdade formal de oportunidades pode ser concedida, e o princípio do desempenho pode se impor de maneira coerente, de modo que então possa se afirmar, no final, que a distribuição de posições na sociedade aos seus membros ocorreu de maneira absolutamente justa. Quando indivíduos ou grupos inteiros, como os migrantes, são particularmente incentivados e ainda assim não obtêm êxito, então, neste sistema, tudo dependerá unicamente deles. O fato de

---

[24] O próprio Foucault é bastante crítico em relação a Marx e, por sua abordagem teórica, está enraizado no estruturalismo francês e deve ser politicamente associado à esquerda. Sarasin, 2005, 9-14. Para o trecho seguinte, cf. Lemke; Krasmann; Bröckling, 2000.

que talvez existam pouquíssimas posições sociais aceitáveis e que, mediantes medidas de apoio, talvez apenas os apoiados expulsem os não-apoiados, ou, num nível superior, exatamente a mesma competição e os mesmos destinos dos perdedores sejam, no fim, encontrados como se não houvesse tal apoio, sendo assim suprimido da consciência. O que resta é uma mensagem simples: quem falhar é, ele próprio, culpado. Ele não provou ser digno de apoio, quer porque não quisesse, quer porque não podia, ou por ambas as razões. Não importa se ele não demonstra muita iniciativa, se é muito pouco flexível, muito pouco móvel, muito pouco disciplinado ou muito pouco criativo: em todo caso, ele não se mostrou digno da liberdade que lhe foi concedida[25]. As decisões e a responsabilidade agora não estão mais com o controlador, mas com o controlado, não com o governante, mas com o governado. Onde as técnicas externas de dominação e as técnicas de si de dominação se entrelaçam dessa maneira, onde o esforço humano por autorrealização, autorresponsabilidade e auto-otimização em dadas condições é usado como meio de governar, ali a dominação é, de certa maneira, otimizada de acordo com os critérios de eficiência econômica, porque os sistemas de controle podem ser amplamente poupados[26].

Filosofia da aptidão

Esta teoria também abre uma nova perspectiva sobre instituições tais como empresas, entidades e associações. Também se pode exigir delas, e incentivá-las a, ser "atraentes", "magras", "flexíveis", "aptas" e "autônomas" — num sentido muito específico, é claro. Elas são apoiadas no cumprimento desta demanda, na alegre expectativa de que ficarão melhores. A "filosofia da aptidão" vai muito além dos ginásios e das cirurgias plásticas. Indivíduos e instituições não estão mais preocupados em cumprir normas e demonstrar conformidade, mas em se impor para vencer esforços futuros, ser aptos para o futuro. Se observamos como os sindicatos alemães dominados pelos socialdemocratas cedeu, no período anterior à Primeira Guerra Mundial, à pressão do Estado por uma trégua, e, ao mesmo tempo, tentou defender as

---

[25] Segundo Foucault e outros, na fase inicial do liberalismo, a dominação ainda era fundamentada pela natureza racional do homem. Hoje, a liberdade do indivíduo já não é vista como um *limite* até o qual se pode controlar e dominar, mas como um *meio* por meio do qual o homem é controlado e dominado.

[26] Portanto, não é surpreendente que os livros fundamentais da gestão de recursos humanos que enalteçam o conceito de auto-otimização sobrevivam a todos os ciclos de moda da literatura de administração. Ver Großmann, 1927.

conquistas na Alemanha para os trabalhadores contra a possível competição de outros sindicatos nacionais, obtemos uma noção de como o movimento operário também sucumbiu a essa autocoerção[27]. E hoje? A interação entre técnicas externas e técnicas de si significa que o Estado privatiza o máximo possível de suas conquistas em seu esforço para alcançar aptidão ótima em tempos econômicos bons, e volta a recolher muitas coisas sob suas asas em tempos ruins. Portanto, se bancos ou empresas automobilísticas arruinados ficam, por um certo tempo, em parte ou inteiramente sob controle do Estado, isso serve para um único propósito: eles devem se tornar aptos ao mercado, para que após o treinamento voltem a gerar lucro.

Para Foucault, portanto, a dominação não é uma relação simples entre um nível superior (Estado) e um inferior (sociedade), mas afeta igualmente o amplo espaço entre eles. De acordo com essa teoria, a legitimidade da dominação não pode simplesmente ser medida pelo grau em que a liberdade supostamente natural do indivíduo é limitada; essa liberdade é, antes, ela própria resultado da interação entre coerção externa e autocoerção. Em última análise, isso faz desaparecer a consciência da dominação em geral. Quem domina quem? Onde? Em que base? Para que propósito? — são todas perguntas que quase não encontram mais uma resposta. Muitas pessoas, assim, são deixadas sozinhas com todas as contradições que ameaçam dilacerá-las, com suas preocupações, cujas causas elas não entendem e para as quais não encontram solução. Por exemplo, elas se veem perante a pergunta: "Ainda sou rentável?"[28]

Ainda que a autocoerção tenda a tornar a dominação invisível e inconsciente, isso não significa que a violência se dissolve no ar. Há argumentos convincentes de que a violência estrutural, que é experimentada como coerção externa e como autocoerção, busca duas formas de expressão: para dentro, na forma de doenças resultantes de restrições de flexibilidade e imposição de aptidão, que os mundos do trabalho e da vida capitalistas altamente avançados demandam do corpo e da alma das pessoas[29]; e, para fora, sob a forma de explosões súbitas de violência e tumultos. Pois quando pessoas concretas que são responsabilizadas pelas feridas sofridas já não existem, quando o sofrimento é cada vez mais experimentado como consequência de uma sobrecarga indeterminada em face do desajuste entre demandas estruturais e as oportunidades próprias insuficientes, então a violência "cega", no sentido

---

[27] Por exemplo, Pohl; Werter, 1977.
[28] Wagner, 2005. Para um aprofundamento, cf. Bröckling, 2007.
[29] Schröder, 2009.

mais verdadeiro da palavra, permanece cada vez mais a única saída. Essas explosões ocorrem preferencialmente em locais onde são distribuídas as oportunidades na vida, portanto, em escolas, agências de emprego, parlamentos, mercados e centros comerciais, e ocorrem, não por acaso, sob o olhar público. A este respeito, a destruição do World Trade Center em Nova York e os massacres em escolas de Erfurt e Winnenden têm uma raiz comum[30]. Mas essas explosões continuam sendo a exceção. As pessoas, em sua grande maioria, sofrem silenciosamente com a violência estrutural e depositam tudo na esperança de torná-la tolerável ao menos para si mesmas por meio da autodisciplina. Este é provavelmente outro pilar de suporte do sistema geral.

Resumo

Em todas as épocas históricas, os governantes tentam justificar a ordem vigente por motivos racionais. Eles querem garantir, deste modo, a lealdade dos governados. Isso também se aplica à burguesia, que a partir do século XVIII substituiu a nobreza como classe politicamente dominante na Europa. A burguesia ergueu a pretensão de garantir pela primeira vez na história a liberdade para todos de maneira igual. Marx elogia a burguesia, por um lado, pela sua excepcional conquista histórica no desenvolvimento material e intelectual do ser humano, que levou a uma inigualável libertação das coerções. Mas ele também mostra que a ordem burguesa leva simultaneamente a novas servidões e desigualdades. Segundo Marx, a diferença decisiva em relação ao sistema de dominação entre a ordem pré-burguesa e a ordem burguesa é que as pessoas na ordem burguesa já não se submetem a pessoas concretas, mas a estruturas anônimas. Seu motor é o princípio econômico do capitalismo, a produção pela produção. Nem o Estado nem o indivíduo podem escapar dessa força motriz. Em face disso, a razão é, em essência, submissão às prioridades do producionismo. De acordo com os teóricos do século XX, quem obedece a elas e, portanto, se obriga a si mesmo, logo não percebe mais a situação de coerção. Daí resulta não só a erosão progressiva do primado da política, a tendência à assim chamada pós-democracia. Esta aparente evaporação da dominação é também presumivelmente uma contribuição essencial para a estabilidade do capitalismo, porque torna irrelevante a luta pela configuração da ordem da dominação e pelas vantagens e desvantagens de diferentes concepções de ordens.

---

[30] Reheis, 2007, 104-113.

5

Confiança e logro

O dinheiro em si não significa nada para ele, seu estilo de vida é extremamente modesto, 50 euros por mês lhe bastam[1]. Seu único luxo é um *cappuccino* no restaurante à beira da estrada quando volta de uma palestra para casa dirigindo seu velho Golf. Estamos falando de Anselm Grün, sacerdote beneditino, autor e administrador econômico do mosteiro franco de Münsterschwarzach. Como autor, o padre Grün vendeu mais livros do que Günter Grass, cerca de provavelmente 15 milhões, o que corresponde a um faturamento de 100 milhões de euros. Ele poderia, portanto, ser multimilionário. Como administrador econômico, ele emprega 200 funcionários e dirige o mosteiro e seus negócios como uma empresa de médio porte. Então ele é forçado a pensar como um homem de negócios. Ele não só se esforça por uma boa gestão econômica,

---

[1] SZ 8 fev. 2008.

como também é atraído pela criatividade no modo de lidar com dinheiro, algo de que ele sente falta em outros mosteiros. Além disso, ele faz dívidas, aplica o dinheiro e espera lucro. Retornos de 10% a 15% são normais. Títulos arriscados geralmente são cobertos com sucesso por um assim chamado amortecedor. Certa vez, quando os títulos do governo argentino caíram dois terços do seu valor e o mosteiro perdeu três milhões de euros, Grün rapidamente compensou essa perda com os títulos russos. Ele os comprou por 29 euros e os vendeu por 170. Na pergunta de uma entrevista se ele sentirá falta da especulação após seu período como administrador do mosteiro, o padre disse: "Pode ser".

Vários de seus livros tratam da maneira correta de lidar com o dinheiro. A mensagem nada surpreendente é que não devemos investir o dinheiro apenas onde ele traz o maior retorno, mas também considerar critérios éticos[2]. É inevitável perguntar: o padre Grün analisou minuciosamente o que o Estado argentino e os investidores russos realmente fazem com o dinheiro do mosteiro? Sabe-se que na Argentina muita coisa é investida na criação de gado, e na Rússia, na produção de petróleo e gás. Grün admite que não pode garantir que nesses países salários decentes são pagos e imperam condições de trabalho humanamente dignas; ele só pode "esperar" isso[3]. Também seria necessário perguntar: e os impactos ambientais acarretados por essas duas indústrias? Do ponto de vista de Marx, como se verá neste capítulo, a confiança do padre é ingênua: no capitalismo, o engano e o autoengano são, no sentido mais verdadeiro da palavra, parte "do negócio".

O homem é o lobo do homem?

O que é realmente confiança? O termo refere-se a uma qualidade especial na relação entre seres humanos, que é inicialmente unilateral, mas vem acompanhada da esperança de retribuição. Confiança e retribuição são importantes para a autoconfiança, apenas aqueles que podem experimentar essa interação de sentimentos de confiança desde a primeira infância desenvolvem-se para ser uma personalidade saudável. Esta é a perspectiva individual, observada pela psicologia do desenvolvimento.

---

[2] Grün, 2007, 201.
[3] *Mainpost* 14 out. 2008.

Confiança cega e confiança que vê

Quanto à confiança da sociedade, o caso é mais complicado porque é preciso diferenciar posições iguais e desiguais[4]. Se o apelo à confiança é de cima para baixo, geralmente se trata mais de uma confiança unilateral: os mais baixos devem confiar no que lhes é dito de cima. Por outro lado, o princípio "confiança é bom, controle é melhor" prevalece, por exemplo, no exame de declarações fiscais ou de solvência. No caso de confiança entre iguais, no entanto, a questão da reciprocidade é, em princípio, aberta. A confiança social entre iguais ocorre espontaneamente quando as pessoas vivem juntas num só lugar e a divisão do trabalho ainda é menos pronunciada. No entanto, quanto maior a distância entre as pessoas e quanto mais específicas são suas atividades, mais difícil se torna o surgimento da confiança[5]. Por isto, o homem moderno se torna particularmente vulnerável ao abuso de confiança — ao engano. Em termos de vida comercial, isso significa que o alto grau de divisão do trabalho e a economia monetária acarretam uma inevitável falta de informações sobre a origem e qualidade dos bens para o participante individual do mercado, sobre as necessidades e solvência dos clientes, a escrupulosidade dos fabricantes e a credibilidade dos investidores, razão pela qual existe uma crescente necessidade de confiança e, ao mesmo tempo, um alto risco de logro. Uma maneira de se defender contra isso se baseia numa distinção entre confiança "cega" e confiança "que vê". A confiança que vê é iluminada, criativa; ela leva em conta as circunstâncias e as consequências da ação baseada na confiança. A confiança cega bloqueia isso, muitas vezes porque seria muito desconfortável realmente notá-lo — é quase um convite ao outro para que trapaceie. Não parece haver uma maneira melhor de lidar com a confiança e o engano do que o empenho em demonstrar uma confiança crítica; por assim dizer, "confiar com suspeita" (Erwin Pelzig).

Isso, como se sabe, não é fácil. Afinal, somos confrontados diariamente com as mais sofisticadas tentativas de logro. Isso começa com as compras no supermercado, onde somos confundidos por embalagens enganosas ou de tamanhos ou preços variáveis, pelo arranjo das mercadorias nas prateleiras, seduzidos por música incessante e aromas borrifados no ar, ludibriados

---

[4] Lotter, 2010.
[5] A modernização pode ser caracterizada como "desencaixe" da vida pela progressiva divisão do trabalho, de modo que a confiança em "especialistas" deve ser vista como sua consequência lógica. Giddens, 1990, 102-140.

por imitação de queijo, carne reconstituída e muitas outras coisas. Além disso, por motivos de custo, bovinos são alimentados com farinha de ossos; e porcos, com óleo industrial. Sabe-se que os departamentos de publicidade também são muito inventivos: um fabricante de chocolate para crianças com alto teor de açúcar e gordura encoraja as crianças a comer suas barrinhas em grandes quantidades e, ao mesmo tempo, patrocina programas de incentivo esportivo para essas mesmas crianças[6]. Para determinar o consumo de combustível e a emissão de dióxido de carbono, uma montadora usa óleos especiais e pneus especiais em *test drives*, e desconecta sistemas de ar condicionado e alternadores[7], e uma empresa de aluguel de carros anuncia seus produtos dizendo que as mulheres em seus dias férteis gostam de tipos de homens diferentes daqueles dos dias inférteis[8]. Muitas dessas tentativas de logro são acompanhadas de autoengano: quando alguém, ao comprar camisetas por cinco euros, acha que tais preços podem ser ecológica e socialmente responsáveis; ou quando não queremos saber quais são as condições das plataformas de petróleo no Golfo do México, em minas na China ou em fábricas de alumínio na Hungria. Além disso, essas informações são ocultadas tanto quanto possível do público, pois além da imagem, o preço das ações também pode ser prejudicado[9]. Hoje, um fator decisivo para o sucesso econômico parece ser cada vez mais uma atitude fundamentalmente positiva. A autora americana Barbara Ehrenreich mostra em seu livro *Smile or Die* como "a ideologia do pensamento positivo idiotiza o mundo" e como motivacionistas e pregadores de televisão espalham a crença de que basta desejar algo com bastante intensidade para poder alcançá-lo[10]. O sociólogo de Colônia Wolfgang Streeck acha até mesmo que toda a política hoje consiste quase exclusivamente em curandice de acordo com o lema: basta sermos otimistas o suficiente para que tudo fique bem[11].

Palcos de teatro e campos de batalha

O silenciamento e supressão da verdade e as violações sistemáticas da confiança intervêm massivamente nas relações entre as pessoas e na au-

---

[6] Segundo Thilo Bode do Foodwatch, em entrevista. *Der Spiegel*, n. 36 (2010) 98.
[7] De acordo com o Deutsche Umwelthilfe, SZ 25 mar. 2009.
[8] O anúncio da Sixt foi publicado em março de 2003 em vários jornais importantes.
[9] Evidentemente, os empresários que querem atrair investidores também aproveitam muitas oportunidades para enganar seus parceiros de negócios com receitas e custos fictícios. Müller, 2009.
[10] Ehrenreich, 2010.
[11] *SZ* 8 set. 2010.

tocompreensão. A socióloga americana Arlie Hochschild descreve em seu livro *The managed heart* como as emoções são instrumentalizadas e comercializadas[12]. Hoje, os sentimentos já não perturbam a fluida operação de produção, como no início da sociedade industrial moderna, mas são eles próprios transformados em mercadorias. Prostitutas e empresários funerários são os protótipos deste caráter social na sociedade de prestação de serviços, caráter que também pode ser observado num grande número de profissões, entre vendedores e representantes, médicos e professores, gerentes e políticos. Crucial para o sucesso é saber se os sentimentos são representados de forma crível, se a superfície passa a impressão de constituir a pessoa inteira. No entanto, muitas pessoas devem primeiramente aprender essa simulação de credibilidade e até mesmo desenvolver sua capacidade de simpatizar com os sentimentos de outras pessoas. De acordo com o psicólogo social de Saarbrücken Peter Winterhoff-Spurk, as pessoas que têm melhor êxito nisso são aquelas que têm predisposição a um "comportamento teatral e emocionalmente intrusivo".

O jogo da confiança pode, em certas circunstâncias, parecer bastante marcial. Os gerentes falam como fascistas, como pensa o autor suíço Urs Widmer, que examina minuciosamente a linguagem da economia em seus livros[13]. Os economistas querem ser vencedores, motivo pelo qual apreciam o vocabulário militar. Quando o banco de investimento Lehman Brothers faliu, os banqueiros falaram de um "banho de sangue e massacre". As corporações que desejam reduzir o pessoal da forma mais silenciosa possível gostam de delegar essa tarefa a funcionários confiáveis, que serão demitidos após o término desse trabalho. Uma pesquisa de uma empresa de recrutamento com algumas centenas de executivos deixou claro que a má conduta moral é vista como parte da existência gerencial[14]. Desde o primeiro dia, as pessoas se acostumam com o desconforto moral, admitiram muitos entrevistados. "Uma perca entre tubarões mal consegue sobreviver, então muitos se tornam tubarões".

Novas regras para o jogo?

Na idade moderna avançada — alguns também falam de pós-modernismo — há uma forte necessidade de estabelecer algo estável contra o ciclo

---

[12] Winterhoff-Spurk, 2008, 164-171.
[13] SZ 23 jan. 2009.
[14] SZ 24/25/26 dez. 2007.

de confiança erodida e trabalho desesperado para adquirir confiança. Como uma confiança "cega" guiada por emoções pode se tornar uma confiança "que vê" controlada pela reflexão, uma confiança indispensável como base para a cooperação e a tomada de responsabilidade mútua? A atual abordagem discutida principalmente por estudiosos neoliberais deriva da teoria do jogo matemático e é tematizada nas ciências econômicas e sociais correntes sob o título "dilema do prisioneiro". Dois presos estão em celas separadas, sem poder se comunicar entre si. Eles são suspeitos de ter cometido um grande roubo. Mas, como não se pode provar nada contra eles, espera-se que eles confessem. Uma redução da pena é oferecida a quem confessar. O outro que é delatado por essa confissão deverá cumprir toda a sentença. Se ninguém aceitar essa oferta, ambos permanecerão detidos por um tempo relativamente curto por portar arma e deverão ser liberados por falta de provas. Como os dois prisioneiros se comportam? Presumivelmente, cada um deles vai confessar, temendo ser delatado pelo outro. Neste caso, ambos terão de cumprir a pena total. No entanto, se pudessem combinar entre si, eles obviamente concordariam com a estratégia de negação e pouco tempo depois seriam soltos.

Esta situação laboratorial pode ser considerada típica da sociedade da concorrência. Dependendo da arena da luta competitiva que estamos observando, os concorrentes buscam diferentes tipos de recursos escassos: na escola buscam notas; na economia, dinheiro; no cotidiano, atenção, e na política, poder. Cada um em seu campo tenta ser o melhor e exigir mais e mais de si mesmo e dos outros. No entanto, como todos fazem isso, os padrões tornam-se cada vez mais elevados, e aumentam as exigências para alcançar o mesmíssimo objetivo. Onde antes bastava o diploma do ensino secundário, agora é necessário prestar vestibular; onde uma velocidade menor bastaria com consumo de combustível significativamente menor, navios com contêineres cortam os oceanos a todo vapor; onde a renúncia à publicidade dispendiosa poderia tornar os produtos significativamente mais baratos, a batalha da propaganda vocifera em todos os canais de mídia. Por conseguinte, as regras do jogo baseadas na competição constantemente obrigam a causar danos gigantescos que estariam ausentes numa cooperação racional.

A teoria dos jogos mostra que o comportamento autoprejudicial pode ser limitado por variações muito específicas da situação de laboratório. Pois se os jogadores não jogam uma vez, mas várias vezes seguidas, surge uma nova situação: embora os jogadores não possam se comunicar diretamente uns com os outros, eles podem reagir uns aos outros indiretamente. Por exemplo, se um jogador arriscar maximizar os benefícios mútuos, não os individuais, numa jogada, o oponente pode reagir positivamente. Se o fizer, isto reforçará a vontade do primeiro jogador de cooperar. Pelo princípio "Eu faço para você como você faz para mim", a confiança pode ser construída de forma sistemática, mesmo sem comunicação direta entre os participantes[15], mas apenas em condições muito rigorosas: o comportamento cooperativo deve valer a pena para o indivíduo, o grupo dos tomadores de decisão tem de ser gerenciável e o jogo deve durar o tempo suficiente — condições difíceis de imaginar num mundo altamente complexo e acelerado: como essa transparência e longo prazo podem ser globalmente factíveis, quando se trata, por exemplo, de perguntar como é possível a renúncia a um estilo de vida implacável num mundo que há muito tempo alcançou uma tremenda complexidade e um ritmo de mudança impressionante pela interação de desigualdade, comportamento competitivo e erosão da confiança? A ciência econômica prevalecente não tem a menor ideia sobre esta questão. No início do século XXI, ela não foi além do que eram seus antecessores no século XVII. Naquele tempo, o filósofo inglês Thomas Hobbes tomara como ponto de partida de sua teoria do Estado a noção bastante citada: "O homem é o lobo do homem". Como os seres humanos por natureza não confiavam nem um pouco uns nos outros, eles precisavam do Estado, que deveria cultivar a natureza instintiva animal para impedir a "guerra de todos contra todos". A exortação às pessoas para confiar no Estado era, naquela época, consequência do colapso da confiança na religião e na confissão religiosa. Mas no século XVIII, como vimos, essa confiança no Estado foi substituída por uma nova instância de confiança, que deveria substituir parcialmente o Estado: a "mão invisível" do mercado, que forneceria à economia como base da sociedade o máximo de razão (ver capítulo 4). Hoje sabemos que até mesmo a confiança na racionalidade do mercado tornou-se bastante frágil — a ciência econômica predominante não tem uma ideia real de como recuperar o chão sob os pés.

A promessa de salvação da era moderna

Em geral, a onipresença das tentativas de engano e das fraudes é moralmente censurada, sem que a importância fundamental de uma confiança sistematicamente frágil seja, de fato, reconhecida. *Em primeiro lugar*, estu-

---

[15] Uma dessas variações do dilema do prisioneiro é usada no chamado jogo do clima. Comunicado de imprensa da Max Planck Society, Munique, 18 fev. 2008.

dos empíricos mostram que a falta de confiança — combinada com um alto grau de orientação competitiva e desigualdade social — cria estresse permanente, é pouco saudável, acarreta custos sociais e prejudica a sociedade civil[16]. *Em segundo lugar*, e isto parece ainda mais grave, a precária situação de confiança contribui substancialmente para a incapacitação fundamental do homem. O capitalismo, de acordo com o filósofo social americano Charles Taylor, é uma promessa de salvação baseada na confiança cega de poder criar o paraíso na Terra, se fecharmos os olhos para o consumo de fundamentos ecológicos, culturais e sociais da vida e confiarmos cegamente nos "sumos sacerdotes da modernidade"[17].

Além disso, um olhar sobre a história alemã do século XX mostra que, mesmo após as grandes catástrofes das duas guerras mundiais, a ordem que levara à catástrofe rapidamente recuperou, de modo geral, a confiança[18]. Também se acreditava que não havia tempo para o novo — "Nada de experimentos!" era, como se sabe, o mote de Adenauer. E a reunificação da Alemanha em 1990 não foi muito diferente: as críticas do capitalismo, tanto da Alemanha Oriental como da Alemanha Ocidental, não foram realmente levadas a sério; a revisão da constituição alemã originalmente prevista para esse caso na Lei Básica não foi feita. O auge da exigência de confiança é a afirmação de que essa forma de vida e sua ética são, para todo o sempre, sem alternativa, como Margaret Thatcher, primeira-ministra conservadora da Grã-Bretanha na década de 1980, formulou antes do fim do antagonismo Leste-Oeste: *"TINA – There is no alternative"*[19].

A deificação das relações

Da perspectiva de Marx, a busca de uma confiança que vê e, portanto, é crítica é um caso clássico de individualização e psicologização das estruturas sociais. As estruturas da produção capitalista de mercadorias obrigam as pessoas a um comportamento de competição e negam-lhes informações e aquelas oportunidades de comunicação e cooperação que elas necessi-

---

[16] Wilkinson; Pickett, 2010.
[17] Taylor, 2006. O termo "sumo sacerdote da modernidade" é de Eric Hobsbawm, apud. Altvater, 2005, 12.
[18] Reheis, 1996, 121-128.
[19] Cf. a pior palavra de 2010: "alternativos" (sem alternativa). A teoria econômica prevalecente tenta interpretar o problema da confiança como um problema de obtenção de informações diante de relações assimétricas. Para uma crítica, cf. Garnreiter, 2010.

tam para uma convivência verdadeiramente confiável. O capitalismo nutre continuamente a ilusão de que é capaz de satisfazer as demandas sociais da economia ao estabelecer uma confiança crítica entre os indivíduos. Em outra formulação: este sistema econômico leva as pessoas a procurar, no nível pessoal, algo sólido que não pode existir por causa das estruturas. Quando as pessoas reagem a essas condições objetivas tentando estabelecer relações subjetivas de confiança, elas apenas mostram que não compreendem o que estão constantemente fazendo umas às outras. Enquanto Marx, em seus primeiros escritos, ainda atribui esse engano abrangente da consciência à divisão do trabalho, especialmente entre o trabalho manual e o intelectual (ver capítulo 1), em O *Capital* ele esclarece a conexão entre ser e consciência de uma maneira bastante original — pelo desenvolvimento de uma teoria do fetiche.

O fetiche da mercadoria e do dinheiro

De acordo com a tese central, o homem moderno não é de modo algum mais esclarecido do que o crente de uma religião primitiva. Ambos criam para si objetos de culto, aos quais atribuem poderes mágicos; então se veem forçados a fazer-lhes valiosos sacrifícios e, por fim, temem sua vingança se esses sacrifícios não lhe agradam. Em linguagem simples, isso significa que o capitalismo virou o fundamento do Iluminismo de cabeça para baixo, o homem deixou de ser sujeito para se tornar objeto e não confia mais em suas próprias obras. Para entender isso, é preciso ver a análise do valor de Marx, na qual ele investiga a conexão peculiar dos aspectos privados e sociais da produção na sociedade burguesa.

Por trás das costas

Na simples produção de mercadorias, em que, portanto, o capital ainda não está disponível (ver capítulo 2), cada um inicialmente trabalha apenas para si, sem saber se seu trabalho no mercado também é reconhecido como valioso. Existe um risco constante de que alguém trabalhe duro para produzir a mercadoria e também crie um valor de uso totalmente sólido, mas tenha de passar pela amarga experiência no mercado de não ver esforços recompensados. O reconhecimento social do trabalho individual como trabalho valioso só aparece quando a troca no mercado corre bem. Tudo depende das magnitudes de valor que surgem no mercado. A magnitude do valor diz ao proprietário da mercadoria quanto do trabalho envolvido na mercadoria foi, em média, socialmente necessário.

É importante para a compreensão do caráter fetichista da mercadoria o fato de que as magnitudes dos valores estão em constante mudança, sem que os indivíduos que realizam a troca desejem isso, sem que o possam prever ou influenciar. Os valores surgem assim como o clima e, por isso, têm de ser observados. Se, por exemplo, uma tonelada de ferro no mercado é repetidamente equiparada a duas onças de ouro durante um longo período de tempo, então essa relação de troca que mostra o valor do ferro aparece como uma propriedade natural do ferro. Então simplesmente se diz: uma tonelada de ferro *vale* duas onças de ouro. A igualdade de valores, então, parece semelhante à igualdade de pesos, embora duas coisas que tenha pesos iguais possam ter propriedades físicas ou químicas completamente diferentes, como meio quilo de ferro, meio quilo de ouro ou meio quilo de sujeira. Portanto, as equiparações de valores parecem ser, na consciência, apenas uma variante de igualdades naturais, exatamente como a equiparação de pesos. De fato, no entanto, a igualdade dos pesos surgiu por natureza, a igualdade de valores surgiu por nada mais que a ação das pessoas envolvidas — só que essa ação não foi coordenada pelas próprias pessoas, mas simplesmente ocorreu "por trás de suas costas", justamente pela lei da formação de valores. Os valores são como muletas ou óculos, ou seja, recursos que permitem às pessoas que não têm oportunidade de se encontrarem que entrem em contato umas com as outras, trazendo os respectivos produtos do seu trabalho.

Um simples experimento mental mostra que uma conexão direta, cara a cara, entre os produtores de mercadorias seria possível. Em vez de uma tonelada de ferro, pensemos em cem tijolos artesanais em algum país do terceiro mundo. Suponhamos que a venda desses tijolos possa render dez dólares, o suficiente para arroz, vegetais e carne, de modo que a família do fabricante de tijolos possa se virar por uma semana. Agora, vamos imaginar que o valor desses cem tijolos caia, de repente, para um dólar, por causa de uma fábrica de tijolos construída na aldeia vizinha. Então vemos o caráter explosivo dessa forma de divisão do trabalho pela lei do valor. Ele pode fazer os produtores perder os frutos de seu trabalho de um dia para o outro. Se as partes concordassem que os cem tijolos artesanais valiam oito ou cinco dólares, apesar da existência dos tijolos da fábrica, ou que estes últimos também deveriam ser tão caros quanto os feitos à mão, ou que a fábrica produzisse menos peças ou que o chefe de família também trabalhasse na fábrica a partir de então etc., a família afetada poderia continuar vivendo da produção de tijolos com relativa despreocupação; talvez precisasse cortar apenas a carne. Se os produtores combinassem, poderiam, em todo caso, concordar com relações de troca totalmente diferentes. Discurso direto ou incumbência indireta de coordenadores — essa seria a alternativa à produção de mercadorias.

Se dezenas de milhões de pessoas nos mercados mundiais não conseguem satisfazer suas necessidades elementares e, em decorrência disso, ficam doentes e talvez morram, estes são os sacrifícios humanos que devem ser feitos para o ídolo criado pelo próprio homem e que é eufemisticamente chamado de "razão econômica". Os mais pobres dos pobres têm o infortúnio de seus produtos serem classificados como relativamente sem valor ou de lhes faltarem por completo os pressupostos para a produção. Diz-se que a razão econômica da economia de mercado ordena não baixar as taxas de juros para os países pobres, não prolongar o prazo de pagamento de seus empréstimos, não eliminar as barreiras comerciais contra eles, não doar medicamentos etc. Tudo isso está incluído nas palavras de Marx quando ele descreve sucintamente o problema do fetiche: o "movimento social" das pessoas "possui para elas a forma de um movimento de coisas, sob cujo controle se encontram, em vez de controlá-las"[20]. Ou com referência à confiança: as pessoas confiam nas coisas porque lhes é negada a confiança em si mesmas devido às estruturas da produção capitalista de mercadorias.

A aparência do dinheiro

O fetiche da mercadoria aparece naturalmente também na mercadoria dinheiro, e de modo particularmente claro. O que é uma nota de 50 euros que alguém enfiou em sua carteira? Um pedaço de papel valioso. Mas por que isso é valioso? Porque você pode comprar 50 sanduíches, cinco livros de bolso, duas refeições decentes ou um telefone celular simples? Mas por que isso é possível? Porque essa nota contém uma quantidade totalmente determinada de trabalho médio social abstrato. Em cada nota, portanto, cola-se o suor do trabalho — de pessoas às quais me ligo por meio do dinheiro pela compra de meu sanduíche etc. O dinheiro não é, por conseguinte, um recurso inofensivo que facilita a troca para nós; ele incorpora a reivindicação ao resultado de uma parte — ainda que diminuta — do tempo de

---

[20] MEW, 23, 89.

trabalho total da sociedade. Para o dono do dinheiro, esta reivindicação aparece como um direito da natureza; na realidade, o dinheiro não é senão uma estipulação social, isto é, um produto do homem.

A esta ilusão também supostamente sucumbiram muitos ex-cidadãos da República Democrática Alemã (RDA), que, em vista do desenvolvimento da economia da Alemanha Oriental, desesperadamente apontaram que "também trabalharam". Eles não podiam entender que seus serviços, realizados por décadas, às vezes nas condições mais difíceis, de repente não tinham mais valor, e fábricas inteiras foram vendidas pela Treuhand por um marco. O problema dos alemães orientais foi o seguinte: eles confiaram em seus esforços *individuais* na economia nacional da RDA, mas agora, na República Federal da Alemanha integrada à economia mundial, a média *social* era importante, e precisamente em relação ao mercado mundial. Portanto, em escala global, muitos produtos industriais da RDA, mesmo que possam ter sido tão bons e úteis para satisfazer as necessidades humanas em nosso mundo, de repente não valiam nada. No capitalismo, não é o trabalho concreto ou o valor de uso concreto que conta, mas apenas o trabalho abstrato ou o valor.

O fetiche do salário

De acordo com Marx, o fenômeno de que na produção simples de mercadorias o comportamento humano aparece como relação de coisas também se reflete na produção capitalista de mercadorias como um fetiche do salário. O possuidor do capital e o possuidor da força de trabalho firmam um contrato entre pessoas formalmente livres e formalmente iguais (ver capítulo 2). Segundo a forma, portanto, sob consideração superficial ou legal, ambos são livres: ninguém é legalmente obrigado e, legalmente, todos devem observar de modo igual o contrato, depois de firmado. Estado, parentesco, simpatia, compaixão etc. não têm sentido no que tange à liberdade e à igualdade. As pessoas têm interesse mútuo apenas como donos de força de trabalho ou de capital, e ambos se consideram beneficiários de modo igual, porque cada um recebe o que lhe cabe: a divisão de trabalho para o possuidor do capital; o valor da força de trabalho para o possuidor desta, valor que é medido, como o valor de qualquer outra mercadoria, pelo tempo médio de trabalho social necessário para a restauração duradoura da força de trabalho.

Se passamos de uma consideração superficial a uma abordagem mais profunda, voltada para o conteúdo, orientada para o relacionamento humano, a produção capitalista de mercadorias mostra uma imagem completamente diferente, que Marx descreve da seguinte maneira:

> O antigo possuidor de dinheiro marcha adiante como capitalista, segue-o o possuidor de força de trabalho como seu trabalhador; um cheio de importância, sorriso satisfeito e ávido por negócios; o outro, tímido, contrafeito, como alguém que levou a sua própria pele para o mercado e agora não tem mais nada a esperar – exceto o curtume[21].

Curtume é o fornecimento da força de trabalho para a produção da mais-valia. Portanto, a superfície do evento do mercado simula o oposto do que é realmente o caso nas profundezas dos locais de produção. Portanto, quem deduzir da forma material do salário do trabalho algo sobre o conteúdo humano das relações de trabalho tem, de acordo com Marx, uma consciência "invertida" — no sentido mais verdadeiro da palavra.

O caráter explosivo dessa inversão de forma e conteúdo, presente nesta progressão da produção simples para a capitalista de mercadorias, torna-se particularmente claro quando se compara o capitalismo com as relações pré-capitalistas. Na corveia medieval estava claro qual parte do trabalho do camponês era feita para ele mesmo e qual parte era para o senhor feudal, porque esses trabalhos costumavam ser realizados em dias diferentes ou/e lugares diferentes. No trabalho escravo da Antiguidade, poderia ser bem menos clara a impressão de que o escravo trabalha para si. No capitalismo, contudo, a forma do salário "extingue, portanto, todo vestígio da divisão da jornada de trabalho em trabalho necessário e mais-trabalho, em trabalho pago e trabalho não pago. Todo trabalho aparece como trabalho pago"[22]. O que permanece na superfície das formas legais é a relação factual, formalmente livre e formalmente igual entre dois detentores de direitos que fecharam um negócio em benefício mútuo.

Nesta superfície "repousam todas as concepções jurídicas tanto do trabalhador como do capitalista, todas as mistificações do modo de produção capitalista, todas as suas ilusões de liberdade, todas as pequenas mentiras apologéticas da Economia vulgar"[23]. As últimas se referem às doutrinas de justificação daquelas ciências econômicas cuja falsa consciência molda o pensamento da sociedade. Ao lutar apenas por um salário mais elevado,

---

[21] Ibid., 191.
[22] Ibid., 562.
[23] Ibid.

mas não questionar a relação do trabalho assalariado como um todo, os trabalhadores se deixam guiar por esse fetiche do salário e até mesmo lhe fazem sacrifícios quando, por motivos táticos, às vezes renunciam aos aumentos salariais. A confiança em si mesmos tornou-se confiança em seu fetiche.

O fetiche da renda ou a Santíssima Trindade

A consciência falsa neste sentido de consciência invertida pode ser encontrada em sua forma mais desenvolvida no fetiche da renda[24]. O conhecimento básico da ciência econômica, como ensinado em livros didáticos em escolas e faculdades, afirma que o trabalho, a terra e o capital são os três fatores de produção e as ordens econômicas difeririam apenas na ênfase dada a esses fatores[25]. Deste modo, as rendas associadas a esses fatores, a saber, salário, renda da terra e ganhos de capital, são consideradas recompensas pelos serviços que cada um dos três fatores presta. A diversidade fundamental das fontes de renda cai vítima da abstração desse modo de ver. De acordo com isso, o interesse prático das pessoas em relação à sua renda dirige-se sempre apenas à altura dessa renda. A questão de onde vem o dinheiro, enquanto este fluir sem problemas, não é importante.

Trabalho, terra, capital

Dessa perspectiva da teoria econômica prevalecente, a igualdade de *status* de salário, aluguel e lucro parece uma obviedade objetiva, assim como o trabalho, a terra e o capital são, de maneira simples, materialmente necessários para a produção. Marx está sempre ilustrando os enganos das épocas que se julgam esclarecidas por meio de comparações com épocas supostamente menos esclarecidas, e aqui ele recorre a uma imagem da tradição cristã: a Santíssima Trindade. A unidade de salário do trabalho, o aluguel da terra e o lucro do capital é, portanto, tão sagrada para a fé da modernidade capitalista quanto a unidade trinitária de Deus para o cristão — a unidade de Pai, Filho e Espírito Santo.

No entanto, aqueles que não transfiguram mitologicamente as relações sociais da renda, mas analisam-nas sobriamente devem, de acordo com Marx, olhar abaixo da superfície e, seguindo o método de análise materialista-histórico, verificar sobre qual base a respectiva renda torna-se possível

---

[24] *MEW* 25, 822-839.
[25] Nos livros didáticos recentes, a terra também é adicionada ao capital.

em primeiro lugar. Isso exige olhar para as pessoas cujo fazer produziu a respectiva renda, mais precisamente: é preciso olhar suas relações — a relação com a natureza e a interpessoal. Este nível de consideração gera uma imagem completamente diferente daquela da teoria econômica prevalecente. O salário resulta do trabalho dependente, e este resulta da falta de meios próprios de produção. O retorno sobre o capital resulta da apropriação do resultado do mais-trabalho, isto é, da mais-valia pelo proprietário desses meios de produção. O aluguel decorre da cessão de parte dessa mais-valia para o proprietário da terra. Uma vez que para Marx apenas o trabalho humano pode criar valor, os outros dois tipos de renda são baseados unicamente na expropriação dos frutos do trabalho humano por outras pessoas — a saber, diretamente pelos proprietários do capital, indiretamente pelos proprietários da terra[26].

Deste modo, a mudança de perspectiva da superfície das formas jurídicas conduz Marx à estrutura profunda das relações de classe. Na concepção da igualdade das três fontes de renda das quais toda riqueza se alimenta, "completa-se a mistificação do modo de produção capitalista, a reificação das relações sociais"[27]. Se em nossos esforços para entender as conexões econômicas e sociais não recuarmos até o trabalho como fundamento formador de valor, mas extrairmos nossas ideias sobre as fontes de renda da superfície das contribuições materiais para o surgimento de mercadorias prontas, não poderemos senão reconhecer trabalho, capital e terra como igualmente necessários para a produção e, por este motivo, conceder-lhes direito igual ao rendimento. Tal como nos fetiches da mercadoria e do salário, a relação entre relações interpessoais e circunstâncias materiais também se inverte na consciência no caso do fetiche da renda. Assim, permanece oculto aos seres humanos o relacionamento interpessoal que está na base de sua prática diária — a exploração das pessoas por outras pessoas.

Superfície e Estado

A ideia da igualdade de salário, aluguel e lucro de capital, a "fórmula trinitária", é de grande importância para a teoria do Estado de Marx. O Estado até agora foi apresentado (ver capítulo 4) como uma instituição que

---

[26] Numa fase mais avançada do capitalismo, a classe dos donos do capital é dividida numa parte ativa (os empregadores) e numa passiva (os prestamistas). Os últimos se alimentam dos juros, que, como o aluguel da terra, também são pagos com a mais-valia.
[27] Ibid., 838.

serve para proteger a propriedade privada e para assumir todos os assuntos que os proprietários privados individuais não podem resolver por conta própria. Mas como se modifica a imagem do Estado se, na sociedade, realmente levarmos a sério a concepção da igualdade das três fontes de renda? Para que o capitalismo funcione, o Estado deve proteger todas as fontes de renda de maneira igual. A proteção do Estado não deve fazer diferença no significado e na justificação dessas fontes. Portanto, ele não deve deixar os interesses salariais dos trabalhadores desprotegidos, pois, logo que estes deixam de receber o reembolso pelo valor da sua força de trabalho, a reprodução desta e, portanto, todo o sistema de produção de mais-valia estarão fundamentalmente em perigo.

Historicamente na Inglaterra, por exemplo, já no século XIX, o Estado — até mesmo pressionado pelo capital — restringiu as formas mais ruinosas de trabalho infantil, sobretudo as horas de trabalho das crianças dependendo da idade, para garantir que um número suficiente de adultos saudáveis sempre estaria à disposição como trabalhadores e — no caso dos homens — como soldados. Para cumprir esta tarefa de proteção do trabalho, o Estado, ao longo do tempo, incorporou catálogos de direitos fundamentais nas constituições, promulgou leis trabalhistas, econômicas, financeiras etc. No que tange à superfície da sociedade, o Estado deve ser designado como advogado de interesse geral. De acordo com Marx, no que diz respeito à estrutura profunda, é precisamente este princípio legal formal de liberdade e igualdade que possibilita todo o processo cujo cerne é a exploração do trabalho e a manutenção da estrutura de classes. Assim, o Estado tenta contornar a contradição capitalista fundamental entre a produção social e a apropriação privada dos produtos (ver capítulo 2).

Voltemos ao ponto de partida: em que medida a teoria do fetiche de Marx lança nova luz sobre a conexão entre confiança e logro? Por um lado, há a prova da sobrecarga sistemática ao homem, que, em vista do grau alcançado de divisão do trabalho, depende da confiança, mas deve destruí-la continuamente devido às circunstâncias[28]. Por outro lado, e isto é decisivo, a promessa de salvação do capitalismo depende da autoridade de uma ordem econômica e social que, em virtude de suas estruturas de superfície, dá às pessoas a impressão de que não há alternativa para ela, de que ela brota da

---

[28] Com base na análise de Marx sobre o capitalismo, Klaus Ottomeyer ilustrou como a natureza contraditória da confiança se mostra (por exemplo, pela produção e desmascaramento sistemáticos da "amável aparência") nas diversas esferas (mercado, produção, reprodução) e como as pessoas podem se arruinar com essas contradições. Ottomeyer, 2010.

própria natureza e de que suas regras do jogo não são nada mais do que a consequência lógica das restrições dos "fatos". Mas onde a ação do homem, em última instância, apenas segue as condições naturais, como as estações do ano ou o clima, ou seja, a criação de Deus ou a evolução da natureza, não há motivo para duvidar de que mesmo o capitalismo, enquanto vontade de Deus ou lei da natureza, também permaneça sem alternativa até o final dos tempos. Quando o capitalismo gera confiança em sua vida eterna, ele engana as pessoas sobre a possibilidade de buscar e encontrar outra forma de vida e de economia para o futuro. Mas Marx pensa de forma coerentemente materialista e adverte contra a ilusão de que a remoção do véu, isto é, o conhecimento do caráter fetichista, bastem para dar fim ao logro. De acordo com Marx, as pessoas poderão realmente confiar umas nas outras somente quando a prática econômica e social mudar radicalmente, e elas não deixarem suas relações sociais surgirem por trás de suas costas, mas as formarem elas próprias cara a cara e conscientemente (ver capítulo 8).

Uniformidade

A uniformidade das pessoas sob o nazismo e o stalinismo é considerada uma negação fundamental da imagem do homem do Iluminismo, mesmo que os objetivos políticos e, provavelmente, também as dimensões das vítimas não fossem comparáveis em ambos os casos. Mas como lidamos hoje, na democracia pluralista, com a imagem do homem do Iluminismo? O Iluminismo é, como diz tão a citada formulação de Immanuel Kant, "a saída do homem de sua menoridade, da qual ele próprio é culpado" e "menoridade é a incapacidade de fazer uso de seu entendimento sem a direção de outro indivíduo"[29]. O fato de o homem ter um entendimento está relacionado ao fato de que ele não é forçado a um agir totalmente determinado em virtude de alguma programação instintiva: ele pode — embora não precise — refletir sobre suas ações. Uma característica central da capacidade de refletir é a capacidade de selecionar, de acordo com critérios específicos, uma alternativa dentre uma variedade de alternativas. É precisamente isso que constitui a soberania da vontade humana; somente assim o homem pode ser o sujeito de suas ações e de sua história. A questão da diversidade e da abertura principiais do sentimento e do pensamento humanos ainda não havia se posto para Marx no século XIX, porque naquela época uma estru-

---

[29] Kant, 1784.

tura de classe relativamente simples e uma orientação relativamente clara do progresso histórico na direção do desenvolvimento de possibilidades técnicas e, em última instância, do comunismo dentro do movimento trabalhista eram consideradas amplamente indiscutíveis. Mas esse modo de ver já não é suficiente para explicar hoje a incrível estabilidade do capitalismo.

Irracional como um todo

Uma das descrições mais convincentes da homogeneização pelas estruturas econômicas do capitalismo foi apresentada pelo filósofo social alemão Herbert Marcuse, que fugiu dos nazistas para os Estados Unidos. O ponto de partida de seu livro de 1964 O homem unidimensional é a ameaça que a espada de Dâmocles de uma catástrofe nuclear representa para a sociedade industrial avançada. Segundo ele, esta ameaça mostra claramente até que ponto a contradição entre as possibilidades técnicas e humanas avançou hoje. A sociedade é para Marcuse "irracional como um todo": "sua produtividade é destruidora do livre desenvolvimento das necessidades e faculdades humanas; sua paz, mantida pela constante ameaça de guerra; seu crescimento, dependente da repressão das possibilidades reais de amenizar a luta pela existência"[30]. Em estágios iniciais do desenvolvimento social, a fraqueza do homem, suas reduzidas habilidades mentais e materiais foram responsáveis pela obstrução de suas possibilidades, hoje é sua força que bloqueia o ser humano.

Uma teoria crítica, como Marcuse caracteriza sua tarefa, deve mostrar como essa irracionalidade surgiu e quais alternativas existem para ela. Essa teoria parte da noção de que a vida humana pode e deve ser tornada digna de viver, e que na sociedade dada existem formas específicas de melhorar a vida humana. O critério de Marcuse é, por um lado, a satisfação das necessidades, incluindo a necessidade de desenvolver o potencial humano e, por outro lado, a gravidade do trabalho e da miséria. Marcuse chama sua análise de "transcendente" porque transpõe os fatos dados "à luz de suas oportunidades inibidas e negadas". Seu objetivo é expor as alternativas que já estão presentes hoje como "tendências subversivas" e ajudá-las a avançar.

A mensagem central de Marcuse é que o sofisticado aparato de produção e distribuição não só estabelece as ferramentas para a vida boa, mas também seus objetivos[31]. Se, por exemplo, os países industrializados podem construir carros que correm a velocidades superiores a 200 km/h em vias de

---

[30] Marcuse, 1964, 11 s.
[31] Para o trecho seguinte, Ibid., 17 s.

seis pistas, e esses carros podem ser comprados a crédito por quase qualquer portador de carteira de motorista, isso não só produz as habilidades técnicas de planejadores, logísticos e engenheiros úteis para todas as possíveis tarefas relacionadas à resolução de problemas técnicos na satisfação das necessidades humanas. Essas possibilidades também produzem em inúmeros motoristas novatos o motivo para possuir um carro desse tipo; nos fabricantes, para vender esses carros tanto quanto possível, e nos bancos, para fornecer o máximo de empréstimos possível.

A estipulação não apenas dos meios, mas também dos objetivos é considerada "totalitária" por Marcuse. O conceito de totalitarismo comumente se refere a uma ordem social e política que não apenas uniformiza o pensamento das pessoas, mas também controla seus sentimentos e ações. Segundo Marcuse, esse totalitarismo também pode ser encontrado nas sociedades industriais de Estado de direito e democráticas do século XX. Essas sociedades fazem todo o possível para desenvolver o aparato existente de produção e distribuição e, neste processo, instrumentalizar as pessoas de forma tão abrangente quanto possível — e isto com pretensão de validade global. De acordo com Marcuse, isto tem como consequência a paralisação da mudança social. Ele está se referindo aqui ao desenvolvimento de outras formas de trabalhar e produzir, da vida como um todo. De acordo com Marcuse, isso vem acompanhado pelo declínio do pluralismo intelectual, isto é, da diversidade das ideias sobre a vida em favor da simplicidade do bem-estar material. Para ele, a peça central desta homogeneização é "o enganoso acordo do capital e do trabalho organizado", para que tudo permaneça como está. Assim, um possível "projeto" de progresso pôde se destacar e se tornar o único possível. Quaisquer aspirações e ideias contrárias ao programa de progresso unidimensional serão rechaçadas ou invalidadas por sua integração ao sistema existente. A uniformização retira sistematicamente das pessoas a capacidade de pensar alternativas, de criar visões e utopias — o seu potencial criativo seca.

Necessidades derramadas

O tipo de alternativas em que Marcuse está pensando torna-se claro, por exemplo, quando ele descreve o que se poderia entender por uma "sociedade livre"[32]. Marcuse define a sociedade livre indicando as coisas de que as pessoas desta sociedade poderiam ser libertadas. Nisto, a liberdade tem várias dimensões: a liberdade no sentido econômico poderia significar a

---
[32] Ibid., 24 s.

libertação dos constrangimentos da economia, da luta diária pela existência. A liberdade no sentido político pode ser entendida como uma libertação daquela política em que o homem não tem influência, pois reage apenas às chamadas restrições práticas. A liberdade no sentido intelectual, por fim, poderia significar a libertação de modos de pensar pré-fabricados, a capacidade de um pensar independente e criativo.

Na segunda metade do século XX, num tempo marcado pela Guerra Fria, isso soava não só como altamente utópico para muitos ouvidos, mas também novamente totalitário. Marcuse é, como frequência, acusado de defender uma nova forma de menoridade em seus esforços para libertar o homem. Essa acusação mira principalmente suas declarações sobre as necessidades. O principal obstáculo para a libertação das pessoas da unidimensionalidade é, segundo Marcuse, o fato de a sociedade existente constantemente "implantar" nelas necessidades materiais e intelectuais[33]. De acordo com Marcuse, esta implantação garante a perpetuação das formas realmente obsoletas da luta pela existência. Assim, o desenvolvimento de novas necessidades, a saber, aquelas que reduzam o controle sobre as pessoas, é violentamente impedida. Marcuse chega ao ponto de diferenciar necessidades "falsas" e "verdadeiras"[34]. Falsas são aquelas vindas de fora, que "perpetuam a labuta, a agressividade, a miséria e a injustiça", por mais que sua satisfação seja percebida como agradável. Verdadeiras são as necessidades que vêm de dentro. "Em última análise, a questão sobre quais necessidades devam ser falsas ou verdadeiras só pode ser respondida pelos próprios indivíduos, isto é, se e quando eles estiverem livres para dar a sua própria resposta."[35] Portanto, o desafio central para a sociedade deve ser garantir, antes de tudo, esta liberdade de pensar e falar. Para Marcuse, no entanto, há uma exceção a este princípio: as necessidades que têm um direito indiscutível de satisfação, a saber, "as necessidades vitais — de alimento, roupa e teto ao nível alcançável de cultura"[36]. Marcuse levava muito a sério a liberdade do indivíduo; a acusação de totalitarismo contra ele é infundada.

Enquanto a direção do progresso é ditada pelas restrições factuais da economia, o indivíduo preso dentro do sistema tem apenas uma opção, ou seja, se subordinar e, se necessário, acelerar todo o desenvolvimento: garantir que o que se revele inviável na luta pela existência — no mercado e em

---

[33] Ibid.
[34] Ibid., 25.
[35] Ibid., 26.
[36] Ibid., 25.

outros lugares — desapareça o mais rápido possível. O editor de suplemento do jornal semanal *Die Zeit*, Jens Jessen, mostrou com espantosa clareza que o estudo sobre totalitarismo exposto pela cientista política Hannah Arendt na década de 1950, direcionado ao fascismo e ao stalinismo, aplica-se igualmente ao capitalismo contemporâneo[37].

Nele, o homem é enganado a respeito da possibilidade de descobrir suas necessidades derramadas, e a respeito da possibilidade de outro tipo de progresso, além do capitalismo. Isso também provavelmente possa ser interpretado como parte da estrutura de suportes internos que estabilizam o sistema capitalista, ao obscurecer sistematicamente o olhar e a esperança de uma alternativa[38].

Resumo

Confiança e logro parecem ser, à primeira vista, uma questão de abertura e justiça. Para Marx, este modo de ver moralizante e psicologizante distrai do verdadeiro significado que a confiança e o logro têm no capitalismo. Pois um traço dessa ordem econômica é, de acordo com Marx, o fato de as pessoas há muito terem perdido o controle sobre suas ações. Embora individualmente dependam da confiança, elas se empenham continuamente, com alto gasto de energia, em destruir a confiança por causa das estruturas sociais. Isso não se deve apenas aos sistemas de incentivo das relações competitivas da superfície da produção capitalista de mercadorias, mas, em última instância, à forma peculiar da divisão do trabalho, na qual a conexão social entre as pessoas surge por trás de suas costas como uma conexão de coisas. As pessoas tentam compensar os problemas objetivos dessa forma "anárquica" de atividade econômica por meio de esforços subjetivos e, neste processo, são necessariamente constantemente sobrecarregadas. Como suas próprias ações as confrontam como "restrições práticas", eles se conformam às condições econômicas de modo semelhante a como se conformam aos caprichos do clima. Seguindo Marx, foi demonstrado no século XX que a falsa confiança nas estruturas dominantes implica uma dimensão unidimensional do pensamento, do sentimento e da ação, que, em última instância, visa a uma homogeneização até mesmo das necessidades das pessoas. De acordo com isso, até mesmo democracias pluralistas podem desenvolver características totalitárias.

---

[37] Jessen, 2006.
[38] Cf. também a abrangente análise do fetichismo feita pelo cientista cultural berlinense Hartmut Böhme. Böhme, 2006.

6

Risco e crise

O sr. H. queria uma segurança de cem por cento para o seu dinheiro[1]. Aos 80 anos de idade, ninguém mais é tão afeito a experimentações. O dinheiro devia ser investido para sua filha doente, que não tem rendimento de trabalho. O sr. H., que vive numa pequena aldeia a 20 km de Munique, procurou aconselhamento em seu banco Raiffeisen local, onde era cliente havia 30 anos. Ele também podia confiar na consultora, a quem conhecia havia anos. Ela lhe recomendou um investimento do DZ-Bank, o instituto central dos Bancos Populares e Bancos Raiffeisen. "A vencer em 21/09/2010 a 100 por cento" estava escrito no título que a consultora lhe havia dado. Por isso, estava certo para o sr. H.: o título é 100% seguro. O que ele não sabia: no investimento havia certificados ocultos dos Lehman Brothers, o banco americano de investimentos que teve de

---

[1] SZ 11 mar. 2009.

declarar falência em 15 de setembro de 2008. O sr. H. perdeu 40 mil euros. O sr. H. é um dentre dezenas de milhares dos assim chamados "clientes VE", como às vezes são chamados no jargão dos banqueiros: V para velho e E para estúpido. O advogado de Munique Jochen Weck formulou sucintamente esse envolvimento com riscos financeiros: "O banco faz clientes pagarem para colocar o risco sobre eles". Os bancos Raiffeisen e as caixas de poupança também continuam mantendo níveis de confiança relativamente altos durante a crise. Os verdadeiros malfeitores são identificados nos bancos de investimento e nas instituições financeiras com as quais as pessoas comuns têm menos contato.

Em vista da excitação pública frente ao descaramento e à falta de escrúpulos, mas também à ingenuidade e estupidez que prosperam de modo muito especial em crises, representantes da ordem econômica prevalecente estão sempre tentando lançar uma luz positiva sobre as crises. Por exemplo, a metáfora da "bolha" é popular. Alega-se que simplesmente há na vida econômica, bem como no restante da vida, tais saliências desagradáveis, que também devem ser aceitas pelo montanhista em seu caminho para o cume se ele estiver avançando rápido e por muito tempo. Em algum momento, elas explodem, e então tudo volta a ser novo. Do ponto de vista de Marx, este é uma incompreensão gigantesca dos fatos. Em vez disso, a crise mostra o que acontece quando a espiral da confiança se transforma numa espiral de desconfiança (ver capítulo 5). Isto, diz Marx, deverá ser uma ocorrência frequente no capitalismo, porque essa ordem econômica e social é diferente de outras ordens por acrescentar aos inevitáveis riscos da vida, tais como doenças, acidentes, catástrofes, outros riscos — mais evitáveis.

As crises são salutares?

A tese do caráter salutar, produtivo, até mesmo criativo das crises econômicas é justificada pela função autopurificadora das crises. As crises supostamente separam o sólido do duvidoso, o valioso do inútil, os bens do lixo. Depois a economia se mostra mais forte do que nunca. Essa tese pode ser justificada? Vamos dar uma olhada na crise recente, depois analisar os seus predecessores históricos e finalmente perguntar sobre as chances de limitar esses riscos artificiais no futuro.

A explosão dos valores

Os números estouram qualquer capacidade da imaginação. 596 trilhões de dólares foi o "volume nominal global de derivativos financeiros negociados no mercado de balcão" em dezembro de 2007, como se podia ler, por exemplo, em *Der Spiegel*, citando o Fundo Monetário Internacional (FMI) e o Banco de Compensações Internacionais (BCI) na Basileia[2]. "Derivativo" vem da palavra latina *derivare*, "derivar", e refere-se a um valor mobiliário derivado de fatores econômicos como os preços de certos bens ou os preços dos empréstimos (taxa de juros) ou os preços de outros valores mobiliários. Primeiro, vamos comparar essa grandeza derivada com índices econômicos mais originais. O valor dos ativos mundiais de 2007 foi de apenas 106 trilhões de dólares, e o valor agregado de todos os bens e serviços prestados nesse ano foi de 54 trilhões. Com um único trilhão apenas já não é muito fácil desenvolver uma noção real: é um número com doze zeros, ou seja, 1.000.000.000.000. Se empilhássemos cédulas de quinhentos euros até obter o trilhão, alcançaríamos as alturas onde os satélites orbitam a Terra[3]. Quando ouvimos falar do ritmo do aumento dos valores em trilhões podemos sentir mais vertigens do que com tais números absolutos: o valor dos referidos derivativos financeiros aumentou seis vezes em sete anos, enquanto o produto social pode, como se sabe, subir apenas poucos por cento anualmente.

Como se chegou tão longe? A base desse desenvolvimento é o fato de que, desde muito, a quantidade de dinheiro e crédito cresce mais rápido do que a quantidade de bens e serviços e também está se expandindo de forma mais rápida em nível mundial. A história prévia liga muitos observadores à falência do Herstatt-Bank de Colônia em 1974[4]. Ela e outros incidentes foram um dos motivos pelos quais o BCI impôs requisitos de capital mais rígidos para bancos em todo o mundo. Quantos mais rígidos são os requisitos de capital, mais os interesses de crescimento da economia são freados. Isso gerou um enorme interesse na economia financeira, bem como na economia real, de contornar esses freios. Esta foi a hora de nascimento dos derivativos que foram desenvolvidos como assim chamados produtos financeiros inovadores das últimas décadas. Aqui, um papel central cabe à ideia

---

[2] *Der Spiegel*, n. 40 (2008) 28.
[3] Tais números não existem há muito tempo, a saber, apenas desde o século XV. Mesmo no final da Idade Média, podia-se contar apenas até cem mil. SZ 20 jan. 2009.
[4] Por exemplo, Münchau, 2008.

que inicialmente fora desenvolvida por bancos americanos e britânicos e, em seguida, encontrou cada vez mais seguidores no mundo todo: fundar as assim chamadas sociedades de propósito específico, às quais se transferia crédito para escondê-la da supervisão bancária e poder especular com elas a livre critério. As sociedades de propósito específico são, portanto, entrepostos criados pelos bancos para empréstimos destinados a revenda para investidores, geralmente fundos de pensão.

Armas econômicas de destruição em massa

Basicamente, essa inovação financeira, que tecnicamente significa "securitização", é uma reetiquetagem; a carne estragada tornou-se carne fresca, que por sua vez deve ser picada e, dividida em novas porções, vendida como uma salsicha *gourmet*. Os mais perigosos entre esses derivativos, os documentos de seguros contra inadimplência, foram caracterizados pelo grande investidor norte-americano Warren Buffett como "armas de destruição em massa"[5]: como a dissuasão nuclear, eles devem criar segurança. Mas eles têm um tremendo potencial de destruição se usados para fazer apostas altas no futuro com pouco montante[6].

As sociedades de propósito específico tornaram-se, velozmente, um gigantesco sistema bancário paralelo. As agências de *rating*, cujo trabalho é avaliar os riscos e as oportunidades dos vários valores mobiliários e fornecer aos compradores e vendedores informações razoavelmente seguras, desempenharam um papel importante. No interesse dos bancos de investimento e suas sociedades de propósito específico, essas agências deram a melhor nota para uma grande quantidade de lixo tóxico para que saísse como pãezinhos quentes. E, finalmente, isso envolveu também os bancos centrais ou a política, dos EUA em particular. Acima de tudo, após os ataques de 11 de setembro de 2001, o ponto de partida para a "guerra contra o terrorismo internacional", ela garantiu o otimismo necessário para os americanos, reduzindo drasticamente a taxa de juros básica, o que significou

---

[5] SZ 1 dez. 2008.
[6] Para usar derivativos para cobertura de riscos, as pessoas juntam os riscos de tal forma que eles se equiparam; riscos sazonais, por exemplo, ao combinar empréstimos para os negócios de verão com aqueles para os negócios de inverno. Da mesma forma, os preços nos mercados financeiros devem ser compensados por aqueles nos mercados de *commodities*, que têm tendências opostas, como mostra a experiência. Aconteça o que acontecer no futuro: o valor dos derivativos — que depende das pretensões (adquiridas por sua venda) de receita de juros e amortização do tomador de empréstimo original — deve desenvolver-se positivamente no interesse do comprador.

que empréstimos em grande escala puderam ser concedidos quase de graça. Isso agradou tanto os consumidores como os credores: quase todos, mesmo alguém que não tivesse renda fixa, acharam que agora poderiam comprar sua casa própria. E para os bancos e bancos paralelos, surgiu um mercado enorme. Isso correu bem enquanto os preços dos imóveis subiam ou pelo menos eram estáveis. Mas quando o mercado saturou e os preços caíram, começou o declínio rápido. Agora se verifica que os riscos não haviam desaparecido, mas apenas se espalhado pelo mundo. Ninguém sabia quem e quanto estava "envenenado"[7]. Então, todos começaram a desconfiar uns dos outros, os bancos paralelos como os outros bancos. O ciclo do dinheiro que os mantinha vivos começou a vacilar.

Mas os governos em todo o mundo não queriam permitir que isso acontecesse. Eles deram garantias aos bancos, compraram papéis tóxicos em grande escala, concederam-lhes crédito estatal e assumiram instituições financeiras inteiras. Pouco a pouco, toda a verdade veio à tona. Os bancos tinham muito mais esqueletos no armário do que inicialmente admitiram. Era preciso admitir constantemente novos números assustadores, o que agravou ainda mais a desconfiança entre os bancos. O fluxo de dinheiro não queria avançar, a economia ameaçava secar. A crise financeira começou a atingir em cheio a economia real. Na indústria automotiva, as férias de Natal foram estendidas no inverno de 2008, trabalhos de curta duração foram anunciados e linhas de montagem foram desativadas. Para limitar o dano, os governos dos principais países do mundo decidiram adotar novas medidas a partir do final de 2008: redução de impostos, tributos e juros, subsídio ao consumo privado, investimento em instituições públicas etc. Comprem, comprem, comprem! Esse era o lema. Basicamente, recorreu-se aos mesmos meios que levaram à crise; expulsou-se o diabo com o Belzebu. O fato de a Alemanha ter saído comparativamente bem da crise em 2010 deve-se principalmente às exportações maciças, sobretudo para a China.

Aprendemos com a história?

As crises econômicas, em sentido estrito, não são causadas por condições naturais como, por exemplo, colheitas ruins, mas por fatores culturais e sociais. Desde que a economia burguesa moderna, partindo da Europa, se espalhou por todo o mundo, as pessoas são regularmente enganadas por tais

---

[7] SZ 1 dez. 2004.

crises e perdem os frutos de seu trabalho. Isso também começou inicialmente em escala pequena, no contexto dos primeiros casos de especulação[8]. Começou na Holanda no século XVII, quando tulipas, outrora importadas da Turquia, ficaram tão na moda que bulbos de tulipa passaram a ser negociados num animado mercado de ações. Os preços não paravam de subir. Mais e mais pessoas participaram, atraindo capital de toda a Europa. Até mesmo criadas e servos sem recursos finalmente tomaram dinheiro emprestado para poder especular. No final, os preços dos bulbos chegaram a alturas astronômicas; em Utrecht, uma cervejaria inteira teria sido trocada por três deles. Até que um dia um especulador não pôde mais pagar o preço esperado, os preços subitamente despencaram; os bulbos tornaram-se praticamente sem valor. O mesmo aconteceu mais tarde na especulação com ações de produtores de grãos, empresas ferroviárias e companhias de navegação.

Finalmente, em 1848, ocorreu na Europa uma crise em vários países pela primeira vez, o que se tornou uma das principais causas de tumultos e tentativas revolucionárias em toda a Europa naquele ano. Em 1857 e especialmente 1873 seguiram-se novas crises com dimensões globais. Esta última foi uma consequência tardia da fundação do Império alemão e provocou uma aproximação entre dois grupos sociais com ressalvas mútuas e que foram particularmente afetados pelo colapso dos preços do mercado mundial: a aristocracia agrária e a indústria pesada burguesa. Este pacto de "centeio e ferro" levou a política doméstica alemã a uma rota de rearmamento e guerra que durou cerca de 30 anos, quase livre de crises, mas por isso mesmo com uma orientação mais decididamente imperialista[9]. A fase de construção após a Primeira Guerra Mundial terminou abruptamente na Alemanha com aquela que foi até então a maior crise econômica mundial — desta vez deflagrada nos EUA: a crise de 1929[10]. Ele foi, como é sabido, o prelúdio da destruição da República de Weimar pelos nacional-socialistas e pela Segunda Guerra Mundial. Eis o efeito supostamente benéfico das crises.

E o que vem depois?

Supostamente, os governos hoje aprenderam alguma coisa com a história das crises, especialmente a Grande Depressão de 1929. O Estado não

---

[8] Klimenta, 2001, 11.
[9] Wehler, 1973, 48-59.
[10] No entanto, o termo "crise econômica mundial" no contexto da crise de 1929 não é correto porque era apenas uma crise do mundo capitalista.

deve se retirar durante a crise, porque agindo assim agravará ainda mais a crise; ao contrário, deve ser ativo, promover o fluxo de dinheiro e o poder de compra, isto é, reagir anticiclicamente segundo as recomendações do economista inglês John Maynard Keynes. Hoje, também sabemos que os governos precisam cooperar entre si porque esta é a única maneira de evitar uma espiral descendente combinada com uma ruinosa concorrência predatória por partes do mercado mundial e restaurar a confiança perdida. Em princípio, as pessoas hoje também parecem concordar que, no futuro, os parâmetros para o setor financeiro devem ser mais estritos[11]. Então, nós realmente temos algum motivo para ver como salutares as crises anteriores com as catástrofes políticas que as acompanham? Os argumentos dos céticos vão em duas direções principais[12]:

Em primeiro lugar, quanto mais o Estado assume os riscos do setor privado, mais o contribuinte tem de pagar por eles. Com as medidas de resgate estatais, apenas se lançou dinheiro novo e bom em cima de dinheiro velho, ruim; a falência é apenas "retardada", como disse o alemão Wilhelm Hankel, o reconhecido especialista em moedas[13]. Quanto maior é a dívida do Estado, mais o fardo dos pagamentos de juros a ela associados será repassado aos contribuintes das gerações futuras. A história mostra que países altamente endividados finalmente se veem forçados a se livrar de suas dívidas mediante o uso da impressão de dinheiro, ou seja, pela aceitação consciente da inflação ou, se isso não mais ajudar, mediante a introdução de uma nova moeda — com consequências de difícil ponderação para a paz social e o futuro da democracia[14]. Esta saída não está mais à disposição do euro, como o exemplo da Grécia recentemente demonstrou. Eles pagam por meio da rendição forçada de partes de sua soberania nacional — com consequências não menos

---

[11] As discussões incluem: a subordinação do maior número possível de operações financeiras à supervisão bancária, o melhor controle das agências de classificação de risco, o aumento das reservas de risco no Fundo Monetário Internacional, um imposto sobre operações financeiras e a eliminação dos paraísos fiscais. No verão de 2010, o Banco de Compensações Internacionais na Basileia concordou com o chamado pacote Basileia III: o aperto adicional dos requisitos de capital, a restrição estatal de crédito em caso de riscos de superaquecimento, regras mais estritas para pagamentos de bônus e poderes adicionais de supervisão bancária. Novas instituições já foram criadas, na Alemanha, a Autoridade Federal de Supervisão Financeira (BAFIN) e o Fundo Europeu de Estabilização Financeira (EFSF).
[12] Genschel; Nullmeier, 2008.
[13] SZ 17 ago. 2010.
[14] O aumento do NSDAP também se deve ao fato de que as seções da classe média que fortaleceram esse partido foram os perdedores da conversão de moeda de 1923. Esta, juntamente com a inflação que a precedeu, serviu, como sabemos, para o financiamento posterior da Primeira Guerra Mundial.

imponderáveis para a paz interna. Por conseguinte, as crises não só levam a um empobrecimento maciço, mas podem, em última instância, levar à incapacitação de pessoas e Estados, que têm de pagar o rendimento de juros dos credores privados ou públicos e, portanto, devem ceder a soberania individual ou coletiva sobre suas próprias vidas em maior ou menor grau. Esta é a versão moderna do que foi chamado de escravidão por dívida na Antiguidade.

Em segundo lugar, mesmo que o Estado assuma o controle de partes maiores da economia após uma crise, isso ainda não significa que ele não deve se ater às prioridades destas. Como todos sabemos, a preparação dos últimos pacotes de resgates incluiu representantes dos mais importantes bancos. Mesmo que o Estado intervenha, o *lobby* econômico sempre fica na primeira fileira. Então, o lema ainda é: crescimento, crescimento, crescimento. Além disso, quanto mais pronunciadas as medidas de resgate por parte do Estado, menos incentivo a economia encontra para limitar os riscos. Ela pode esperar ser novamente aparada na próxima vez. Quanto mais intensamente o Estado refreia a dinâmica própria dos mercados financeiros, tanto mais ele perturba a dinâmica que gerou o crescimento até então. A experiência também mostra que a cooperação entre governos só funciona enquanto houver uma ameaça aguda por parte de especuladores e movimentos incalculáveis nos mercados financeiros e a lealdade das massas puder ser prejudicada. Assim que a situação volta a se acalmar um pouco, continua a batalha dos Estados concorrentes pelos diversos locais para negócios. Dependendo da posição inicial, eles tentam obter vantagens à custa dos outros mediante salários baixos, baixos padrões sociais e ambientais, juros básicos baixos e baixas valorizações para sua própria moeda. A referência aqui é às tensões atuais entre os EUA e a China ou, na Europa, entre a Grécia e a Alemanha. A perspectiva pessimista para o futuro baseia-se no fato de que os pontos de partida das economias não são apenas extremamente diferentes, mas que essas diferenças se aprofundam cada vez mais devido à forma específica de retroalimentação entre lucro e investimento (ver capítulo 4). Não está nada claro como um desenvolvimento econômico moderadamente equilibrado e autossincronizado pode surgir no século XXI. O avanço da globalização econômica e o atraso da globalização política tornam o todo ainda mais complicado. Como os policiais do Estado, assim pergunta a revista *Spiegel*, poderiam, com seus cavalos lentos, monitorar no longo prazo os motoristas de Porsche privados?[15]

---

[15] *Der Spiegel*, n. 47 (2008) 80. Portanto, aqui também, o tema do tempo desempenha novamente um papel importante. A intensificação dos requisitos de capital, as iniciativas para a introdução de

Em vista dessas perspectivas, há um grande perigo de que o Estado se retire novamente assim que a crise acabar e que tudo permaneça igual a antes[16]. Assim, o trabalho destrutivo das crises pode ir para a próxima rodada: a destruição de valores que as pessoas criaram anteriormente com o suor de seu rosto, a eliminação dos fracos que são os primeiros a cair de joelhos na crise, inicialmente os diaristas no terceiro mundo, depois os trabalhadores temporários no primeiro, os empresários com cobertura de capital mais rala etc. As crises mostram dolorosamente quanto a economia e, com ela, o sistema político como sistema total podem ficar fora de controle, sem que os responsáveis possam ser presos e sem que conceitos de prevenção e terapia convincentes estejam disponíveis.

A produção de insegurança

Do ponto de vista de Marx, a prevalecente discussão da crise era seu alvo. Uma primeira abordagem do tema "crise" surge já da confiança, que, em princípio, é sempre precária no capitalismo, como se analisou no capítulo anterior: na crise, perde-se o equilíbrio entre confiança e crítica, há uma escalada do logro. No entanto, segundo Marx, a referência à base da produção capitalista de mercadorias, em última instância, ao trabalho humano é crucial para uma compreensão completa do evento da crise. Assim como Marx distingue entre possibilidade e necessidade na análise de enganos na consciência das pessoas (ver capítulo 1), ele também explica a crise em dois passos: a produção simples de mercadorias torna as crises possíveis; a produção capitalista de mercadorias torna-as necessárias.

A possibilidade da crise

Este primeiro passo da teoria da crise de Marx tem sido bastante ignorado. Na pura economia de mercado, não há planejamento pré-produção que estabeleça o valor antecipadamente e obrigue o cliente a aceitar o produto

---

um imposto sobre transações financeiras e as propostas para a formação geral de reservas mínimas no comércio internacional servem, essencialmente, para reduzir a velocidade de rotação do capital.

[16] Isso também inclui o fato de que a teoria econômica prevalecente em seu modelo básico não conhece as crises. Pois em seus mercados modelo, completamente separados da realidade, todos os participantes do mercado estão "completamente" informados sobre quantidades e preços, todos os preços se ajustam "com infinita rapidez" a todas as quantidades, e todas as transações ocorrem precisamente naquela situação em que a oferta e a demanda estão em equilíbrio. Garnreiter, 2010. Cf. também Stiglitz, 2010.

nesse valor. A conexão social dos trabalhos individuais é, no início, completamente invisível. Somente o valor de troca torna visível o invisível.

O salto da morte e a questão do valor de uso

Marx agora pergunta quais obstáculos objetivos podem dificultar a redenção do valor da mercadoria.

> O salto do valor da mercadoria do corpo da mercadoria para o corpo do ouro [isto é, a cédula] é... o *salto mortale* da mercadoria [...]. A divisão do trabalho transforma o produto de trabalho em mercadoria, e, desse modo, torna necessária a sua transformação em dinheiro. Simultaneamente, ela torna casual o fato de essa transubstanciação [mudança de uma forma em outra] ser levada a cabo ou não[17].

O *"salto mortale"* na mitologia é o salto com o qual o homem quer escapar da Morte. Quais condições devem existir para que este salto de salvação tenha sucesso, o salto que afasta o risco do produtor de mercadorias? Em que condições o comprador retira seu dinheiro do bolso e compra as mercadorias do possuidor de mercadorias? Marx distingue meticulosamente quatro precondições. As duas primeiras estão relacionadas ao valor de uso da mercadoria produzida; as duas últimas, ao valor de troca[18].

Em primeiro lugar, as mercadorias devem realmente ter um valor de uso para o comprador. No entanto, se outro produto com propriedades similares aparece no mercado, pode facilmente acontecer que o comprador vá atrás deste; então o vendedor sai de mãos vazias. Se, por exemplo, em certo momento dezenas de milhares de gravadores de vídeo estão encalhados, isso pode ser porque muitos compradores optaram por um gravador de DVD. O vendedor sofre o mesmo destino se — *em segundo lugar* —, no caso de um mesmo tipo de mercadoria, os outros produtores dela produziram mais do que o mercado pode absorver. Então, inevitavelmente, alguns dos produtores ficam de mãos vazias. Pode ser, por exemplo, que a Sony e a Panasonic produziram tantos gravadores que os produtos da Philips não são mais necessários.

Em ambos os casos, o vendedor não pode ser responsabilizado pelo fato de que seu trabalho individual não tinha valor de uso e que, portanto, o mercado não valorizou seu trabalho. Como ele poderia ter se precavido

---

[17] *MEW* 23, 120 ss.
[18] Ibid. para o trecho seguinte.

contra esse risco, uma vez que não existem acordos e planejamento entre produtores e consumidores sobre o valor de uso, antes que os primeiros trabalhem para os últimos e durante esse trabalho? Claro, uma observação precisa dos mercados, incluindo os desejos dos clientes e as oportunidades e estratégias dos concorrentes, pode reduzir o risco de fracasso no salto mortal, mas nunca o excluem por completo.

O salto mortal e a questão do valor de troca

Em terceiro lugar, os produtos do trabalho do vendedor para o comprador também devem ser aceitos como valores de troca. Mas e se as condições de produção mudaram durante o tempo da produção, quando outros fabricantes alcançaram seu objetivo mais rapidamente com uma tecnologia mais nova? Se uma quantidade suficiente dos produtos lançados no mercado é produzida num período mais curto, o tempo de trabalho social médio necessário para esse produto e, portanto, seu valor diminuem. Então, nosso vendedor não é mais totalmente recompensado por seu tempo de trabalho individual e, no pior dos casos, sai de mãos vazias. No exemplo com o gravador da Philips, este seria o caso se os produtos concorrentes da Sony e da Panasonic pudessem ser produzidos de forma mais econômica por causa de uma tecnologia de produção mais avançada.

Por fim, *em quarto lugar*, o que acontece quando as condições de produção dos gravadores permaneceram as mesmas, mas as condições de produção de outras mercadorias que entram na reprodução e, portanto, no valor da força de trabalho, por exemplo, os víveres ou o suprimento de energia, melhoraram; quando, portanto, o valor da força de trabalho afunda? Então há muito pouco poder de compra disponível para a compra de gravadores. Então se pode dizer sobre cada vendedor: "Apanhados juntos, enforcados juntos!" Vemos, portanto: mesmo que todos os produtos encontrem reconhecimento como valores de uso, estamos longe de ter certeza de que eles também são reconhecidos como valores.

De acordo com Marx, pode-se dizer o mesmo para os quatro casos: porque a conexão social da divisão do trabalho não foi planejada antecipadamente, mas todos confiaram que ela, em retrospectiva, se ajusta por si só, os envolvidos podem acabar experimentando uma surpresa desagradável. O produto fabricado individualmente por eles não é reconhecido socialmente como valioso no mercado; os bens não podem ser vendidos. Não importa quão talentoso você seja pelo seu trabalho, quanto você se empenhe por ele, nem quão brilhante seja o resultado que você entregue — pode ser que, nas condições de produção de mercadorias, você não receba o valor equivalente. Nem mesmo os observadores mais agudos do mercado e os prognosticadores mais bem-sucedidos podem excluir esses riscos, porque eles mesmos se baseiam na falta de coordenação. Os produtores simplesmente não podem olhar dentro da cabeça e do coração de seus clientes nem das oficinas e fábricas de seus concorrentes. E se pudessem, após esse olhar tudo pode mudar novamente durante o processo de produção subsequente.

Esse risco quádruplo no pagamento do valor já existe na troca natural. A situação é exacerbada assim que o dinheiro é adicionado como intermediário das mercadorias. O símbolo do dinheiro na etiqueta de preço indica inicialmente ao potencial comprador de uma mercadoria apenas quanto tempo de trabalho formador de valor é necessário para comprá-la. Mas com isso ainda não se diz se o produtor e o vendedor podem realmente arrecadar a referida soma de dinheiro. Porque, em contraste com a troca natural, a troca mediada pelo dinheiro inclui a possibilidade de separar temporalmente a venda da mercadoria produzida e a compra da mercadoria desejada e assim interromper o movimento do valor de uma mão para outra. A venda e a compra podem — mas não precisam — ser separadas.

A necessidade da crise

Mesmo que o dinheiro entre em jogo como meio de troca numa produção mais avançada de mercadorias, trata-se ainda, de acordo com Marx, de uma produção simples de mercadorias. Mas o que muda quando o dinheiro aparece como capital, quando, então, as mercadorias são produzidas no trabalho assalariado? Nesse caso, de acordo com Marx, a possibilidade de crise torna-se uma necessidade. Pois a própria lógica de desenvolvimento do capital é: negar sistematicamente às pessoas a justa compensação por sua contribuição para o todo. Esta qualidade do capitalismo geralmente dormita por um longo tempo, até aflorar de repente, e de forma inesperada para a maioria de nós. Este é o momento em que milhões de pessoas experimentam que seu trabalho se torna inútil, e que são postas para fora da porta. Por que isso?

Os grandes devoram os pequenos

Uma primeira resposta vem de um exame superficial das diferenças na suscetibilidade aos riscos do salto mortal. A experiência prática mostra de imediato que, quanto mais fácil é para o dono do capital superar os riscos da simples produção de mercadorias que acabamos de mencionar, tanto maiores as reservas de capital que ele possui. Com a magnitude dessas reservas, crescem as possibilidades de sobreviver às épocas de vacas magras, de obter mais capital a baixo custo, de aproveitar as possibilidades técnicas de produção em massa, de ser mais rápido que a concorrência por meio da inovação técnica e, assim, se esquivar do risco de desvalorização. Mas essa experiência torna plausível o motivo pelo qual no capitalismo todo mundo deseja ser o maior: ele sabe que os grandes devoram os pequenos, e não vice-versa. E, para estar entre grandes, ele deve garantir uma expansão constante do capital e também, portanto, da produção. Não importa aqui, de início, saber se todos os produtos também são comprados.

Uma consideração mais profunda deve começar com a contradição capitalista fundamental entre a produção social e a apropriação privada. Como vimos (ver capítulo 2), uma forma de manifestação dessa contradição é a antítese de produção e consumo: enquanto numa sociedade não capitalista a produção se pauta, em princípio, pelas necessidades de consumo, esse não é o caso no capitalismo. Nele, a produção e o consumo têm fatores determinantes completamente diferentes: o tipo e a quantidade da coisa produzida se pautam pelas expectativas de lucro; o tipo e a quantidade de consumo se pautam, além das necessidades, essencialmente pelo poder de compra. No caso do capitalismo bastante avançado, com seu alto grau de centralização e concentração, o poder de compra dos possuidores de capital é uma quantidade insignificante, o poder de compra dos assalariados é quantitativamente decisivo.

Individualmente racional, socialmente irracional

E aqui aparece um segundo aspecto da contradição básica: uma vez que o salário, ou seja, o valor da mercadoria força de trabalho, é um fator de custo importante para o dono do capital e todo capitalista quer manter seus custos o mais baixo possível, ele também tenta poupar o tanto quanto possível no salário do trabalho. Mas isso reduz o poder de compra social que seria necessário para comprar a quantidade de mercadorias socialmente produzidas. Nesta perspectiva, a crise resulta do fato de que os donos de capital que se comportam racionalmente no plano individual fazem exatamente o que é socialmente irracional. E eles têm de fazê-lo porque os concorrentes, de outra forma, os puniriam imediatamente.

Em outras palavras, na situação competitiva, cada um espera que o outro produza menos, mas pague mais salário por isso. E porque todos esperam isso, nenhuma pessoa faz o que seria aconselhável — ela própria realmente produzir menos e ela própria realmente pagar mais salário. Se alguém tivesse a ideia de obedecer à razão social, não à individual, seria imediatamente punido pelo mercado. As crises são, portanto, o resultado necessário da contradição fundamental entre o caráter social da produção e o caráter privado da apropriação dos produtos, que se manifesta na expansão excessiva da produção ou na possibilidade subdesenvolvida de consumo. Se a crise capitalista, como já foi discutido várias vezes, agora se chama crise de sobreacumulação ou de subconsumo deve ser algo secundário. O fator decisivo é que os possuidores de capital concorrentes encontram-se naquele clássico dilema do prisioneiro em que os participantes infligem danos uns aos outros porque não podem combinar diretamente entre si (ver capítulo 5).

Há outro aspecto da teoria marxista das crises. Em particular os capitalistas que produzem bens de investimento e que inicialmente se preocupam menos com o poder de compra das massas são guiados por outro fator: a diferença entre a taxa de lucro e a taxa de juros. Quanto menor a taxa de lucro, ou quanto maior a taxa de juros, é tanto mais provável que os capitalistas renunciem à expansão da produção e do capital em suas empresas e, em vez disso, se envolvam diretamente nos mercados financeiros. Marx expõe vários argumentos de que, num estágio muito avançado do capitalismo com uma alta proporção de trabalho de máquina, a taxa de lucro deve cair, porque uma parcela cada vez maior do trabalho vivo, o único criador de valor, serve apenas para preservar as máquinas. Marx admite, no entanto, que também existem fatores opostos. Isso levou a um debate acalorado sobre a teoria da crise de Marx, que não deverá ser explorado aqui[19].

Virtualização

Como o *boom* financeiro nos últimos 150 anos mudou a cultura da economia? E, com vista às duas últimas décadas, é particularmente interessante perguntar: qual é a importância da revolução digital? A resposta talvez

---

[19] Por um lado, de acordo com Marx, o desenvolvimento capitalista leva a uma "queda tendencial da taxa de lucro" devido ao declínio relativo da proporção do trabalho humano vivo, o único a criar valor, no capital total. Por outro lado, existem desenvolvimentos opostos, como a extensão da produção a novos mercados (ver capítulo 2). Este é o caminho das colonizações externa e interna, que foi trilhado desde o início do capitalismo. Marx discute em detalhes qual das duas tendências tem mais força, sem encontrar uma resposta clara e convincente.

seja resumida na palavra-chave "virtualização". "Virtual" significa que algo não é realmente, mas está presente "segundo a força ou a possibilidade" — como o dicionário *Fremdwort-Duden* define o termo *"virtuell"*.

Somente o desempenho conta

A tese da gradual virtualização do mundo se impõe quando olhamos a crise econômica atual com a lente do diagnosticador cultural. Já na década de 1970, o sociólogo americano Daniel Bell diagnosticou uma profunda mudança de mentalidade da modernidade para a pós-modernidade. Segundo ele, a busca da segurança econômica é cada vez mais substituída pela busca da fruição da vida, que é acompanhada por uma inversão peculiar da relação entre a realidade e a estética; enquanto na modernidade a realidade servia de modelo para a arte, no pós-modernismo a vontade do artista é declarada modelo da realidade social.

De acordo com o jornalista Andreas Zielcke, essa estetização está afetando cada vez mais a economia. Arte e publicidade, estética e design, avaliação estética e financeira se transformam um no outro. E assim como na arte pós-moderna o processo criativo recua cada vez mais para trás do caráter de evento e sensação, ou, nos chamados artistas conceituais, o domínio de habilidades técnicas é até mesmo completamente supérfluo, Zielcke também vê a economia cada vez mais longe do lado material do processo de produção: de um lado, porque as características simbólicas dos produtos estão se tornando cada vez mais importantes, os próprios logotipos da marca tornam-se um valor de uso. De outro, porque as empresas estão se definindo cada vez menos como instituições para a produção de bens e serviços e cada vez mais como instituições para gerar retornos. Segundo Zielcke,

> se a mensagem da marca triunfa sobre o produto, se o ciclo do dinheiro triunfa sobre a produção e se o portfólio de investimentos triunfa sobre cada linha de negócios, por mais tradicional que ela seja, então é apenas coerente que, ao longo dessa desmaterialização do capitalismo, o mercado de capitais triunfe sobre a economia real[20].

Em vez de servir à economia real, o mercado de capitais se serve a si mesmo; ele se torna o verdadeiro mercado de crescimento — separado das terras baixas do mundo material.

---
[20] Zielcke, 2009, 11.

Para o futuro, Zielcke vê poucas possibilidades no sistema econômico dominante de desfazer essa virtualização do mundo. Pois se formou uma estranha "cultura do sucesso"[21]. As acrobacias financeiras matematicamente sofisticadas continuarão a criar a ilusão de poder assegurar e compensar todos os riscos. Já não será fácil fazer desaparecer do mundo a enorme quantidade de produtos financeiros inovadores. Quem quisesse duvidar do valor dos derivativos teria de liberar já hoje um múltiplo do PIB para amortização. De acordo com Zielcke, não demorará muito para que os efeitos nos preços de um controle mais apertado e requisitos de capital mais rigorosos sejam incluídos nas equações diferenciais. Não se pode traçar uma fronteira clara entre o derivativo como instrumento de cobertura de risco e como um recurso especulativo. Zielcke conclui que na cultura financeira que suplantou a ética bancária tradicional, de certo modo artesanal, aplica-se o princípio: "Você é famoso? Você é *sexy*? Você ganhou?" Um operador monetário em Wall Street que insistisse em sua diligência para medir seu bônus seria ridículo. Numa cultura em que, em vez de solidez, apenas o sucesso conta, e em vez de esforço, apenas o desempenho, as pessoas sucumbirão uma e outra vez à tentação de transformar a sujeira em ouro, a carne estragada em salsicha *gourmet*.

Talvez possamos ainda perguntar seguindo Zielcke: onde exatamente começa essa virtualização do mundo? Minha tese: o passo decisivo ocorre precisamente no momento em que uma mercadoria já não é paga com dinheiro real, mas apenas com algo fictício: com uma promessa de pagamento, um pagamento virtual, portanto. A virtualização do pagamento liga a utilização do valor criado a um fio de seda da confiança: a confiança de que a realidade e a virtualidade estão intimamente ligadas. Somente se o vendedor puder esperar que a promessa dada pelo comprador será respeitada, ele pode aceitar o pagamento fictício em vez de um pagamento real. Basicamente, a virtualização do pagamento começou no momento em que não mais ouro ou prata, mas moedas, cédulas, letras de câmbio etc. foram introduzidas como meio de pagamento. Isso inaugurou, por assim dizer, uma nova contagem do tempo. Abriu possibilidades completamente novas para se erguer das terras baixas do mundo físico. A este desenvolvimento revolucionário no campo das relações interpessoais nos mercados, que, como se sabe, se originou há muitos séculos, se acrescentou desde duas décadas a revolução digital no campo do desenvolvimento tecnológico. Mais uma

---

[21] Id., 2008, 11.

vez ela expande maciçamente as possibilidades de substituição de pagamentos reais por pagamentos virtuais ao abrir dimensões completamente novas para o transporte, armazenamento e apresentação de informações. O que acontece agora, sob o impacto da crise, com o fio de seda entre realidade e virtualidade? Na crise, como consideraremos a seguir, a relação entre o mundo real e o mundo virtual é virada de cabeça para baixo. Isso diz respeito a todos os aspectos dos capítulos anteriores deste livro. Retornemos, portanto, passo a passo.

De cabeça para baixo

O tópico deste capítulo é o *risco*. Nos "bons" anos, ou seja, entre as crises, todos os participantes do mercado já se esforçam para ocultar virtualmente os riscos reais. O vendedor elogia os benefícios de seu produto, mas se cala sobre os riscos — o dano à saúde, ao meio ambiente etc. O comprador também se comporta de modo semelhante quanto aos riscos que podem ser associados ao cumprimento de sua promessa de pagamento. Essa adulação de dupla face das mercadorias e do dinheiro é o primeiro ato da virtualização do mundo. Se os riscos absolutamente não podem ser eliminados, faz-se uma tentativa de cobri-los com todos os tipos de seguros e usar o princípio da diversificação do risco. Se, no entanto, o fio da confiança se rompe, e a crise é, portanto, deflagrada, a circulação de dinheiro paralisa, porque todo mundo tem medo de envenenar-se; então, as pessoas têm de confiar num resgate fora da economia, naquela segurança que apenas o Estado e, por fim, instâncias políticas supraestatais podem oferecer em alinhamento com as expectativas.

No que diz respeito à *confiança* (ver capítulo 5), os vendedores e os compradores na era pré-crise buscam uma base sólida para um otimismo futuro que tenha raízes o mais profundas possível. Quanto melhor o clima de confiança, quanto mais clara e positiva a situação política geral, mais promessas de pagamento são feitas e aceitas sem hesitação. Tanto o comprador, que ainda não pode pagar, mas se compromete com o pagamento, como o vendedor, que ainda não recebe dinheiro, mas confia no cumprimento da promessa para fazer negócios com a promessa de pagamento, age como se essa desconexão entre o movimento do dinheiro e o movimento da mercadoria se deixasse manter para sempre. O lançamento sistemático de informações incorretas pertence ao negócio desde o início; o logro torna-se assim o meio de produção e manutenção de confiança artificiais. Se a crise, então, realmente explode porque um e, mais tarde, muitos dos atores maiores quebraram suas promessas, tenta-se minimizar o dano tanto quanto possível — até que a verdade total aos poucos venha à luz. A fim de restaurar a base de confiança que se perdeu pela quebra de promessas de pagamento na sociedade, o Estado novamente se torna ativo: mediante apelo aos cidadãos para manter seu dinheiro em bancos, mediante telas de proteção para bancos e grandes empresas, que consistem em garantias, empréstimos, aquisições parciais e estatização total, mediante cortes de impostos, programas de estímulo. Assim, a promessa de pagamento real é empurrada da economia para o Estado, do comprador para o cidadão. E, mais importante, do futuro próximo para o futuro mais distante, porque a experiência mostra que o Estado pode atrasar o cumprimento de suas promessas de pagamento mais do que os atores privados. As consequências do engano e do autoengano só podem ser superadas, nas regras dadas do jogo, quando — num nível superior — o próximo logro, muito mais maciço, é preparado, precisamente contra aqueles que não podem se defender porque ainda não nasceram[22].

Os eventos do mercado e a lógica do dinheiro ajudariam a *razão* a se manifestar (ver capítulo 4): esta ilusão é desmascarada pela crise com toda pujança. A crise mostra, pelo contrário, que a orientação da economia pelo dinheiro levou a uma enorme desorientação das pessoas. Os consumidores, que, na teoria neoliberal predominante, devem ser o soberano dos acontecimentos tornam-se, na realidade, os conduzidos. Créditos já prometidos são cancelados, as condições são pioradas pelos prêmios de risco, novos empréstimos são negados, de modo que a confiabilidade do mecanismo de mercado e das relações contratuais é invertida. Na crise, o Estado é forçado a fazer o que não é permitido fazer de acordo com o modelo liberal: envolver-se, ele próprio, nos mercados, bombear artificialmente empresas não competitivas, distribuir prêmios para destruição de bens materiais[23]. A política do Estado de baixa taxa de juros torna-se o *doping* universal da econo-

---

[22] O papel destacado da Alemanha é significativo: a Alemanha foi a força motriz na introdução do Euro em 2001, bem como na proteção dos títulos do governo grego e na criação de um fundo geral de resgate para bancos europeus pelo Banco Central Europeu em 2010, embora a Alemanha viole maciçamente os critérios de estabilidade para o Euro impostos por ela mesma no tratado de Maastricht.

[23] As formas de "restrição prática" que a crise assume são também mostradas no setor de créditos. Na crise, o setor de créditos tradicional entra em colapso. Quanto mais rápido os preços se modificam em tempos de crise, mais difícil se torna estabelecer garantias — por exemplo, o limite de empréstimo num crédito imobiliário. Isso enfraquece a relação de economia creditícia e economia real, destrói todo padrão fixo pelo qual credores e devedores podem se orientar, e assim abre a porta para especulações desenfreadas. A crise capitalista traz pânico à sociedade em geral.

mia. Um bom exemplo da inversão da razão na recente crise foi fornecido por um representante de alto nível de um dos bancos centrais europeus, que atribuem tanta importância à sua independência da política, a saber, do *Banque de France* em outubro de 2008.

> Nós, de fato, tínhamos planejado aprovar um produto financeiro somente se pelo menos um de nós realmente entendesse. Mas não conseguimos manter esse princípio, porque sempre receávamos que seria aprovado pelos britânicos ou alemães. Então fechamos os olhos e demos a autorização[24].

A crise também dá novamente à *ganância* (ver capítulo 3) um grande impulso. Já na crise intermediária, alguns mudaram da economia real para a financeira, porque nesta havia mais dinheiro para apanhar com menos esforço. Na crise, até mesmo bancos e companhias de seguros, que já sofrem enormes prejuízos, pagam dividendos consideráveis aos seus acionistas. E os gerentes de empresas que precisam reclamar ajuda governamental em tempos de crise insistem em pagamentos de bônus na casa dos milhões. Os operadores de títulos de bancos de investimento, que geralmente ganham muito mais do que os presidentes e podem embolsar pelo menos 40 ou 50 milhões de euros por ano, têm condições particularmente boas durante a crise. Esses especialistas, que se igualam a "mercenários" que procuram imediatamente um novo empregador se suas expectativas financeiras não forem atendidas, agora podem triunfar, porque agora toda empresa financeira tem uma necessidade existencial de poder enviar os melhores entre os bons para a luta.

Finalmente, quanto à base de toda economia: o *trabalho* (ver capítulos 1 e 2). Já no auge, a lei da produção pela produção é responsável pelo fato de que a direção e o escopo do trabalho são desconectados das necessidades que o homem traz consigo ao mundo como ser biológico e social. O trabalho que serve à multiplicação de dinheiro não tem nenhuma medida e nenhum objetivo, é infinito; o lucro, essencialmente, não deve ser usufruído, mas reinvestido. A este respeito, o producionismo é uma rejeição fundamental da economia real apenas porque nele a satisfação das necessidades é sempre apenas um possível efeito colateral da dinâmica de acumulação. Qual é a característica específica do trabalho de produção financeira? Ela se mostra com particular clareza em relação ao tempo. Embora nas condi-

---

[24] Apud Sinn, 2010.

ções de uma economia de subsistência, uma necessidade só pode ser satisfeita quando o valor de uso necessário é estabelecido, e em uma economia de mercado baseada na troca natural, um outro produto deve ser inicialmente criado, que é, em seguida, trocado pela coisa desejada, agora basta uma mera promessa de pagamento. E em comparação com a produção que consome muito tempo, isso se passa com grande rapidez — contanto, claro, que aquele que fez a promessa tenha gerado credibilidade suficiente antes. No lugar dos limites de tempo dos processos de produção reais, que estão ligados à "força gravitacional" da natureza interna e externa do homem, as promessas de pagamento ultravelozes e ilimitadas aparecem agora como um critério para o tipo e extensão da produção. Se a solvência virtual dissolve-se no ar real, o trabalho é interrompido abruptamente — por mais que as necessidades das pessoas ainda se encontrem insatisfeitas. Como sabemos, isso atinge primeiramente aqueles mais carentes. Por fim, na crise, o sentido do trabalho — fornecer os meios para a vida — também está completamente virado de ponta cabeça.

Ritmo e miopia

Os mercados financeiros encontram-se na ponta de uma hierarquia temporal dos mercados porque o movimento do dinheiro tem dimensões muito mais rápidas do que o de qualquer outra mercadoria e porque o dinheiro se emancipou quase completamente das condições da natureza — ao contrário das forças de trabalho, de mercadorias e matérias-primas, que são mais lentos[25]. Hartmut Rosa, sociólogo de Jena, descreve de forma impressionante como a economia financeira funciona em termos de tempo[26]: na Bolsa de Valores de Nova York, a velocidade de negociação média das ações aumentou dez vezes entre 1960 e 2005, as transações financeiras hoje podem acelerar quase arbitrariamente até a velocidade da luz. Mesmo na economia real turbocapitalista, os consumidores se acostumaram a comprar mais rápido do que podem consumir, como evidenciam os muitos livros não lidos, CDs não ouvidos e recursos não utilizados nos aparelhos em todos os lares. Mas no setor financeiro e nos mundos virtuais que ele cria, vê-se ainda com mais clareza que não só o consumo, mas também a produção, duram sempre muito tempo, motivo pelo qual a venda é feita sem

---

[25] Reheis, 2003, 133-136.
[26] *Die Zeit*, n. 27 (2019) 48.

produzir, como mostra o exemplo das chamadas "vendas a descoberto". Durante a crise, de acordo com Rosa, a economia virtual atinge duramente o solo dos fatos reais — como um carro sem freios, que mais cedo ou mais tarde será violentamente parado e deformado por um objeto duro.

Em termos do contexto geral da crise e do tempo, outro aspecto me parece importante: quando numa sociedade se torna comum consumir hoje, mas pagar amanhã ou depois de amanhã, e quando todos devem confiar na solvência de amanhã e depois de amanhã, isso exige um consenso fundamental de que amanhã e depois de amanhã os cofres estarão cheios novamente. Mas se este consenso hoje, no início do século XXI, é realmente existente e também resistente, parece estar em dúvida. Por um lado, porque com a crescente individualização e pluralização dos meios sociais e culturais, as concepções subjetivas do progresso são cada vez mais divergentes. Basta pensar na disputa atual sobre o projeto "Stuttgart 21". Cada vez mais pessoas se mostram incertas de que nosso tipo de progresso é realmente *progresso*. Por outro lado, o progresso, no futuro, também ocorre em circunstâncias objetivamente novas. A questão é se realmente seremos mais ricos do que hoje após o fim da era do petróleo (ver capítulo 9). E quão ricos somos quando a Terra em breve terá de carregar 12 ou 15 bilhões de pessoas? Com a descoberta do poder destrutivo da energia atômica, emergiu uma nova situação da perspectiva da história humana, porque, a partir desse ponto, o futuro não pôde mais simplesmente ser entendido como uma continuação do presente, como era até então.

Mas até agora a virtualização funciona bastante bem. Nas bolsas de valores, os computadores decidem, com base em critérios previamente introduzidos, a compra e venda de promessas de pagamento; no campo econômico, a economia financeira determina o que é rentável e o que não é, e no mundo da vida, como veremos no capítulo 9, os limites da natureza interna e externa são empurrados para fora. Crises neste mundo são consideradas tratamentos de desintoxicação. Elas parecem ser uma demonstração impressionante da estabilidade do sistema econômico e social capitalista: sua capacidade de se curar, talvez até mesmo promover a saúde de forma profilática.

Resumo

Do ponto de vista marxista, aqueles que falam dos efeitos curativos das crises não são apenas cínicos para com suas vítimas, mas desconhecem completamente a conexão entre crise e capitalismo. De acordo com Marx, esta ordem econômica é projetada não para limitar, mas aumentar os riscos da vida. Na crise, a interação entre produção social e apropriação privada é paralisada: muito está sendo produzido e pouco, consumido; a razão individual e a social se chocam. Com as crises, experimentamos de maneira totalmente direta o caos que a produção de mercadorias e o capitalismo estão constantemente provocando. Diagnósticos atuais críticos ao capitalismo registram não apenas um descolamento muito avançado da economia financeira da economia real, mas também uma virtualização geral de nossas economias. O início dessa virtualização é caracterizado pela substituição de pagamentos reais por fictícios, ou seja, de dinheiro real por dinheiro prometido. No final provisório da virtualização encontramos uma combinação inebriante de autoengano e logro externo que simplesmente transfere o risco do presente para o futuro, à custa daqueles que ainda não podem se defender. Como qualquer intoxicação, esta também proporciona certa tranquilidade e contentamento, mas apenas por um tempo limitado.

7

Progresso e revolução

"O capitalismo não venceu, apenas restou", esta frase podia ser lida em 1990 no pátio interno da Universidade de Leipzig, que naquela época ainda se chamava Universidade Karl Marx. O capitalismo, como aparentemente dizia a mensagem na parede, não se mostrou superior na disputa com o outro sistema. Em vez disso, esse outro sistema simplesmente afundou, de modo que o capitalismo agora domina o mundo sozinho. Mas até mesmo o capitalismo, como ainda a frase pode ser interpretada, não tem vida eterna, é apenas uma das muitas épocas na longa história do desenvolvimento da economia e da sociedade. Um dia o sino fúnebre soará para ele também. A frase sobre o capitalismo que restou podia ser lida com frequência na Alemanha Oriental — como reação ao triunfalismo do Ocidente, que de fato comemorou o fim da oposição Leste-Oeste como a vitória do capitalismo sobre o socialismo e o comunismo. A autoconfiança do Ocidente foi ao ponto de entender o fim do chamado socialismo real não só como uma prova da eficiência técnico-econômica do capitalismo; em vista da revolução na história mundial, também havia empenho em ancorar na mente das pessoas a crença na superioridade moral-ética do capitalismo[1]. Depois do fim do antagonismo Leste-Oeste e, portanto, da corrida armamentista entre o Oriente e o Ocidente, também era popular a esperança de que agora era hora de um "dividendo da paz" mundial, com o qual, finalmente, toda a força da humanidade poderia concentrar-se na luta contra a pobreza. Falou-se até mesmo de "fim da história", como se a partir de então a busca de melhores formas de atividade econômica fosse desnecessária[2].

Havia naquela época e há ainda hoje a óbvia imputação, em todos os julgamentos sobre a ordem imposta no Oriente, de que se tratava aí de uma tentativa de pôr em prática as teorias de Karl Marx. Marx, como se verá neste capítulo, teria se defendido energicamente contra ser erroneamente usado como testemunha principal das políticas de Lênin, Stalin, Mao e Honecker — e teria elogiado o grafiteiro de Leipzig por sua sabedoria e larga visão.

A utopia comunista fracassou?

Lançaremos um olhar rápido sobre as condições que nos confrontam hoje naquela parte do mundo após o fim do que foi designado como socialismo. Vamos perguntar como isso aconteceu. E, finalmente, vamos ver o que tudo isso tem a ver com Marx. Acima de tudo, é importante discutir a acusação frequentemente levantada de que Marx tornou fácil para os governantes do bloco do Leste referir-se a ele e a seus escritos como uma ideologia de justificação para sua prática política desumana[3].

Partida rumo ao capitalismo

É verdade que se constrói a uma velocidade vertiginosa nas metrópoles do antigo bloco oriental, tentando harmonizar a paisagem urbana com padrões ocidentais. Muitas pessoas em Praga, Varsóvia, Moscou, Pequim e

---

[1] Por exemplo, o Ministério da Cultura da Baviera, no final de 1990, pediu a todos os professores bávaros que fizessem com que os alunos "reconheçam e aceitem" que nossa "economia de mercado social", por um lado, "assegura liberdades pessoais e, por outro, repousa no uso responsável dessa liberdade e solidariedade com os mais fracos". Anúncio do Ministério da Cultura de 14 nov. 1990. A respeito, cf. Reheis, 1992.
[2] Fukuyama, 1992.
[3] Por exemplo, Marx, 2008, 30.

Xangai já estão bem avançadas em sua tentativa de se igualar ao modo de vida ocidental. Observemos inicialmente os Estados sucessores da antiga União Soviética. Nesse meio tempo, mais limusines Mercedes devem ser registradas em Moscou do que em qualquer outra cidade; os iates dos oligarcas russos estão entre os maiores do mundo. No entanto, a riqueza desta camada é financiada em grande parte por fontes pouco sustentáveis: no caso da antiga União Soviética, em primeiro lugar, pela venda de antigas empresas estatais ou cooperativas, principalmente de gás natural e petróleo, de valores, portanto, que até então eram considerados propriedade nacional; em seguida, pelo comércio de armas e drogas, às vezes também de pessoas. Grande parte das pessoas é até hoje excluída do novo mundo dos palácios brilhantes. Pelo contrário, na Rússia, e certamente nos outros Estados sucessores da União Soviética, o número de sem-teto, mendigos e pessoas que têm de vender sua força de trabalhos a milhares de quilômetros de suas famílias cresceu dramaticamente nos últimos 20 anos. Na República da Moldávia, por exemplo, uma em cada três crianças cresce praticamente sem os pais porque estes, como trabalhadores convidados, ganham seus meios de subsistência bem longe na Europa Ocidental[4]. Para uma parte considerável da população, o suprimento das necessidades vitais talvez tenha se tornado mais difícil hoje em comparação com a era soviética. Um indicador é a expectativa de vida média dos homens, que caiu numa escala observada apenas em tempos de guerra. Com o crescente contraste social entre ricos e pobres, aumentou também a criminalidade. O Estado russo está reprimindo as minorias, trava guerras contra províncias renegadas ou ex-Estados irmãos, supostamente para libertar os membros de seu próprio povo contra a opressão. Apenas a primeira das duas guerras de Moscou contra a república caucasiana da Chechênia matou cerca de 80 mil pessoas e fez 500 mil refugiados. A situação ecológica nos países da antiga União Soviética é devastadora. E, no que diz respeito à mentalidade geral e expectativa futura, obviamente existe uma grande desorientação.

No início de 1990, uma fase histórica ambígua chegou ao fim nos Estados da antiga União Soviética. Por um lado, ela se caracterizou por um tremendo progresso material; por outro, lado, pelo paternalismo intelectual e pelo terrorismo de Estado[5]. Por certo, ocorreu um gigantesco processo econômico de recuperação na União Soviética após a Primeira Guerra

---

[4] SZ 2 set. 2010.
[5] Cf., a respeito, Reheis, 1991b.

Mundial e o fim da guerra civil em 1921. Se os números são dignos de crédito, então a participação da produção industrial soviética na produção industrial mundial total aumentou de cerca de 5% para quase 20% entre 1930 e 1960[6]. Essa recuperação da industrialização também permitiu a Stalin novamente expulsar, essencialmente por força própria, os agressores alemães, mas ao custo de mais de 20 milhões de mortos.

Por outro lado, a recuperação da industrialização, independentemente da Segunda Guerra Mundial, teve um alto preço. O stalinismo custou muitos milhões de vidas. Essas vítimas foram consequência de uma política que deliberadamente aceitou catástrofes de fome para, mediante exportação de alimentos, ganhar divisas para a importação de produtos manufaturados. Para cultivar terras inóspitas, Stalin deslocou pessoas em grande quantidade. E ele reprimiu brutalmente qualquer resistência fora e dentro do Partido Comunista. O fato de que tudo isso deveria servir como meio de fortalecer o socialismo e preparar o comunismo, e de que se ousou invocar a obra de Karl Marx nesse processo, causou danos incalculáveis ao legado de Marx.

O que foi o stalinismo?

Como surgiu este desenvolvimento ambíguo, uma combinação de acelerada modernização técnica, economia de comando e homogeneização da sociedade como um todo? E por que, neste processo, recorreu-se a Marx como mentor? Para responder a esta dupla questão, é preciso lembrar a situação histórica de 1917. Naquela época, a Rússia era tudo menos um país capitalista que estivesse maduro para a revolução de que Marx havia falado. O país era essencialmente uma sociedade feudal com uma constituição absolutista. A grande maioria da população vivia no campo, a servidão ainda estava na lembrança de todos. Provavelmente, a circunstância mais importante para entender a situação em torno de 1917 era que, sim, havia fábricas isoladas e empresas industriais nas cidades, muitas vezes nas mãos de proprietários estrangeiros, mas faltava na Rússia, quase por completo, uma classe trabalhadora no mesmo sentido que existia na Europa Ocidental desde muito. Assim, não poderia haver um movimento operário que pudesse tomar a emancipação da classe trabalhadora em suas próprias mãos.

No que diz respeito ao desenvolvimento político, a social-democracia russa, fundada no final do século XIX, tornou-se especialmente importante.

---

[6] Hobsbawm, 1969, apud Berg; Selbmann, 1986, 212.

Não estava ancorada no operariado escasso. Ela logo se separou em duas facções, porque não se pôde chegar a um acordo se era desejado um partido de massas ou de quadros. Os partidários do conceito de quadros, chamados "bolcheviques", palavra russa para "majoritários", finalmente organizaram a partir de São Petersburgo a revolução, sob a liderança de Lênin e com apoio do imperador alemão Guilherme II, que esperava em 1917 uma paz separada com a Rússia, o fim da guerra de duas frentes. Embora os revolucionários bolchevistas fossem apoiados nas cidades-guarnição por soldados cansados da guerra, não havia em nenhum lugar uma classe trabalhadora que teria pressionado a revolução. Assim, a nova ordem, que mais tarde foi designada como "socialismo real", nasceu em 1917, por assim dizer, nas trincheiras da Primeira Guerra Mundial.

Da perspectiva atual, este sistema de governo que se originou na Rússia, estendeu-se por mais de meio continente e também foi transferido para os Estados da Europa Oriental e da Alemanha Oriental após a Segunda Guerra Mundial deve ser designado como "stalinista". O stalinismo era um sistema que, é verdade, reivindicava o poder sobre os meios de produção nas mãos dos produtores imediatos. No entanto, essa reivindicação foi corrompida, pois o poder foi expandido "excessivamente" — além dos limites do necessário — e concentrado, na prática política, num pequeno grupo de líderes e, por fim, numa pessoa, que se tornou completamente independente frente à base social, a classe trabalhadora[7]. A ditadura da modernização fundada em 1917 teve pouco a ver com a teoria de Marx e Engels, exceto que esta teoria foi usada para mobilização das massas. Vale ressaltar, é claro, que esta estrutura contraditória não só pereceu por conta própria, mas também deveu seu fim — assim como seu início — a fatores militares: foi, entre outras coisas, a corrida armamentista de quatro décadas que sobrecarregou cada vez mais as forças da União Soviética e seus aliados de modo que, finalmente, a Guerra Fria, sem se tornar quente, terminou com a rendição do Leste. Do ponto de vista do cientista social americano Immanuel Wallerstein (ver capítulo 2), este fim era previsível: o conceito de "socialismo em um só país" de Stalin está, desde o início, condenado ao fracasso numa economia mundial que segue as leis transnacionais do capitalismo — a exemplo, também, de muitas tentativas de libertação nacional no terceiro mundo[8].

---

[7] Hofmann, 1984, 48 s.
[8] Wallerstein, 1990.

Neste ponto, também devemos lançar um olhar sobre a China, que, com seu "socialismo de característica chinesa" desde a década de 1980, forjou um vínculo entre a modernização econômica e um sistema autoritário de partido único. Embora os dados geralmente utilizados para medir o desempenho econômico dos países mostrem a China como o grande emergente das últimas décadas, talvez seja inegável que esse crescimento está associado a consideráveis *déficits* de liberdades políticas e sociais, enormes problemas ambientais e um dramático aumento de desigualdade social. De acordo com o Banco Mundial, 1% da população atual da China possui 41% da riqueza privada[9]. O desenvolvimento chinês também possui características stalinistas e não está de acordo, de modo nenhum, com as ideias de Marx e Engels sobre o comunismo (ver capítulo 8).

A utopia comunista, portanto, falhou? Não, não poderia falhar porque sua implementação não foi tentada, nem sequer embrionariamente, no sentido imaginado pelos autores do *Manifesto Comunista* – e, como veremos mais detalhadamente abaixo, também não poderia ser tentada.

A superação do capitalismo

Marx foi realmente de grande utilidade para a mobilização prática da sociedade; para justificativa teórica ele pôde ser usado apenas ao preço da falsificação grosseira. Marx estava convencido de que as revoluções não podem simplesmente ser "feitas". Em vez disso, elas resultam do curso da história, o qual deve primeiro produzir uma situação revolucionária. Então, perguntemos: como Marx imagina o progresso da economia e da sociedade a partir de sua perspectiva epistemológica materialista-histórica? E quais as condições devem estar dadas para uma revolução acontecer? Não é surpreendente que as respostas de Marx a essas questões tenham sido fortemente influenciadas pelo *Zeitgeist* do movimento operário do século XIX.

Forças produtivas e relações de produção

O prefácio de *Para uma crítica da economia política*, de 1859, contém em uma página e meia, de maneira muito compacta, o núcleo da teoria do desenvolvimento de Marx. Como já vimos no capítulo 1, Marx parte da produção da vida e distingue aí dois lados, a saber, a relação do homem

---
[9] *SZ* 1 set. 2010.

com a natureza e a com seus semelhantes, como pressuposto de partida para a vida individual e para a sociedade como um todo.

Dinâmica e estática

O lado da natureza caracteriza-se pelas propriedades da natureza mesma, pelo conhecimento do homem sobre elas, por sua habilidade em lidar com elas e pelas ferramentas e tecnologias com as quais ele trabalha sobre ela. Trata-se aqui de forças que ajudam o homem na apropriação da natureza, isto é, na produção dos meios de vida. Machado e computador, carroça e aeronave de longo curso, pombo correio e Internet, estas são aquelas forças do homem que Marx chama de "forças produtivas". Quanto ao lado relacionado aos seus semelhantes, deve-se perguntar como as pessoas lidam umas com as outras. Elas se tratam institucionalmente como detentoras de direitos iguais? Têm o mesmo acesso aos meios que aplicam na produção ou não? Os meios de produção são propriedade comum ou privada, distinguindo, assim, os não proprietários de proprietários e excluindo da propriedade os produtores diretos? Marx chama estas relações entre as pessoas "relações de produção".

As forças produtivas, assim continua a argumentação de Marx, estão sujeitas a uma constante evolução, porque o conhecimento e a capacidade do homem aumentam ao mesmo tempo em que seus instrumentos e tecnologias se tornam cada vez mais sofisticados. Este é o fruto da experiência acumulada no curso da história humana, experiência que é transmitida de uma geração para outra. As relações de produção, ao contrário, são menos dinâmicas. As relações entre humanos são mais estáveis. Os comportamentos, uma vez entranhados, não são logo abandonados novamente. O tratamento desigual e o acesso desigual à propriedade serão mantidos com poder por aqueles favorecidos por eles. O direito por meio do qual as relações de propriedade são estabelecidas é defendido.

Tensões crescentes

Por um tempo, as forças produtivas e as relações de produção se ajustam bem. Por exemplo, na agricultura medieval, durante séculos, a relação entre a evolução dos métodos de cultivo e senhorio foi, em princípio, relativamente harmoniosa, já que agricultores e proprietários se beneficiavam com os ganhos de produtividade. Mas ao longo do tempo, de acordo com Marx, surgem tensões entre as forças produtivas relativamente dinâmicas e as relações de produção relativamente estáveis, o que acaba por gerar conflitos.

A partir do século XVII, houve um tremendo aumento nas forças produtivas na Europa, a começar pela Inglaterra, por meio do estabelecimento em massa de manufaturas e, posteriormente, empresas industriais nas cidades (ver capítulo 2). A conversão da agricultura inglesa da produção de alimentos para a produção de algodão para a indústria têxtil urbana levou a uma maciça mobilização social. A nova direção econômica exigia uma grande quantidade de trabalhadores nas cidades. Ao mesmo tempo, cada vez menos pessoas eram necessárias na agricultura. Por um lado, a produtividade na produção de gêneros alimentícios aumentou enormemente, houve uma "revolução verde" decorrente de novas técnicas de cultivo; e, por outro lado, relativamente poucas pessoas eram necessárias para a criação de ovelhas, que, como se sabe, são bastante independentes.

Agora, as velhas relações de produção, isto é, o senhorio, que tinha firmemente atado os camponeses à terra de seu senhor e se caracterizava por uma lealdade mútua ao longo de gerações, não estava mais à altura de sua época. De alguma forma, era preciso cuidar para que centenas de milhares de pessoas que haviam se tornado supérfluas no campo pudessem se mudar para as cidades. Essa foi a hora da libertação dos camponeses. Uma circunstância favorável na Inglaterra foi que muitos grandes proprietários rurais aristocráticos possuíam propriedade nas cidades ao mesmo tempo e, muitas vezes, criavam manufaturas próprias. A classe dominante ao mesmo tempo no campo e na cidade tinha um duplo interesse na liberdade dos camponeses: queria se livrar deles no campo, os quais eram urgentemente necessários na cidade. Um processo semelhante ocorreu nas cidades onde o interesse em aumentar as forças produtivas por meio da expansão das empresas, intensificação da divisão do trabalho e mecanização dos processos de produção levou à derrubada do antigo sistema de guildas pela liberdade de comércio.

Rompendo os grilhões

Portanto, as velhas condições de produção, que vinculavam os camponeses ao solo e os artesãos às oficinas, por boas razões não eram mais oportunas. No frequentemente citado prefácio ao *Para uma crítica da economia política*, Marx formula o que acontece então:

Numa certa etapa do seu desenvolvimento, as forças produtivas materiais da sociedade entram em contradição com as relações de produção existentes... no seio das quais se tinham até aí movido. De formas de desenvolvimento das forças produtivas, estas relações transformam-se em grilhões destas mesmas forças. Ocorre então uma época de revolução social[10].

Dissolução da contradição fundamental

Com a mudança da base econômica, no caso concreto a libertação dos camponeses e a liberdade de comércio, toda a "superestrutura" se revoluciona de modo mais ou menos rápido. Esta relação de base e superestrutura é crucial para a compreensão do processo de transformação. Pois a política, a arte e a filosofia são, segundo Marx, apenas "formas ideológicas" nas quais os eventos objetivos são retratados e as pessoas tomam consciência dos eventos (ver capítulo 1). Agora, portanto, o tempo estava maduro para um novo pensamento, os conceitos e valores do mundo burguês: o homem não é, por seu nascimento, alocado por Deus para um determinado estamento, ao qual ele pertence até o fim da vida; ao contrário, desde o nascimento cada um detém os mesmos direitos; o Estado não deve responder a Deus, mas aos homens; a vida não é predeterminada por tradições férreas, mas todos, em princípio, são artífices de sua própria felicidade etc. Como vimos no primeiro capítulo, é importante para Marx o fato de que este novo tempo, o burguês, não deve ser julgado por essas ideias, porque, do contrário, não se podem reconhecer as forças motrizes reais subjacentes. Em vez disso, as manifestações ideológicas devem, inversamente, ser derivadas da contradição subjacente entre as forças produtivas e as relações de produção, pois somente assim as limitações das novas ideias também se tornam manifestas.

O pensamento central da teoria do desenvolvimento de Marx diz respeito à interação totalmente decisiva entre as forças produtivas e as relações de produção.

> Uma forma de sociedade nunca decai antes de estarem desenvolvidas todas as forças produtivas para as quais é suficientemente ampla, e nunca surgem relações de produção novas e superiores antes de as condições materiais de sua existência terem sido incubadas no seio da própria sociedade velha[11].

---

[10] *MEW* 13, 9.
[11] Ibid.

As relações de produção burguesas modernas são, de acordo com Marx, "a última forma antagônica do processo social da produção, antagônica não no sentido de antagonismo individual, mas de um antagonismo que decorre das condições sociais da vida dos indivíduos"[12]. Por "antagonismo" entende-se que duas forças são diretamente contrapostas, de modo que apenas uma pode prevalecer; uma situação conciliatória é, portanto, inicialmente excluída. Para Marx, o trabalho e o capital são inconciliavelmente opostos na sociedade burguesa moderna, e os indivíduos estão inicialmente entregues a essa situação.

Fim da pré-história

"Mas as forças produtivas que se desenvolvem no seio da sociedade burguesa criam, ao mesmo tempo, as condições materiais para a resolução deste antagonismo."[13] E agora segue a frase mais ambiciosa — provavelmente presunçosa para a maioria dos leitores dos escritos de Marx — da teoria do desenvolvimento de Marx, talvez até mesmo de toda a obra: "Com esta formação social encerra-se a pré-história da sociedade humana"[14]. O que está por trás dessa poderosa afirmação? Nada menos do que a afirmação de que as pessoas podem tomar seu destino em suas próprias mãos somente após a dissolução da contradição fundamental, ou seja, quando a apropriação dos produtos e, com ela, a organização da produção ocorrerem socialmente de maneira consciente. A base decisiva para a abolição do antagonismo é a reunificação do trabalho e da propriedade, que foram violentamente separados no estágio capitalista da produção de mercadorias.

Como vimos no capítulo 2, a reunificação do trabalho e da propriedade, nas condições de forças produtivas altamente desenvolvidas, não pode evidentemente significar que o grau de divisão do trabalho e o uso de máquinas são novamente reduzidos. Este seria um retrocesso romântico. Mas o progresso, de acordo com Marx e a maioria de seus contemporâneos, deve consistir na libertação do homem de restrições supérfluas. Assim, se o nível de desenvolvimento das forças produtivas não só é preservado, mas também estimulado, a propriedade e o trabalho só podem ser reunidos por uma nova forma de propriedade dos meios de produção: propriedade coletiva. Marx também a descreve como "propriedade individual" com base nas

---

[12] Ibid.
[13] Ibid.
[14] Ibid.

conquistas do capitalismo: "propriedade comum da terra e dos meios de produção produzidos pelo próprio trabalho"[15]. Somente uma propriedade assim entendida ajuda o indivíduo a alcançar aquela autodeterminação que, de acordo com Marx, é possível além do capitalismo (ver capítulo 8).

Quanto o desenvolvimento das forças produtivas e o das relações de produção devem ser coordenados foi demonstrado, por exemplo, pela coletivização da agricultura na Rússia sob Stalin. Stalin tirou a propriedade privada de milhões de camponeses para ganhar grandes áreas agrícolas, que foram, então, administradas por cooperativas ou pelo Estado. A resistência dos camponeses contra esta expropriação também foi grande porque, acima de tudo, eles ainda não podiam neste momento ter uma experiência sensível do propósito dessa medida violenta. O objetivo de reunir as áreas foi aumentar a produtividade, pois apenas grandes áreas permitem e tornam racional o uso rentável de máquinas agrícolas. O problema de Stalin era que essas máquinas não estavam disponíveis na época porque a produção industrial nas cidades estava longe de ser suficientemente avançada. Coletivização sem mecanização — isso tinha necessariamente de ser entendido no campo como pura arbitrariedade.

Quando é a hora?

Como a burguesia, desde o início, caça em todo o mundo, na busca de oportunidades para a produção pela produção (ver capítulo 4), então o fim do modo de produção burguês é concebível, de acordo com Marx, apenas como um evento mundial. Somente quando a divisão do trabalho, a relação entre capital e trabalho e o mercado abrangerem o mundo inteiro, soará a hora do capitalismo. Só então a intensificação da contradição fundamental entre o caráter social da produção e o caráter privado da apropriação dos produtos poderá penetrar na consciência geral. Acima de tudo, o nível de desenvolvimento das forças produtivas atingindo seus limites em todo o mundo é "uma precondição prática absolutamente necessária, pois, sem ela, apenas a *penúria* se generaliza, e, portanto, com a *miséria* também teria de recomeçar a luta pelo necessário e toda a velha porcaria seria obrigatoriamente produzida"[16]. Isto é precisamente o que aconteceu de muitas maneiras nas últimas duas décadas, como indicado no início deste capítulo.

---

[15] Id., 23, 791.
[16] Id., 3, 34 s. Itálicos no original.

A situação na Rússia em 1917 — e de modo semelhante na Europa Oriental e na Alemanha Oriental depois de 1945 — e na China, em 1949, era tudo menos pré-revolucionária nesse sentido marxista. A grande maioria das pessoas estava lidando com problemas bastante diferentes — na Rússia, em 1917, com uma guerra sem perspectiva, na Europa Oriental e na Alemanha Oriental com o período pós-guerra, com fuga, expulsão e remoção de escombros; na China, com a luta pela sobrevivência diária.

Então, quando o capitalismo chegará ao fim? Quando a contradição fundamental entre as forças produtivas sociais e as relações de produção privatizadas terá se tornado tão óbvia e insuportável que uma revolução da velha ordem se torne inevitável? O que é necessário, de acordo com Marx, é uma situação em que a riqueza extrema e a extrema pobreza se choquem: de um lado, os meios de produção tecnicamente extremamente desenvolvidos, reunidos em poucas mãos privadas, que exigem apenas um mínimo de trabalho vivo para sua operação. De outro, as muitas pessoas que não só perderam temporariamente, mas permanentemente, a oportunidade de vender sua força de trabalho e, portanto, estão privadas de seus meios de subsistência. Só então fica claro que todos poderiam viver bem e, além disso, ser liberados em grande medida da obrigatoriedade de trabalhar — se apenas as condições de propriedade e dominação tornassem realidade o que é tecnicamente possível.

Esta condição, segundo Marx, só é possível quando o mercado tiver se expandido em todo o mundo. Só então os candidatos a emprego não poderão mais escapar de sua situação desesperançada pela mudança também para outros países, porque então as condições terão se tornado globalmente alinhadas. Só então não haverá pequenos e médios empresários que poderiam abrir novas perspectivas para os candidatos a emprego porque os meios de produção só existirão de forma altamente concentrada e centralizada nas mãos de algumas multinacionais. E só então a possibilidade de autossuficiência será bloqueada porque quase ninguém tem sua própria terra. Então se torna óbvio que a contradição entre a produção social e a apropriação privada, que perto do fim do capitalismo assumiu cada vez mais a forma da contradição entre as forças produtivas e os meios de produção, não é mais aceitável — torna-se óbvio, portanto, que deve ocorrer a apropriação dos produtos pela sociedade[17].

---

[17] Kurt Lenk vê em Marx e Engels cinco condições básicas da revolução: a existência de um sujeito histórico ou portador da revolução, o caráter internacional da revolução, a conquista do poder

Ditadura do proletariado, socialismo, comunismo

No entanto, de acordo com Marx, a transformação do capitalismo para o comunismo é um processo de várias fases. Em primeiro lugar, a classe trabalhadora, ou seja, a grande massa das pessoas dispostas, aptas a trabalhar, mas violentamente separada dos meios de produção, toma o poder estatal. Marx não elabora como isso acontece. O resultado desta primeira fase é referido pelo termo, que soa contraditório, "ditadura do proletariado"[18] e equiparado à "democracia": um governo da maioria sobre a minoria, que emprega "intervenções despóticas nos direitos de propriedade e nas relações de produção burguesas", com o claro objetivo de "gradualmente" arrancar os meios de produção dos capitalistas, colocá-los nas mãos do Estado e aumentá-los ainda mais[19].

De acordo com Marx, a segunda fase, a fase do socialismo, é caracterizada pelo fato de que a dominação dos homens sobre os homens é substituída pela dominação dos homens sobre as coisas. A pretensão é uma organização bem planejada do uso dos meios de produção, ou seja, encontrar e implementar soluções para questões econômicas de interesse geral, com as quais ninguém pode se sentir desfavorecido: todo mundo tem trabalho, cada trabalho é recompensado, cada salário é estipulado coletivamente por decisões sociais e políticas. Um aspecto desta segunda fase é uma nova maneira de lidar com o princípio do desempenho. Na sociedade capitalista, de acordo com Marx, o princípio do desempenho sempre foi invocado, mas nunca realizado. Os donos do capital conseguiam ganhar rendimentos sem que eles mesmos produzissem algo por isso. Os trabalhadores prestaram serviços cujos frutos lhes foram negados, ou como desempregados foram totalmente impedidos de prestar serviços. Agora, na fase socialista da revolução, o novo princípio é: de cada um segundo suas capacidades, a cada um segundo seu desempenho. E em termos de forças produtivas, agora é possível reduzir coerentemente os potenciais destrutivos — dos riscos à saúde no local de trabalho aos grandes riscos técnicos, militares e ambientais, que vieram ao mundo como um subproduto do desenvolvimento capitalista.

---

político pela burguesia na Alemanha como precondição para a intensificação do contraste entre a concentração do e o empobrecimento do proletariado, uma crise econômica universal que rasga o "véu do dinheiro", e alto nível de desenvolvimento da indústria como precondição para uma forma fechada e disciplinada da revolta do proletariado. Lenk, 1973, 67 s.

[18] *MEW* 19, 28.
[19] *MEW* 4, 481.

Ao mesmo tempo, na fase socialista, o Estado perde seu caráter de dominação. A antiga tarefa de proteger a propriedade privada dos meios de produção contra o acesso dos produtores imediatos agora desaparece, pois os meios de produção já estão, por princípio, nas mãos dos próprios produtores, a diferença é que agora são administrados pelo Estado deles. Se, no socialismo, a gestão das coisas substitui o controle das pessoas, e o verdadeiro princípio do desempenho substitui a ideologia burguesa de desempenho, então o Estado não é mais um órgão independente ao lado da sociedade; a expectativa é que ele simplesmente "morra".

Mas esse não é o fim da revolução. Mais uma vez, deixamos Marx falar por si mesmo para traçar a euforia do teórico da revolução:

> Numa fase superior da sociedade comunista, quando houver desaparecido a escravizante subordinação dos indivíduos à divisão do trabalho e, com ela, os antagonismos entre o trabalho manual e o trabalho intelectual; quando o trabalho tiver se tornado não só um meio de vida, mas também a primeira necessidade da existência; quando, com o desenvolvimento dos indivíduos, em todos os sentidos, as forças produtoras forem crescendo, e todas as fontes da riqueza pública jorrarem com mais abundância, só então, o estreito horizonte do direito burguês será completamente ultrapassado e a sociedade poderá inscrever na sua bandeira: "De cada um conforme suas capacidades, a cada um segundo suas necessidades!"[20].

Só então, de acordo com Marx, a contradição fundamental entre o caráter social da produção e a privacidade da apropriação dos produtos é finalmente superada. Então, não há mais "restrições práticas", que levam as pessoas a usar o progresso das forças produtivas para a constante expansão da produção e o estímulo artificial das necessidades. Somente quando não apenas a produção, mas também o planejamento e a apropriação dos produtos são socialmente organizados, o manejo da tecnologia e do futuro pode se orientar exclusivamente pelas condições dadas da natureza e pelas necessidades igualmente dadas das pessoas, levando-se também em conta que ambas estão em constante mudança: as necessidades mais rapidamente, as condições naturais mais lentamente. Na "associação de pessoas livres", as forças produtivas e as relações de produção finalmente encontram uma convivência harmoniosa pela adaptação mútua àquelas condições que a natureza interna e a externa dos seres humanos trazem consigo (ver capítulo 8).

---

[20] *MEW* 19, 21.

Transições

As ideias de Marx sobre a revolução, sobre seus portadores e fases, são aquela parte de seu trabalho que é a mais provocadora no século XXI. Até agora, muitas coisas parecem ter tido um resultado diferente. O proletariado não se pauperizou, e certamente não nas regiões altamente industrializadas do mundo. Os comunistas não chegaram ao poder na Europa Ocidental, América do Norte ou Japão, mas na Rússia e na China — onde soçobraram pateticamente com suas concepções. Os trabalhadores não se solidarizam nem no plano nacional, nem muito menos no internacional; ao contrário, encontram-se mais que nunca numa competição feroz. E os Estados, especialmente nas regiões altamente desenvolvidas do mundo, não são apenas o braço alargado das grandes corporações, mas, devido à sua constituição democrática e de respeito ao Estado de direito não podem ignorar completamente a vontade da maioria da população e, assim, se tornaram Estados sociais ou até mesmo Estados de bem-estar social. Existem essencialmente duas razões que argumentam que Marx não pode ser considerado refutado no essencial, e talvez até esteja, em última análise, certo.

A previsão da pauperização

O *primeiro* motivo está relacionado à questão da classificação temporal da análise teórica e do capitalismo real. Hoje sabemos que o desenvolvimento do capitalismo na época de Karl Marx estava longe de atingir o estágio em que poderia esbarrar em seus limites internos. O próprio Marx não tinha certeza sobre onde ele e seus contemporâneos realmente se localizariam no cronograma do capitalismo. Muitas das suas observações, por um lado, indicam que ele esperava o fim do capitalismo para breve. Especialmente sob a impressão da crise econômica que explodiu na Inglaterra em 1847 e os tumultos no ano seguinte em Paris, Berlim, Viena e outras grandes cidades europeias, ele acreditava que essa hora tinha chegado. Ao avaliar o desenvolvimento do capitalismo, Marx também estava muito concentrado na expansão externa do sistema, que parecia essencialmente concluída em meados do século XIX com a inclusão da América, Índia e Austrália. Na perspectiva daquela época, não se podia imaginar quais possibilidades de conquista ainda estavam abertas ao capital no interior das sociedades.

Por outro lado, Marx — dez anos depois — temia que a tentativa de uma revolução na Europa pudesse facilmente levar a um "colapso" do processo revolucionário, se o restante do mundo estava justamente erguendo um capitalismo florescente, e assim não se podia esperar que os proletários de *todos os* países formassem uma unidade[21]. Esse temor nos mostra que Marx também considerava possível que a conquista do mundo pelo capitalismo em seu tempo não estava tão avançada assim para que se pudesse falar de uma insuportável intensificação da contradição capitalista fundamental. Mas hoje isso deve ser visto como uma indicação de uma visão de bastante longo alcance[22]. Especialmente na área dos serviços sociais, o capitalismo parece estar se consolidando apenas agora, no início do século XXI. Áreas de vida para as quais a família e a Igreja eram em grande parte responsáveis no tempo de Marx, e depois o Estado do final do século XIX, estão hoje sendo privatizadas e comercializadas em todo o mundo. Como Marx poderia adivinhar que um dia se tentaria tornar mercadoria literalmente tudo — desde a assistência precoce à criança até o cuidado dos idosos e a eutanásia, desde o tempo livre de crianças e adolescentes até o conhecimento do mundo, do gene humano até a mudança climática global?

Portanto, o fim do capitalismo ainda não é previsível. Não sabemos quanto tempo terá a sobrevivência da exploração do trabalho do homem pelo homem, a divisão do mundo em centro e periferia, a produção em nome da produção. Também não sabemos quanto o valor da mercadoria força de trabalho afundará nos centros se o valor de referência para os custos médios de reprodução se estende mais e mais para dentro das periferias. Há muitos indícios de que os padrões legais e sociais nas antigas, bem como nas novas, ilhas de prosperidade não terão existência duradoura. Alguns relatos dos antigos centros industriais dos Estados Unidos fornecem um presságio sobre o que poderia vir.

Os pilares de suporte

A *segunda* razão pela qual os desenvolvimentos reais acima mencionados não significam que as previsões de Marx se tornaram obsoletas tem a ver com os pilares de suporte apresentados neste livro, as estruturas de amparo que estabilizaram o sistema desde a sua criação. Talvez também isso possa ser formulado no nível das pessoas e organizações atuantes: aqueles que determinam os destinos do mundo capitalista há 500 anos talvez tenham aprendido mais com os problemas e crises do sistema e, há 150 anos, com a

---

[21] *MEW* 29, 360.
[22] Considere-se que a Rússia só retomou o caminho do desenvolvimento capitalista há 20 anos, e a China, há cerca de 30 anos.

análise deles por Karl Marx do que elas admitem e do que lhes é consciente. Para falar na linguagem de Marx, são as repercussões da "superestrutura" na "infraestrutura" que podem ter sido mais pronunciadas do que Marx também pensou ser possível.

A pauperização do proletariado explorado, esperada por Marx, provavelmente estava ausente nas regiões altamente desenvolvidas do mundo não só porque o capitalismo, com seu trabalho de destruição, está longe de ter chegado ao fim de sua força, mas também porque ele, nos centros econômicos e políticos do mundo, tem tido muito êxito em pacificar as contradições sociais e amortecer os escrúpulos psíquicos e morais, estabilizando assim o sistema. No capítulo 9, no entanto, ficará claro que esse efeito estabilizador talvez esbarre em limites duros no futuro próximo.

Fatores do colapso

Como devemos imaginar o fim do capitalismo hoje? Seria como um colapso repentino sob a pressão de contradições internas intensificadas, como Marx o via? Ou como uma superação quase imperceptível da essência interior sob a impressão dos desafios do tempo, como foi parcialmente visto na história da socialdemocracia alemã? E quem poderia ser a força histórica motriz nessa fase entre o final da antiga ordem e o início da nova? O proletariado ou, antes, partes intelectuais da burguesia, ou uma força revolucionária que não se caracteriza por sua origem social de qualquer classe ou camada determinada? Até agora, há pouca clareza sobre essas questões; duas respostas diferentes, mas muito discutidas, serão apresentadas brevemente abaixo.

O cientista político berlinense Elmar Altvater vê três fatores para o fim do capitalismo "como o conhecemos": as insuportáveis tensões internas, um forte impulso externo e a existência de alternativas[23]. Segundo Altvater, o *primeiro* fator, a intensificação das contradições internas, mostra-se acima de tudo na chamada "repressão financeira": a explosão de produtos financeiros e o desenvolvimento igualmente explosivo de retornos financeiros levam a um desacoplamento progressivo da economia financeira da economia real (ver capítulo 6). Devido ao potencial de chantagem do setor financeiro, a economia real se vê forçada a crescer constantemente e aumentar seus próprios retornos mediante expansão permanente da produção e economia

---

[23] Para o trecho seguinte, Altvater, 2005, 12-21.

de custos. Ela, é claro, não pode ser bem-sucedida nisto, porque, por seu enraizamento no mundo da vida dos homens e pelo seu vínculo às condições da natureza, é essencialmente limitada. Quanto mais a economia real recua em relação à economia financeira, pior será abastecida de capital. Isso agrava ainda mais a situação. O Estado não se encontra em condições muito melhores do que a economia real. Por um lado, ele tenta criar um bom ambiente para os investidores financeiros, poupando-os o máximo possível de impostos, regras e controles. Por outro, deve proteger a economia real do desperdício financeiro, a fim de limitar a destruição de postos de trabalho e o resultante declínio da lealdade das massas. Todo o processo de aumento das tensões internas pode ser entendido, no final, como consequência da inconciliabilidade de velocidades: por um lado, a velocidade do crescimento do dinheiro, que não tem medida interna, e, por outro lado, a velocidade de crescimento dos bens e serviços reais, cuja medida interna permanece enraizada no corpo orgânico e inorgânico do homem, na saúde, na sociedade, na cultura e na natureza (ver capítulo 9).

De acordo com Altvater, o *segundo* fator possível do colapso do capitalismo pode ser um "choque externo de severidade extrema"[24], talvez uma guerra ou um grande desastre natural. Mas Altvater conta, antes, com outra coisa: o fim da era do petróleo. Pois, quanto mais a economia real se esforça para o crescimento acelerado na competição com o setor financeiro, e os Estados apoiam esse esforço na competição por locais econômicos, mais rapidamente o petróleo chegará ao fim. Como ocorre com outros recursos naturais existencialmente importantes, os conflitos pelos suprimentos de petróleo se tornam mais intensos com o desaparecimento crescente desses suprimentos. Altvater já vislumbra um renascimento da "antiga" geopolítica; o "povo sem petróleo" será equivalente, então, ao "povo sem espaço". A batalha sobre as últimas fontes de petróleo — e outros recursos elementares — se tornará mais intensa, especialmente porque mercados emergentes como China, Tailândia, Coréia do Sul, África do Sul ou Brasil, cujo crescimento econômico acima da média depende de quantidades desproporcionadas de recursos, também participarão dela. Em última análise, isso não só poderia abalar o estilo de vida capitalista, mas também o próprio capitalismo como sistema.

Quando Altvater cita a existência de alternativas como *terceiro* fator para o fim do capitalismo, ele se liga ao "princípio da esperança" desenvolvido

---

[24] Braudel, 1986, apud Altvater, 2005, 13.

por Ernst Bloch no início do século XX[25]. Por mais que as condições sejam estranguladas por "restrições práticas", há sempre — essa era a ideia básica de Bloch — um "vislumbre" do que poderia ser possível. Em relação a um possível futuro além do capitalismo, Altvater defende substituir as noções tradicionais de comunismo e socialismo por novas, à altura dos novos desafios[26]. No que diz respeito ao lado das forças produtivas, o fornecimento de energia é essencial. Como primeira alternativa, como primeiro bloco de construção do novo, o progresso é visto por Altvater na energia solar (ver capítulo 9). No que concerne às relações de produção, estão emergindo as primeiras abordagens de uma "economia solidária"[27]. Elas são encontradas no setor sem fins lucrativos, ou seja, em cooperativas, grupos de autoajuda, fundações de caridade, sistemas de trocas locais etc. Na América Latina, novos tipos de regimes anticapitalistas já estão emergindo em países como Bolívia, Equador e Venezuela. É importante notar que o tipo de economia solidária é uma forma de atividade econômica que respeita de forma abrangente as necessidades básicas dos seres humanos e cujas estruturas organizacionais são permeadas pela ideia de autogestão democrática (ver capítulo 8). Altvater considera possível que essas abordagens transcendam o capitalismo, mas reconhece que tais questões sempre podem ser respondidas apenas em retrospecto[28].

A "multidão" como uma nova força revolucionária

Onde se encontra a força motriz para sair do capitalismo? Esta questão está no centro do livro *Empire*, escrito pelo teórico literário norte-americano Michael Hardt e pelo cientista político italiano Antonio Negri[29]. Nele, os autores caracterizam o capitalismo do século XXI como um sistema sem limites externos e internos, que abarca toda a vida em todas as suas circunstâncias e que desenvolveu a técnica de autodisciplina (ver

---

[25] Bloch, 1954.
[26] Altvater, 2005, 21.
[27] Uma economia solidária e baseada na energia solar é a consequência de uma compreensão da justiça que abrange igualmente espaço e tempo: a justiça no espaço requer um modo justo de lidar com o meio social; a justiça no tempo requer um tratamento cuidadoso da natureza — no interesse das gerações futuras.
[28] Altvater, 2005, 180.
[29] Hardt; Negri, 2000. No entanto, os autores abandonam um elemento central da teoria de Marx, a teoria do valor e devem se deixar perguntar como pretendem explicar os preços dos bens e serviços e a expropriação do trabalho sem essa teoria.

capítulo 4) até uma unidade perfeita. No entanto, os autores projetam um cenário otimista, ao ressaltar as possibilidades, as "virtualidades" dessa nova situação. De acordo com Hardt e Negri, quanto mais ilimitado o mundo, quanto mais abrangente a produção e mais autodisciplinada as pessoas se tornem, mais habilidades se acumulam nelas: habilidades afetivas, comunicativas e mentais, que instam por afirmação, realização e revolução. Na sociedade de controle global cresce uma força historicamente sem precedentes, a "multidão", o poder de massas altamente motivadas, amplamente conectadas e bem informadas. Enquanto no século XIX apenas uma parte da população, os trabalhadores das fábricas, era levada em conta como um potencial revolucionário, a superação do capitalismo no século XXI partirá, segundo os autores, da grande massa das pessoas. Na vanguarda estão os grupos extremamente qualificados e móveis, que podem revelar e difundir o caráter parasitário do sistema capitalista total, a contradição entre o que está acontecendo diariamente e o que é realmente possível. Hardt e Negri falam de um "intelecto geral", de uma "inteligência social coletiva", que, de certo ponto do desenvolvimento capitalista, se torna predominante na força de trabalho unida da sociedade — muito antes do advento da situação revolucionária esperada por Marx. A criatividade única das massas torna-se, de acordo com Hardt e Negri, a grande portadora de esperança da história.

Quando este ponto é alcançado, começa a implementação do programa político da revolução: o direito a uma cidadania mundial, que se tornou essencial diante da migração global; o direito a uma renda básica assegurada, que se tornou indispensável devido à exclusão de grandes setores da população da vida profissional; e, finalmente, o clássico objetivo da luta do movimento operário, o direito à reapropriação do trabalho, isto é, a suas receitas e a suas circunstâncias. Segundo Hardt e Negri, este processo de "auto-organização biopolítica" começou há muito tempo. Sua primeira fase, embora não continuada, foi o estabelecimento de repúblicas soviéticas após a Primeira Guerra Mundial na Europa. A segunda fase consistiu e consiste na implementação do Estado de bem-estar socialdemocrata, que, no entanto, está sendo duramente testado hoje. Finalmente, Hardt e Negri se referem à terceira fase como um "projeto constitucional" de criar uma "democracia absoluta" por meio da qual o trabalho social também é organizado socialmente. Somente essa democracia econômica será capaz de resolver a contradição básica constatada por Marx. No decorrer deste processo de auto-organização, torna-se cada vez mais claro, segundo a dupla de autores, o que realmente é a propriedade privada dos meios de produção: "uma coisa tirânica do passado, há muito podre"[30].

Sinergia revolucionária

Finalmente, vamos tentar uma combinação ousada entre a visão de uma "economia solar solidária" e a visão da "sabedoria das massas". No que diz respeito à *primeira* visão, essas indústrias altamente centralizadas, cuja acumulação de capital se baseia no esgotamento de combustíveis fósseis, há muitas décadas impedem com enorme sucesso o desenvolvimento e a disseminação de tecnologias de energia solar descentralizadas; elas "amarraram" a força produtiva solar. Isso não deve surpreender: a economia capitalista não pode estar interessada em reduzir as vendas de energia, assim como a indústria química relacionada não se interessa em reduzir as vendas de produtos químicos; e a indústria automobilística tampouco tem interesse em reduzir o número de carros e os quilômetros rodados, tal como a indústria da construção não se interessa em reduzir as áreas construídas, ou a indústria de publicidade em restringir suas incursões na psique humana etc. De fato, a produção pela produção almeja inicialmente aumentar as grandezas monetárias, mas, como regra, esse aumento também é acompanhado pelo aumento de grandezas naturais. A menos que o consumo natural seja tão caro que haja um forte incentivo para desacoplar o crescimento monetário do material. Mas este *lobby* se defende com todos seus instrumentos de poder contra esse aumento de preço. E como são instrumentos consideráveis, ele tem tido grande sucesso. Hoje, no final da era do petróleo, poderíamos ver o impasse a que isso nos levou. Isso poderia, por sua vez, abrir os olhos para o fato de que o sol realmente brilha gratuitamente na Terra para todos os seres humanos e não distribui seus raios de acordo com os interesses do lucro privado, mas de acordo com as leis geofísicas. Ou, com base no título de um livro do jornalista Franz Alt: *O Sol não envia conta*[31] — as companhias de petróleo sim. As consequências catastróficas da forma capitalista de fornecimento de energia — do efeito de estufa à guerra contra o petróleo — podem deixar claro: o planejamento privado da produção para a apropriação privada de produtos pelas grandes corporações não atendeu aos interesses da vida humana.

---

[30] Ibid., 417.
[31] Alt, 1994.

De resto, uma descoberta semelhante já havia ocorrido a muitas pessoas diante das outras duas catástrofes do século XX. Faz-se referência aqui ao movimento dos conselhos após a Primeira Guerra Mundial e à preparação de uma democracia econômica pelos artigos dos conselhos da Constituição de Weimar, que, no entanto, logo caíram novamente no esquecimento. E também é preciso lembrar-se dos programas dos dois principais partidos após a Segunda Guerra Mundial, especialmente o programa econômico de Ahlen da União Democrata-Cristã de 1947, que afirmou em sua primeira frase: "O sistema econômico capitalista não fez justiça ao Estado e aos interesses sociais do povo alemão"; e exigia a reorganização fundamental da economia em uma base de "economia social"[32]. As consequências devastadoras da forma de fornecimento de energia numa organização capitalista poderiam indicar, sobre esse plano de fundo histórico, uma conclusão revolucionária: é hora de quebrar os grilhões das relações de produção prevalecentes e organizar a força produtiva descentralizada e gratuita do sol com base numa nova ordem de economia social global.

Da mesma forma, na *segunda* visão da criatividade das massas, para a qual a revolução digital e a Internet são importantes, há boas razões para questionar a instituição da propriedade privada dos meios de produção no interesse do desenvolvimento de capacidades humanas. De um lado, pelo fato de que a exploração comercial dessas tecnologias em todas as partes leva a consequências socialmente indesejáveis: o monopólio de grandes fornecedores, como a Microsoft e o Google; formas de ataques cibernéticos muito difíceis de controlar, ou de ataques à privacidade, em parte resultantes de contramedidas estatais em grande parte inevitáveis. Por outro lado, formas cooperativas estão surgindo em grande escala para além do uso capitalista das tecnologias digitais (por exemplo, Wikipedia, Mozilla, Linux). Neste ponto, também é possível perguntar se a instituição de propriedade privada ainda é condizente com o aumento gigantesco da capacidade de armazenar, copiar, processar e transmitir informações e conhecimento. Não é, antes, verdade que a crítica de Marx à propriedade privada adquiriu grande plausibilidade com a tecnologia de comunicação revolucionária das duas últimas décadas? A tecnologia digital não nos fornece excelentes argumentos mostrando que os humanos, na produção, sempre agem como seres cooperativos porque receberam grande parte das precondições da produção — a linguagem, o conhecimento, as ferramentas etc. — de outros

---

[32] Weber, 1982, 253.

gratuitamente? Por sua vez, os resultados de seu trabalho não são vitais para outras pessoas, e os produtos em si não são cada vez mais resultantes de uma forma cooperativa de trabalhar?

Resumo

Com o fim da União Soviética e a reorientação da China, muitos consideram o comunismo um fracasso e aclamam a vitória final do capitalismo. Do ponto de vista de Marx, a situação desde 1990 se mostra de modo totalmente diferente: o comunismo absolutamente ainda não pode ter fracassado porque não existia antes, e mais: não podia existir. A ideia de Marx sobre a progressão da história e a superação do capitalismo era completamente diferente daquela proclamada e posteriormente implementada na Rússia em 1917 e na China em 1949. Para Marx, o progresso histórico é resultado da interação das forças produtivas altamente dinâmicas e das relações produtivas que tendem a ser estáticas. Essas lógicas de desenvolvimento opostas significam que, ao longo do tempo, as relações de produção revelam ser cada vez mais os grilhões das forças produtivas. Somente quando essa contradição se tornar óbvia, as forças de produção poderão quebrar os grilhões das relações. Segundo Marx, esta lei geral de desenvolvimento também se aplica à superação do capitalismo. Especificamente, isso significa: sua superação será possível e necessária somente quando o desenvolvimento das forças produtivas industriais esbarrar, mundialmente, nos limites que lhe são impostos pelas relações capitalistas de produção; quando, portanto, a contradição básica do capitalismo se intensificar até um nível insuportável. Os críticos contemporâneos do capitalismo apontam que tais contradições objetivas fundamentais entre nosso potencial tecnológico e sua exploração social no século XXI estão aumentando dramaticamente. Atualmente está em andamento uma discussão sobre uma ordem justa e sustentável, especialmente no que diz respeito ao fornecimento de energia e informações. No entanto, não está claro no debate como poderia ser a transição do sistema econômico e social dominante para outro.

8

Além do capitalismo

Das conquistas da República Democrática Alemã (RDA) essencialmente apenas a seta de virada verde nos semáforos sobreviveu. Então, tudo na Alemanha Oriental foi pior do que na Ocidental? Esta opinião, generalizada especialmente no Ocidente, já foi rebatida em pontos essenciais durante o período de transição. Uma dessas contradições partiu do Conselho de Especialistas Ambientais, que auxilia o Ministro Federal do Meio Ambiente. Este conselho exigiu, em 1990, assumir o chamado "sistema de coleta de matéria-prima secundária" (SERO, na sigla em alemão) da RDA para a Alemanha como um todo. Aos olhos dos especialistas ocidentais, o sistema SERO da economia planificada era uma excelente ferramenta para alcançar três objetivos ambientais ao mesmo tempo: economizar matérias-primas, reduzir o lixo e evitar o tráfego. Pois se um plano prescreve que embalagens devem ser produzidas desde o início de acordo com normas padronizadas, que, além disso, garantem a reciclagem ideal, e se estas embalagens são realmente coletadas com a ajuda de um sistema de depósito, então esta solução planificada é melhor do que se os vários mercados e os empreendedores privados que atuam neles resolverem o problema da embalagem à sua maneira. A iniciativa do Conselho de Especialistas sofreu uma resistência massiva exatamente por esse motivo. Algumas indústrias importantes viram seus interesses ameaçados: o interesse da indústria de embalagens na produção de grandes quantidades e tipos de embalagens; o interesse da indústria da publicidade em dar o aspecto mais individual e atraente possível a essas embalagens como veículo publicitário; as empresas de transportes com o interesse de conduzir tanto lixo quanto possível de um lado para outro na Europa. No final, como sabemos, esses grupos de interesse tiveram o melhor *lobby* — em comparação com os ambientalistas. Outras necessidades, como cultura, educação, saúde e transportes públicos, como pode ser determinado de certa distância hoje, sob as condições da economia planificada da RDA, foram mais bem atendidas em comparação com a Alemanha Ocidental. Esse feito merece reconhecimento sobretudo porque, como sabemos, as chances materiais iniciais da Alemanha Oriental após a guerra eram significativamente piores do que as da Alemanha Ocidental.

A economia planificada, tal como foi praticada na RDA, não é, de modo algum, a única alternativa ao capitalismo. Há muitas outras formas de organizar a satisfação das necessidades e a convivência das pessoas. Em primeiro lugar, no entanto, a bifurcação em que nos encontramos hoje deve ser marcada. Em seguida, apresento as alusões marxistas ao que é possível além do capitalismo e, finalmente, abordo as experiências e sugestões recentes sobre a ordem da economia e da sociedade que poderia vir após o capitalismo.

"Socialismo ou barbárie?"

Dois anos após o início da Primeira Guerra Mundial, o primeiro massacre industrializado e organizado por toda a sociedade na história, a social-democrata Rosa Luxemburgo fez a seguinte avaliação da situação, referindo-se a um texto de Friedrich Engels:

> Lancemos um olhar ao nosso redor neste momento e nós compreenderemos o que significa uma recaída da sociedade burguesa na barbárie. Esta Guerra Mundial — isto é uma recaída na barbárie. A vitória do imperialismo leva ao aniquilamento da civilização – esporadicamente durante o curso da guerra moderna e definitivamente se o período de guerras mundiais que se inicia agora

vier a prosseguir sem entraves até suas últimas consequências. Estamos hoje, exatamente como Friedrich Engels havia predito, uma geração antes, há quarenta anos, diante desta escolha: ou o triunfo do imperialismo e a decadência de toda a civilização tendo como consequências, como na Roma antiga, o despovoamento, a desolação, a degenerescência, um grande cemitério; ou a vitória do socialismo, ou seja, da luta consciente do proletariado internacional contra o imperialismo e contra seu método de ação: a guerra[1].

Luta pela vida e pela cultura

Hoje, em 2010, podemos com toda a seriedade fazer referência a 1916? De certa forma, isso me parece certo. No contexto da avaliação de Rosa Luxemburgo da situação mundial naquele momento, há três pontos a serem considerados hoje.

Primeiro, quando Rosa Luxemburgo, em 1916, fala de um "período de guerras mundiais", ela claramente prevê que, no mais longo prazo, a primeira guerra global teria continuidade. Aqui a história já provou que ela estava com a razão. Embora a Europa tenha sido poupada de grandes guerras desde o fim da Segunda Guerra Mundial, não podemos prever o fim das formas "esporádicas" de barbárie, tampouco das permanentes e estruturais. Essa barbárie estrutural se manifesta sobretudo em milhões de mortes de fome no Terceiro Mundo: apenas em termos de morte prematura e evitável de crianças por desnutrição e doenças efetivamente evitáveis, a "paz" desde 1945 mata por ano mais crianças do que pessoas de todos os grupos etários morreram por ano de guerra em média como resultado dos combates[2]. Essas estruturas devem ser consideradas o principal responsável ou pelo menos corresponsável por esta catástrofe diária, na medida em que essas estruturas aparentemente não permitem aos fortes fornecer a assistência necessária aos fracos.

Em segundo lugar, a citação torna-se digna de nota quando voltamos a atenção para a música de acompanhamento propagandística da Primeira Guerra Mundial e relacionamos isso com os debates atuais sobre nossa cultura. O conceito de cultura é um dos mais comuns que se opõem ao conceito de barbárie. No início da Primeira Guerra Mundial, havia convicção generalizada entre os intelectuais alemães de que a guerra era uma "guerra

---

[1] Luxemburgo, 1916, 62.
[2] Os números são da Organização Mundial da Saúde (OMS). Immel; Tränkle, 2007, 92 s.

de crença", na qual era preciso, para o interesse de toda a Europa, salvar o espírito cultural alemão contra o "espírito mercantil" corporificado principalmente na Inglaterra, o idealismo contra o materialismo[3]. Desse modo, foram os defensores da política de guerra imperialista que reivindicaram a cultura para si, enquanto para Rosa Luxemburgo a guerra significava a aniquilação da cultura, justamente a barbárie. E hoje? Hoje, representantes proeminentes da ordem econômica dominante nos dizem que novamente se trata da defesa da cultura, desta vez, é claro, com as armas da palavra. Segundo eles, a cultura da meritocracia está ameaçada, porque a Alemanha está envolvida numa espécie de luta cultural, na qual corre a linha de frente entre os sentimentos populistas, por um lado, e os fatos claros e o pensamento sóbrio, por outro lado, como é encarnado por "economistas bem informados"[4]. Aqui o liberalismo econômico é estilizado como epítome da cultura, e essa cultura é delimitada contra o sentimento maçante das massas não educadas. Só não se ousa falar mais, ou ainda falar, de barbárie.

Uma *terceira* indicação de que estamos realmente numa encruzilhada é encontrada num ensaio da *Spiegel* pelo psicólogo social de Essen Harald Welzer do ano de 2009[5]. Em *Voo cego pelo mundo*, Welzer pergunta sobre a conexão entre nosso conhecimento sobre ameaças atuais e a maneira como reagimos a elas. Embora a situação econômica tenha se deteriorado enormemente desde 2008, a ameaça ecológica vem se desenvolvendo há muito tempo. Os cidadãos e o Estado reagiram até agora de forma semelhante a esses desafios: com serenidade e *"business as usual"*, complementados por um pouco de "gerenciamento de crise". Seu núcleo consiste numa estratégia de dupla mudança: *em primeiro lugar*, adiar o processamento da crise ecológica diante da crise econômica e, *em segundo lugar*, deslocar os atuais fardos para o futuro a fim de superar a crise econômica. Ao contrário do que ocorre por ocasião de catástrofes naturais, a vida cotidiana continua nas catástrofes sociais. O significado das catástrofes sociais dificilmente seria percebido por aqueles que estão no meio delas, especialmente quando os valores mudam furtivamente juntamente com as percepções. Se reunimos nosso conhecimento sobre a situação global objetiva e o conhecimento sobre os padrões subjetivos de reação dos humanos, Welzer vê uma conclusão

---

[3] Sombart, 1915. Cf. também Brocke, 1985.
[4] Segundo Michael Hüther, diretor do Instituto de Economia Alemã, em Colônia, e Thomas Straubhaar, diretor do Instituto de Economia Mundial, em Hamburgo, em seu livro *Gefühlte Ungerechtigkeit*. Hüther; Straubhaar, 2009, 23.
[5] Welzer, 2009.

obrigatória: as correções econômicas e ecológicas não são suficientes; precisamos de uma fundamental "mudança de direção, para fora do impasse".

Especialmente durante a crise, torna-se evidente o quão fatal é quando uma comunidade política não segue nenhuma ideia do que realmente quer ser. As sociedades que satisfazem o cumprimento das necessidades sensoriais exclusivamente por meio do consumo não têm, no momento em que, com uma economia em funcionamento, também desaparece a possibilidade de comprar identidade, significado e felicidade, nenhuma rede que detenha a queda destes.

O "voo cego pelo mundo" é uma metáfora útil para a barbárie estrutural com que nos confrontamos no início do século XXI.

Seleção

Se, por motivos ecológicos, as possibilidades de consumo se reduzirem no futuro previsível, se se verificar que ele não é suficiente para todos, surgirá em condições mais rigorosas a questão de quem deve receber o que. Há quase 20 anos, o historiador de Mannheim Rolf Peter Sieferle, no relatório fictício *Global 2050 – trechos do relatório do Club of Doom*, descreveu de forma muito drástica como poderia ser um futuro que põe no lugar da dignidade igual para todos o princípio da dignidade escalonada na forma de um racismo moderno[6]. Neste cenário, o mundo seria dividido em três partes. As regiões mais pobres seguem vegetando, uma segunda parte da população mundial fornece principalmente matérias-primas para o terceiro grupo, constituído pelas poucas elites industriais em suas ilhas de prosperidade hermeticamente isoladas. Para saber a qual grupo alguém pertence será preciso unicamente medir sua eficiência econômica. Aqueles que são economicamente viáveis estão incluídos no pessoal de uma das poucas corporações multinacionais rigidamente organizadas, que dispõem de tudo o que é necessário para uma vida de riqueza material. A principal tarefa do Estado é afastar o mais rápido possível os que caem fora do círculo das pessoas eficientes e se tornam automaticamente um fator de risco para a segurança interna, enviando-os para guetos, à margem da prosperidade das metrópoles, onde o terceiro mundo surge no meio do primeiro. Deixar as ilhas da prosperidade é algo associado ao perigo da morte, porque em todo

---

[6] Sieferle, 1992.

o mundo, no mar da miséria, bramem guerras civis e as condições ecológicas estão há muito completamente reviradas.

Em seu livro *Hitler como precursor*, com o subtítulo *Auschwitz – o começo do século XXI?*, o autor de Munique Carl Amery, membro do Grupo 47 e durante muitos anos presidente do centro alemão P.E.N Zen, classificou historicamente este cenário de recaída por trás dos padrões elementares de civilização[7]. Amery se opõe ao preconceito de que Hitler veio, por assim dizer, de uma estrela diferente ou das trevas da Idade Média sobre os alemães e os seduziu para a barbárie. A antítese de Amery é: Hitler e o "Terceiro Reich" são precursores do nosso futuro. Em *Minha luta*, Hitler deu "a primeira resposta coerente da modernidade" à questão da sobrevivência num mundo onde os recursos já não são suficientes para todos: o gênero como um todo poderá resistir à luta somente se for assegurado que os mais fortes e valorosos sobrevivam. Neste contexto, Hitler cuidou para que a raça de senhores como "povo sem espaço" pudesse obter um novo espaço vital no Oriente. Em *Minha luta*, Hitler exige explicitamente que se desviem do equívoco "marxista" de que as pessoas têm o mesmo valor e devem se orientar pelo princípio da maioria democrática em todos os assuntos que lhes dizem respeito em comum[8]. Em vez disso, o forte deveria governar o fraco; o valoroso, o menos valoroso. O princípio democrático deveria ser substituído pelo princípio aristocrático. Esta versão do darwinismo é, de acordo com Amery, altamente moderna e promissora, porque, em seu vasto horizonte temporal, toma como base tácita o princípio da sustentabilidade: mas de uma maneira bárbara, abandonando o princípio da dignidade igual para todas as pessoas, considerado normativo e irrenunciável desde o Iluminismo.

Quanto maior o desajuste entre os recursos disponíveis e as pessoas que dependem deles, maiores são as chances de estabelecer um amplo consenso quanto à necessidade de seleções em grande escala[9]. Pensemos em como grande parte dos cidadãos democráticos da República de Weimar, inicialmente em vista da ameaça da crise econômica global e, em seguida, com o sucesso do Estado nazista, estavam prontos em pouco tempo a

---

[7] Amery, 1998.
[8] Hitler, 1925-1927 apud Kühnl, 1975, 113 s.
[9] De acordo com Amery, as formas de seleção mais sofisticadas começaram há muito tempo: prolongar ou encerrar o crédito para os mais pobres, conceder ou negar asilo, incluir ou excluir do mundo do trabalho, pagar ou negar de serviços médicos, o diagnóstico pré-natal e a otimização genética do ser humano.

ignorar a perda dos padrões morais e do Estado de direito para não comprometer o bem-estar material e a carreira. Para Amery, é fácil imaginar que essa política de seleção possa contar com um amplo consenso social na Alemanha e em outros lugares no futuro próximo. Em qualquer caso, a conexão parece plausível: quanto mais a força estrutural das "restrições práticas" econômicas se espalha na mente e no coração das pessoas, mais poderíamos nos aproximar de um racismo que não fixa o valor do homem na cor da pele ou numa prova de descendência ariana, mas apenas por sua utilidade econômica. Pesquisas na Universidade de Leipzig já mostraram que uma parte assustadoramente alta e crescente da população alemã tende a classificar as pessoas de acordo com seu valor econômico e acredita que demasiada atenção já é dada aos fracos em nossa sociedade atual[10]. E quando um dos populistas de direita, como o antigo senador de Berlin para Assuntos Econômicos e presidente do Banco Federal Alemão Thilo Sarrazin, defende, em seu livro *A Alemanha mata-se de trabalhar*[11], o aumento do nível de inteligência da sociedade alemã por medidas de política externa e familiar, ganhando aprovação em vastas partes da sociedade, isso mostra até que ponto essa forma de racismo já floresceu[12]. Uma política de imigração baseada em considerações de utilidade econômica já é amplamente exigida e praticada.

A enérgica advertência de Rosa Luxemburgo contra a barbárie do capitalismo deve, portanto, ser levada a sério hoje, quase 100 anos depois. Somente as formas dessa barbárie mudaram, mas não a substância: a renúncia profunda às realizações civilizacionais. As catástrofes de 1914 a 1918 e as de 1933 a 1945 poderiam, de fato, revelar-se prelúdios em comparação com o que está por vir, quando o nicho ecológico se estreitará ainda mais. Não são as ameaças individuais, mas suas interações, como aquelas entre dificuldades objetivas e formas subjetivas de processamento, que causam a maior preocupação. O que surge quando as duas filosofias contrárias, a orientação pela utilidade *ou* a orientação pela dignidade igual para todas as pessoas, colidem num mundo de escassez crescente, é algo que só pode ser adivinhado. No entanto, como deveria ser hoje a alternativa à barbárie e qual nome ela deveria receber parecem algo muito menos claro hoje — em contraste com 1916.

---

[10] Decker; Brähler, 2006.
[11] Sarrazin, 2010.
[12] De resto, essas ideias para melhorar a qualidade da população também são encontradas em pensadores social-democratas. SZ 31 ago. 2010 e 1 set. 2010.

A utopia do comunismo

Marx importava-se principalmente com o capitalismo, queria entender e explicá-lo. Apenas marginalmente comentou sobre o que o viria depois: o chamado comunismo. Esses enunciados eram muito menos sistemáticos e necessariamente mais especulativos. Do ponto de vista marxista, isso é algo coerente porque, após o fim da lógica capitalista de desenvolvimento, todas as decisões sociais e econômicas derivam unicamente do livre-arbítrio das pessoas que se comunicam e cooperam entre si. Se compararmos os primeiros escritos do jovem Marx com os últimos escritos do Marx maduro, duas ênfases diferentes se tornam evidentes na descrição do que constitui o comunismo: os primeiros escritos enfatizam o seu significado para a condução da vida individual, para a totalidade do desenvolvimento da personalidade; os escritos tardios ressaltam seu significado para a história e a sociedade como um todo.

O novo homem

Um equívoco bastante difundido persiste na cabeça daqueles que culpam Marx por todas as violentas ações de proselitismo que foram efetivamente realizadas em seu nome. Trata-se da concepção de que o comunismo é uma ideia que deve ser disseminada apenas convincentemente entre as pessoas para que se torne realidade (ver capítulo 7). Marx e Engels expressaram-se com muita clareza sobre este ponto: mesmo que a ideia de uma revolução comunista seja "pronunciada cem vezes", isso não terá efeito algum sobre seu desenvolvimento real[13].

Redução das horas de trabalho e suspensão da divisão de trabalho

Como vimos, de acordo com Marx, a precondição decisiva para o comunismo é um grau de desdobramento da força produtiva que possibilita sair-se bem com uma fração do tempo de trabalho atual. Mas para Marx uma drástica redução do tempo de trabalho necessário também é alcançável pela distribuição uniforme do trabalho na sociedade, a qual seria possível pela primeira vez na história humana na fase de preparação para o comunismo, o socialismo.

---

[13] *MEW* 3, 39.

Se todos têm de trabalhar, a oposição entre os que trabalham em excesso e os ociosos é eliminada... a sociedade produzirá a abundância necessária em seis horas, mais do que agora em doze e, ao mesmo tempo, cada seis horas tornam-se tempo disponível; ela terá a verdadeira riqueza: o tempo que não é absorvido pelo trabalho diretamente produtivo, mas para a fruição, o ócio, de modo que dê espaço à atividade livre e ao desenvolvimento. O tempo é o *espaço* para o desenvolvimento das faculdades...[14]

A alta produtividade e a distribuição uniforme do trabalho têm consequências de longo alcance. Com elas, o ser humano não está mais fixado numa determinada atividade durante toda a vida, mas pode alternar entre diferentes atividades. Marx não explica com mais detalhes como exatamente isso é feito. Por exemplo, seria interessante a questão de saber como lidar com as atividades desagradáveis ou perigosas que não podem ser substituídas pelo trabalho da máquina. Elas são distribuídas em processo de rotação ou sorteadas? Como são recompensadas etc.? Devido às forças produtivas altamente desenvolvidas, a maior parte do trabalho necessário é feito por máquinas; então, sempre há espaço livre para a experimentação individual. Marx ilustra o que a superação da divisão do trabalho poderia significar concretamente em termos de qualidade de vida. Seria possível "fazer hoje uma coisa, amanhã outra, caçar de manhã, pescar à tarde, pastorear à noite, fazer crítica depois da refeição, e tudo isto a meu bel-prazer, sem por isso me tornar caçador, pescador ou crítico"[15]. Para Marx, aqui é importante o modo de vida integral, e ele pressupõe que, de alguma forma, vamos adquirir as qualificações necessárias[16].

É importante, acima de tudo, a abolição da divisão do trabalho entre trabalho manual e trabalho intelectual. Recordemos brevemente como essa relação era sob condições pré-capitalistas e como é sob condições capitalistas (ver capítulo 1). Quanto mais a divisão do trabalho avança, mais o trabalho manual e o trabalho intelectual ocorrem em esferas separadas; a cabeça pode imaginar ser algo melhor do que a mão. Os trabalhadores manuais fazem o trabalho, os trabalhadores intelectuais organizam o todo. Quanto mais avança a especialização da mão e do intelecto, mais difícil se torna

---

[14] Id., 26.3, 252. Itálicos no original.
[15] Id., 3, 33.
[16] Iring Fetscher enfatiza numa entrevista ao site *remarx* que este ponto na utopia de Marx permaneceu importante até hoje. Disponível em: <www.remarx.de/impressum.html>. Acesso em: 22 mar. 2009, p. 13 ss.

a retroalimentação entre os dois, menos provável é que um lado se mova para o outro, que ambos não só possam encontrar o mesmo idioma, mas também apreciar as atividades um do outro. Para que essa separação seja superada após o fim do capitalismo, os trabalhadores manuais devem, por um lado, ser capacitados para o trabalho intelectual por meio de oportunidades de educação e participação; e, por outro lado, os trabalhadores intelectuais podem fazer uma referência prática permanente ao trabalho manual. De qualquer maneira, o comunismo está, para Marx, ligado a um alto nível de educação popular, sem o qual não se pode imaginar uma "associação de pessoas livres" — mas teria de ser uma educação gratuita!

Trabalho e amor

No capitalismo, o trabalho é o meio de vida para a maioria das pessoas. Mesmo que muitos se absorvam em seu trabalho, o fato é que as condições nas quais se trabalha são determinadas pelos proprietários privados dos meios de produção e pela realidade do mercado. Isso explica por que o trabalho no capitalismo é sempre percebido como oportunidade de autorrealização apenas para uma parte privilegiada da sociedade. No socialismo, de acordo com Marx, os meios de produção estão nas mãos dos produtores, mas as condições de produção continuam a ser parcialmente definidas por fatores externos, sobretudo pela obrigação de seguir aumentando as forças produtivas para realmente satisfazer todas as necessidades básicas. Somente no comunismo, o significado do trabalho para a vida tem uma mudança fundamental: torna-se um fim em si mesmo e, como acredita Marx, perde os últimos remanescentes da alienação. Em todas as revoluções anteriores, de acordo com Marx, apenas as relações de poder externas em relação ao trabalho são alteradas: quem trabalha para quem? Quem recebe o quê? Quem determina os objetos e métodos de trabalho? Somente o comunismo remove a alienação do trabalho em todas as suas dimensões (ver capítulo 3).

Como Marx caracteriza o trabalho não alienado, de certa forma o ápice de sua utopia? Esta parte da obra de Marx é a mais difícil de entender para o leitor do século XXI. O trabalho não alienado é chamado "atividade" por Marx. O trabalho não alienado é distinguido por quatro características[17]. *Em primeiro lugar*, ele é a afirmação e acionamento da individualidade do

---

[17] Para o trecho seguinte, MEGA I, 3 Excertos, 546 ss.

homem. Pois nele o ser humano goza de sua peculiaridade, suas habilidades, seu poder criativo. *Em segundo lugar*, é a afirmação e acionamento da relação com seu semelhante, para quem o resultado da atividade se destina. Porque nele o homem percebe, com prazer, que satisfaz outra necessidade, que ele causa felicidade. *Em terceiro lugar*, ele é para o homem o mediador para o ser genérico. Pois nele ele descobre que o outro o reconhece como seu complemento, que o outro lhe é grato. E, *em quarto lugar*, é a produção imediata da vida humana. Pois nele o homem cria não só a si mesmo, mas também cria a relação entre ele e sua contraparte; cria o pressuposto da atividade do outro para si mesmo; ele se cria a si mesmo e à sua contraparte como seres da comunidade. Como seria, então, se realizássemos um trabalho não alienado? "Nossas produções seriam outros tantos espelhos em que nossos seres resplandecem uns para os outros."[18]

O trabalho não alienado neste sentido de atividade tem pouco a ver com a racionalidade individual orientada a fins, e muito a ver com prazer compartilhado. Ele vai de mãos dadas com uma nova qualidade de relações interpessoais. A comunidade já não é vivenciada como limite, mas como precondição e enriquecimento da individualidade. Trabalhar no próprio jardim e montar um presente para um ente querido, cuidar de crianças, doentes e idosos, conversar com uma pessoa que procura conselhos, organizar celebrações, compor músicas ou ensaiar um papel para uma peça de teatro podem ser exemplos de atividades não alienadas. Ou o trabalho que é feito no engajamento cívico ou em projetos de desenvolvimento por amor ao ser humano, ou no mosteiro para louvor de Deus. O monge beneditino Anselm Grün recorda um capítulo da *Regra de São Bento* dedicado aos artesãos: "Como eles trabalham e manipulam os produtos de seu trabalho decide se são guiados por cobiça e ganância ou se estão preocupados com a glorificação de Deus"[19]. O trabalho não alienado também é acompanhado por uma nova qualidade do relacionamento entre o homem e sua natureza interior e externa: ele cura a sensualidade que se tornou doentia no capitalismo, afia a capacidade de ver, ouvir, cheirar, saborear, pensar etc. E aumenta a consciência da própria vida, a integração do ser humano na natureza e no cosmos. Em suma, o trabalho não alienado torna o homem um ser de múltiplos lados[20].

---

[18] Ibid.
[19] Grün, 2007, 161.
[20] Para continuação da conexão entre trabalho e amor, cf., por exemplo, Krebs, 2002.

A livre associação de produtores

Nos escritos tardios, a noção de abolição da divisão do trabalho e da rotação de atividades, que acompanha o desenvolvimento da personalidade humana, passa para o segundo plano. Agora Marx pergunta, acima de tudo, pela ordem social em que a conexão entre os trabalhos divididos pode ser produzida de uma maneira nova. Devido ao alto nível de desenvolvimento das forças produtivas e ao alto nível de educação das pessoas, é possível que todos tenham uma visão do contexto geral da produção. Em tal ordem econômica, que Marx chama de "livre associação de produtores", os humanos regulam "racionalmente" seu metabolismo com a natureza, colocam-no sob "controle comunitário", cuidando para que ele seja realizado com "o mínimo emprego de forças e sob as condições mais dignas e adequadas à sua natureza humana". No lugar de rotação no nível do trabalho em si entra agora a delegação no nível da decisão como novo princípio organizacional: a decisão sobre a divisão do trabalho, a forma de sua execução, o emprego dos rendimentos. "Mas esse permanece sempre um reino da necessidade. Além dele começa o desenvolvimento das forças humanas, que vale como fim em si mesmo, o verdadeiro reino da liberdade, que, entretanto, só pode desabrochar sobre o reino da necessidade como sua base."[21]

Conscientemente pela primeira vez

A reivindicação histórica do comunismo é potente.

> O comunismo distingue-se de todos os movimentos anteriores por transformar radicalmente a base de todas as relações de produção e de intercâmbio anteriores e por tratar conscientemente pela primeira vez todas as premissas naturais como criação dos homens que existiram até então, por despi-las da sua naturalidade e submetê-las ao poder dos indivíduos unidos[22].

Por "natural" não se entende a própria natureza, mas o caráter descontrolado do desenvolvimento sob o ditame da compulsão de acumulação. Quais novas possibilidades surgem quando a própria sociedade pode controlar a produção de sua vida, porque ela própria possui os meios que são empregados na produção? Se traduzimos a visão marxista para nossa

---

[21] *MEW* 25, 828.
[22] Id., 3, 70.

linguagem e a especificamos um pouco: a disposição social sobre os meios de produção no sentido de Marx é concebível apenas como democracia econômica. A economia teria de sofrer uma mudança semelhante àquela que ocorreu com o Estado entre monarquia absolutista no século XVIII e república democrática no século XX. O homem deveria se tornar o soberano do processo econômico — do trabalho, do consumo, da poupança e do investimento. Uma consequência central dos dois últimos aspectos seria que agora são os próprios produtores que decidem sobre o uso das possibilidades materiais incrementadas pelo progresso da produtividade. Somente depois de superar as "restrições práticas" capitalistas, pode-se conscientemente decidir se o aumento de valores deve ser sempre reinvestido e para que fins este excedente pode ser empregado: por exemplo, para facilitação ou redução do trabalho, desmaterialização da riqueza, aumento da sustentabilidade do estilo de vida, assistência para aqueles que ainda estão desatendidos. Somente em tal democracia econômica, as pessoas podem tomar seu futuro nas próprias mãos. A questão de como queremos viver hoje, amanhã e depois de amanhã passa para o centro da configuração da vida individual e coletiva.

Fecundação mútua de indivíduo e sociedade

A sociedade molda o ser humano, e este molda a sociedade (ver capítulo 1). Logicamente, também encontramos essa inter-relação no contexto da alienação e sua superação. De acordo com Marx, aqueles que crescem sob condições alienadas contribuem, eles próprios, para a alienação em seu entorno. E quem for capaz de libertar-se de condições alienadas também tornará a libertação mais fácil para os outros. A autotransformação e a mudança do entorno serão mutuamente benéficas. Quando as condições materiais já foram criadas, surgem possibilidades totalmente novas para superar o trabalho alienado, e a humanidade e o amor como princípios sociais recebem uma oportunidade histórica. Para Marx, é precisamente nisto que consiste o segredo do êxito de uma prática revolucionária[23].

Como o leitor crítico do século XXI deve objetar, as exigências sobre a mudança humana são consideráveis sobre este plano de fundo: os humanos devem, ao mesmo tempo, desenvolver-se plenamente como seres individuais e como seres sociais e genéricos. Visto que, além do capitalismo,

---

[23] Cf. também Fetscher, 1999, 72 ss.

também cai a separação de sociedade e Estado, as pessoas devem acolher o Estado em seu íntimo, por assim dizer. Somente quando o ser humano

> se converte, como homem individual, em ser *genérico*, em seu trabalho individual e em suas relações individuais, somente quando o homem tiver reconhecido e organizado suas *"forces propres"* [suas capacidades individuais] como forças *sociais* e quando, portanto, já não separar de si a força social sob a forma de força *política*, somente então se processa a emancipação humana[24].

Por mais altas que sejam as exigências ao homem, é importante considerar quais precondições sociais, por causa da alta produtividade do trabalho, da grande proporção de tempo livre, da diversidade de suas atividades e do alto nível de desenvolvimento intelectual, estão à disposição das pessoas para cumprimento de tais exigências. Bons objetivos e boas precondições, como é evidentemente a expectativa marxista, geram uma dinâmica que leva a esferas completamente novas da humanidade e da socialidade.

"De cada um conforme suas capacidades, a cada um segundo suas necessidades!"[25] Esta é a fórmula abreviada do comunismo. Nela, Marx indica como deve ser a relação entre o indivíduo e a sociedade. Com os critérios "capacidade" e "necessidade", o comunismo renuncia explicitamente a qualquer compensação entre o que alguém dá à sociedade e o que ele obtém dela. A partir disto pode-se concluir que Marx leva radicalmente a sério o valor intrínseco do indivíduo: não é o homem que existe para a sociedade, mas a sociedade que existe para o homem. Com isso, aquele objetivo que o liberalismo sempre proclama, mas do qual se distancia cada vez mais por causa do caminho errado que tomou, desloca-se para uma proximidade acessível no comunismo, como Marx o vê[26].

Alternativas

O fato de os conhecimentos das formas não-capitalistas de economia e a imaginação em termos de ordem econômica serem tão raros hoje prova apenas quão longe a uniformidade intelectual avançou (ver capítulo 5). Os seguintes conceitos e visões se alimentam de diferentes tradições, que podem ser descobertas pela busca de traços além do caminho trilhado do

---

[24] MEW 1, 370. Itálicos no original.
[25] Id., 19, 21.
[26] Zintl, 2005, 187 s.

mainstream. Eles devem comunicar uma ideia das muitas alternativas ao capitalismo. No entanto, o leitor não deve esperar receitas prontas. Trata-se de modelos que devem inicialmente ser tomados em consideração — como pré-requisitos para uma ampla discussão social[27]. O que todos eles têm em comum é que dão especial atenção à importância central do trabalho para a dignidade do homem e, portanto, estão empenhados em encontrar medidas especiais contra o desemprego as condições de trabalho desumanas[28].

Economia dual

O modelo da economia dual deve-se, em grande parte, ao movimento de 1968, que, além de uma mudança de política geral, estava principalmente interessado num estilo de vida alternativo[29]. Na economia dual, a atividade econômica é dividida em um setor comercial e um de trabalho próprio, não remunerado. O modelo dual baseia-se no fato histórico de que, no decorrer do surgimento da sociedade moderna, cada vez mais necessidades, outrora atendidas pelo trabalho próprio no círculo da família, do bairro, da associação, são satisfeitas pela compra de bens e de prestações de serviços, que é acompanhada pela obrigação de um trabalho remunerado determinado por fatores externos. A ideia básica da economia dual consiste agora em retomar algumas dessas atividades do campo do trabalho remunerado e convertê-las de volta em trabalho próprio, não remunerado. Isto se aplica, sobretudo, ao setor de serviços cada vez mais importante e também ao setor artesanal. O resto do trabalho, especialmente grandes partes da produção industrial, ainda deve, de acordo com o modelo duplo, ser fornecido como trabalho externo, ou seja, trabalho assalariado.

O fator decisivo para este conceito é que todos possam decidir por si próprios quanto trabalho próprio e quanto trabalho externo querem executar. Existem muitas experiências com esta alternativa. No sentido mais amplo, todo o setor sem fins lucrativos pode ser visto como um precursor do estabelecimento da economia dual. O movimento de rede que começou na Alemanha na década de 1970 demonstrou que essa atividade econômica também é, em princípio, possível no setor comercial. Naquela época, as ideias da geração de 68 eram a principal força motriz para a construção de um setor econômico alternativo. Hoje, há um segundo motivo: a exclusão

---
[27] Detalhadamente em Reheis 1996, 169-197.
[28] Cf. um aprofundamento a esse respeito em Negt, 2001.
[29] Por exemplo, Huber, 1979.

de grandes setores da força de trabalho do setor econômico dominante em quase todas as economias do mundo, independentemente do grau de sua industrialização. É possível ver um novo impulso da dupla economia nas plataformas de trocas que existem em muitas grandes cidades europeias, que permitem o intercâmbio de serviços sem a mediação do dinheiro e abrem para muitas pessoas uma perspectiva além do trabalho remunerado.

Economia de mercado modificada

Outro grupo de conceitos alternativos que vêm de diferentes tradições vai mais longe do que a economia dual. O que eles têm em comum é que eles querem mudar radicalmente a ordem econômica geral. Ao mesmo tempo, no entanto, a base do princípio de mercado que nos é familiar não deve ser abandonada; pelo contrário, deve realmente ser ressaltada. O objetivo é desacoplar o mercado do capital; portanto, pautar-se em certa medida pela produção simples de mercadorias. Este conceito levanta a pretensão de manter coerentemente a ideia central liberal que é subjacente à ideia de mercado desde o início: a justiça da troca. O princípio da justiça da troca inclui, em última instância, a ideia de que o desempenho e sua compensação devem estar numa relação de equivalência entre si, o que também requer desmontar de maneira gradual, mas fundamental, a desigualdade estrutural entre aqueles que possuem apenas sua força de trabalho e aqueles que possuem os meios de produção e, assim, rechaçar o elemento capitalista.

Essa economia de mercado assim modificada pode ser buscada de pelo menos três maneiras. A *primeira* variante parte do nível de renda e usa o instrumento de tributação que conhecemos do conceito de economia social de mercado. Quando se fala da justiça de troca e da equivalência de desempenho, o grupo de referência evidentemente não deve ser, numa compreensão coerentemente liberal, a dinastia familiar, mas apenas o indivíduo. Por isso, um imposto sobre herança bastante alto, por exemplo, poderia garantir que os desempenhos antecipados dos pais e avós beneficiassem de maneira uniforme a geração vindoura — como o investimento em educação, como capital inicial para formação de empresa, como renda básica incondicional etc. A tendência seria, então, que todos tivessem as mesmas chances iniciais, ninguém poderia repousar sobre os desempenhos prévios dos pais, avós etc. De igual maneira, isso contribuiria para aumentar a justiça da troca se um imposto igualasse as chances iniciais estruturalmente díspares de empresas.

Assim, um imposto para os grandes e velozes, semelhante ao muito discutido imposto sobre máquinas, poderia frear grandes corporações industriais, mas inspirar pequenas empresas de trabalho manual[30]. Isso claramente suavizaria o princípio predominante no capitalismo do "cresça ou pereça!".

Uma *segunda* variante de alteração no sistema de mercado visa a função do dinheiro. O ponto de partida é a crítica do mecanismo de juro composto, a qual remonta a raízes religiosas, antroposóficas e de espírito livre. Na Alemanha, o empresário Silvio Gesell, que por um breve período foi Ministro das Finanças na República Soviética da Baviera após a Primeira Guerra Mundial, tornou-se um dos pioneiros intelectuais dessa ideia. Os juros são pagos não só aos bancos para empréstimos voluntários, mas também involuntariamente aos locadores, aos fornecedores de água, gás e eletricidade, comerciantes de automóveis e víveres, agentes de viagens etc. e também ao Estado, porque em quase todos os preços, bem como nos impostos, estão embutidos juros para serviços de empréstimo, numa escala grande e em constante crescimento. O serviço de pagamento de juros é agora o segundo maior item orçamentário no orçamento federal alemão. Estas são contribuições obrigatórias dos consumidores para os proprietários de ativos monetários, que os fazem "trabalhar" para eles. A introdução de um dinheiro não apenas livre de juros, mas até mesmo "enferrujando" eliminaria a renda de juros sem desempenho. Aproximadamente 10% da sociedade seria claramente prejudicada por tal reforma monetária, porque até agora seus rendimentos com juros ultrapassa as despesas com juros; para outros 10%, os pagamentos de juros e as receitas com juros se neutralizariam reciprocamente; mas, para 80%, haveria uma vantagem clara. De acordo com os cálculos do teórico monetário Helmut Creutz, nós agora precisaríamos, em média, de um terço a menos de trabalho, se os pagamentos de juros cessassem de existir[31]. Mas, uma vez que as taxas de juros são apenas parte da mais-valia que, segundo Marx, é privada aos trabalhadores, a abolição das taxas de juros não eliminaria completamente a exploração — a qual, no entanto, seria ao menos aliviada.

A *terceira* possibilidade para conter a dinâmica de crescimento e destruição da economia de mercado capitalista foi desenvolvida por reformistas no bloco oriental, bem como por economistas progressistas no Ocidente, que se chamavam de ordoliberais ou neoclássicos radicais. Ela se fixa nas ideias

---

[30] Kafka, 1994, 169.
[31] Por exemplo, Creutz, 1993, 179.

do liberalismo e pretende, exatamente por isso, superar a forma capitalista da economia de mercado em favor de uma economia de constituição cooperativa[32]. A ideia básica é que, se os funcionários também são proprietários de seus meios de produção, eles não só vão se envolver mais em seu local de trabalho, mas, além disso, poderiam se desenvolver melhor no trabalho como seres humanos. Como essa economia de mercado cooperativa se concentra nos interesses dos trabalhadores em vez dos interesses de exploração de capital, esse conceito de economia de mercado, com base na palavra latina *"labor"* para "trabalho", também é chamado de "laborismo". É verdade que as empresas laboristas também competem e são recompensadas nos mercados por seus serviços. Mas há um contrapeso sério para a fixação no lucro monetário: os interesses de trabalho e de vida dos empregados na empresa. Por serem eles próprios que possuem o negócio, eles mesmos podem — e devem — pesar os interesses dos funcionários e os interesses empresariais. É claro que o perigo de autoexploração não pode ser descartado, razão pela qual uma economia laborista sem condições gerais políticas correspondentes não pode sobreviver.

Democracia econômica discursiva

Quando Marx fala de uma "associação livre" ou uma "associação de pessoas livres" como epítome de uma ordem econômica e social comunista, ele está se referindo, como constatado acima, a uma democracia econômica. Porque, nas democracias, todas as pessoas participam igualmente dos direitos e deveres da comunidade, uma democracia econômica deve, em princípio, abrir a todas as pessoas o mesmo acesso às riquezas da terra. E se a coordenação descentralizada do mercado não pode garantir isso, permanece apenas o plano central. No entanto, a palavra "economia planificada", como marca de uma democracia econômica, conduz ao erro. Pois sempre deve haver planejamento, na vida como um todo e também, claro, na economia de mercado. Em vez disso, o que importa é quem planeja e com que finalidade. Na economia de mercado capitalista, o planejador é um empreendedor privado que, no quadro dos requisitos legais e tarifários, dispõe de sua empresa com relativa soberania e deve prestar contas, sobretudo, a seus credores. Em contraste, numa economia democrática planificada, também chamada de sistema de conselhos, o planejador é uma autoridade

---

[32] Por exemplo, Sik, 1985; Vogt, 1986.

pública, que tem de responder a um órgão político, a um "conselho". E o propósito de planejar em nome do interesse público não é a obtenção de lucros privados, mas o fornecimento direto às pessoas daquilo que elas necessitam de acordo com o plano.

Portanto, o ponto de partida de todos os processos de planejamento em tal sistema econômico é identificar as necessidades ou carências das pessoas. Na medida em que o que conta são os valores de uso, em vez dos valores de troca, a economia democrática serve ao interesse público. Os serviços de interesse geral incluem dar prioridade às necessidades básicas, ou seja, necessidades biológicas, sociais e psicológicas de consumo e trabalho, em relação às necessidades de luxo. Quanto menor a polarização em pobres e ricos, quanto mais duradouras e sustentáveis são as estratégias econômicas e quanto menos as pessoas se fixam na elevação do fornecimento de bens materiais como epítome da "boa vida", mais fácil é definir na sociedade os bens e serviços necessários para atender às necessidades básicas.

As experiências do stalinismo mostram como é decisiva a participação abrangente de todos os envolvidos para que uma economia planificada cumpra o preceito da autodeterminação do homem. Já em 1919, o marxista alemão crítico Karl Korsch apontou, em relação à incipiente ditadura na União Soviética, que o funcionamento do sistema de conselhos não depende exclusivamente da transformação do sistema de propriedade[33]. Segundo Korsch, o sistema está decisivamente ligado à questão de saber se o planejamento estatal a partir de cima é complementado por um controle dos trabalhadores a partir de baixo. Numa visão retrospectiva está claro: nas condições do início da industrialização, havia na Rússia, desde o começo, grandes obstáculos ao planejamento democrático. Hoje, a situação é fundamentalmente diferente daquela após a Primeira Guerra Mundial na Rússia, e depois da Segunda Guerra Mundial na Europa Oriental e na Alemanha Oriental. As tecnologias de informação e comunicação do século XXI, bem como as experiências e demandas de economias democráticas agora já existentes, oferecem nas regiões altamente desenvolvidas do mundo oportunidades incomparavelmente melhores para uma atividade econômica planejada e controlada de maneira verdadeiramente pública[34].

Numa ordem econômica democrática, importa, sobretudo, a qualidade dos processos de tomada de decisão, ou mais precisamente: dos discursos que

---

[33] Korsch, 1919, apud Fetscher, 1983, 848.
[34] Para um aprofundamento, cf. Cockshott; Cottrell, 2006.

os precedem. Para que as pessoas sejam realmente os soberanos da economia, todos os afetados pelo evento devem se tornar participantes: os trabalhadores, os consumidores, os moradores e, claro, os proprietários dos meios de produção. Idealmente, a medida de afetação deve ser a medida de influência nas decisões. Isso exige neutralizar a influência, dominante no capitalismo, dos proprietários dos meios de produção. O especialista em ética empresarial suíço Peter Ulrich defende a noção de uma "constituição empresarial aberta", na qual todos os afetados pela empresa são tornados participantes e, num discurso livre de dominação, lutam pelas melhores decisões. Isso pressupõe, entre outras coisas, que não haja monopólios de informações e que, pelo contrário, todos os tomadores de decisão tenham o mesmo acesso a todos os dados. É importante que todas as questões de configuração do futuro, de pesquisa e desenvolvimento de novos produtos também sejam decididas em tais discursos abertos. Os lugares onde se decide sobre como as pessoas querem viver amanhã não são círculos herméticos e responsáveis apenas frente aos acionistas ou ao *Politburo*, mas sim as "oficinas sobre o futuro"[35], numa democracia econômica discursivamente expandida. Onde quer que as pessoas tenham necessidades que podem ou devem estar satisfeitas por meio do trabalho, é preciso organizar este trabalho de forma democrática: como trabalho de cidadão ou cooperativo deve ser organizado primordialmente por associações ou pela comuna; e por serviços públicos estatais nos campos de educação, saúde, habitação comunicação e tráfego etc.

O fornecimento comunal de energia, por exemplo

Quais outras consequências haverá se empresas públicas conduzidas democraticamente, e não grandes empresas capitalistas, cuidarem da satisfação das necessidades? Tomemos como exemplo o setor energético alemão[36]. Em vez de permitir que poucas grandes companhias energéticas mantenham as usinas nucleares funcionando por mais tempo, como aconteceu no verão de 2010, uma política de energia alternativa que se vê comprometida com o conceito de democracia econômica teria de quebrar o poder concentrado dessas corporações, descentralizar o fornecimento de energia e restituir a autoridade de decisão da política energética à sociedade politicamente constituída. Ao mesmo tempo, as comunas, como o nível político

---

[35] Este conceito é do futurologista Robert Jungk.
[36] Garnreiter; Schmid; Schuhler, 2008.

mais diretamente ligado às condições de vida e moradia dos seres humanos, desempenhariam uma função fundamental. Se as redes de eletricidade — bem como estradas e vias férreas — fossem propriedade pública, seria possível garantir sem grandes dificuldades que a eletricidade renovável fosse privilegiada na alimentação na rede e, no consumo, os grandes clientes até então privilegiados fossem igualados com os demais ou até mesmo desfavorecidos.

Se as comunas, com a ajuda de seus serviços públicos municipais, que teriam de ser coerentemente responsáveis frente aos parlamentos locais, fossem os centros de fornecimento de eletricidade, todo o suprimento de energia seria radicalmente descentralizado, porque seria criado um incentivo maciço para gerar a eletricidade o mais próximo possível do consumidor, utilizar o calor residual na geração de energia (produção combinada de calor e energia) e acelerar o isolamento térmico de edifícios. Considere-se que a atual estrutura de fornecimento de energia centralizada gera enormes quantidades de "dejetos de calor", isto é, calor residual não utilizado, porque cerca de 60% da energia utilizada nas usinas termoelétricas para geração de energia é perdida. E se o uso de excedentes obtidos no setor energético não fosse decidido por proprietários privados com interesses privados, mas conselhos democraticamente legitimados pelos cidadãos, eles poderiam ser usados de acordo com as prioridades dos membros desses conselhos ou, em última instância, de seus constituintes. Por exemplo, os excedentes podem ser usados para pesquisar e desenvolver um fornecimento de energia verdadeiramente sustentável, ou para apoiar os Estados que ainda não são capazes de tal tecnologia — mas ainda têm de sofrer sob as consequências da energia solar até então centralizada, esbanjadora, e as da política energética, que em grande parte ignora a energia solar.

De volta ao básico: se tudo o que acontece numa ordem econômica democrática não depende das chamadas "restrições práticas", mas, em última análise, da vontade das pessoas, então o fetiche da mercadoria é superado (ver capítulo 5). É verdade que, mesmo numa economia publicamente planificada, haverá grupos com diferentes interesses e diferentes possibilidades de impô-los, até mesmo contra todas as razões macroeconômicas e contra qualquer ética da sustentabilidade e da dignidade humana. Mas isso não *precisa* ser assim. Aqui há um contraste fundamental com o capitalismo, em que a razão macroeconômica e a consideração pela natureza e pelo homem são sistematicamente punidas em virtude de sua contradição fundamental — neste caso entre a razão individual e a razão coletiva (ver capítulo

2). É certo que também existem chances desiguais nos discursos, por causa de habilidades comunicativas desiguais. Mas não há *feedback* automático e acumulação de vantagens de um lado, e desvantagens de outro, como é o caso na lógica de acumulação capitalista, em que de um trimestre para outro, de um ano fiscal para outro, as desigualdades de condições geralmente continuam e se fortalecem. Numa economia planificada discursivamente estendida, isto é, de base democrática, as cartas podem, por princípio, ser novamente embaralhadas após cada discurso.

O que uma ordem pós-capitalista deve fazer

Deve-se exigir de uma ordem pós-capitalista que ela possa tornar crível sua superioridade técnica e moral. Como avaliar os modelos alternativos descritos neste capítulo diante desse plano de fundo?

Em primeiro lugar: todas as alternativas são baseadas em princípios e instituições confiáveis e comprovadas. A primeira coisa que conta aqui é a ideia da autodeterminação do ser humano. Os modelos alternativos fazem uso do mercado ou da democracia como instituições que, quando implementadas corretamente, garantem que aconteça o que é desejado pela maioria das pessoas. Na questão da delimitação das responsabilidades, os modelos alternativos estão bem conectados ao princípio da subsidiariedade derivado da doutrina social cristã: a competência cabe primeiro sempre à instância mais inferior, ou seja, o indivíduo, depois à família, então à comuna etc. Somente quando a instância competente está sobrecarregada, entra em cena a próxima instância mais alta.

Em segundo lugar: a arte de uma constituição econômica viável consiste em combinar elementos desses três modelos alternativos de tal forma que a construção geral atenda ao objetivo da "boa vida" para todos. Cada um dos três modelos tem suas próprias forças específicas: o modelo da economia dual garante que todos possam decidir por si mesmos quanto trabalho alienado querem exigir de si mesmos. A economia de mercado modificada deixa intactos os esforços de coordenação do mercado, reconhecidos em princípio por muitos críticos do capitalismo. No entanto, minimiza as desigualdades estruturais que, no mercado capitalista, abolem a justiça da troca mediante o poder do dinheiro e do capital. Afinal, a economia democraticamente planejada e controlada é a única que pode garantir, a partir do seu conceito básico, que as forças individuais e os recursos naturais, já de antemão, sejam tratados cuidadosamente e que as oportunidades de prestar serviços para a sociedade e obter reconhecimento por eles sejam distribuídas uniformemente. Embora não haja garantia de que essas oportunidades serão usadas, elas existem.

Em terceiro: a ética de doar e ajudar terá uma chance somente quando os processos de mercado forem coerentemente eliminados, ou seja, na parte do trabalho próprio da economia dual e na economia democrática planificada. Isto se aplica, em princípio, a Estados, empresários e também funcionários. Somente onde o princípio da troca de mercado é completamente abolido, aquele que doa dinheiro ou tempo para cuidar dos outros em vez de si mesmo continua livre de punição no sentido econômico. As regras do jogo de uma economia da troca baseada na concorrência quase sempre obrigam os participantes do mercado a uma maximização de seus benefícios *individuais* a serem definidos materialmente, à acumulação *individual*. Embora na prática possa haver margem de manobra para a ação altruísta, o trocar e o cuidar obedecem, fundamentalmente, a princípios ético-morais contrários.

E *em quarto lugar*: quanto mais a sociedade perseguir aquela combinação de modelos mais adequados a ela, mais claramente a produção da vida pode sair do espartilho da "lógica material" econômica e fazer justiça mais plena às bases e peculiaridades da natureza, da cultura, da sociedade e do indivíduo.

Resumo

A ideia de que uma ordem diferente de economia e sociedade além do capitalismo poderia ser possível já requer enorme imaginação social. Isto é especialmente verdadeiro para a questão de como imaginá-la. Marx queria analisar, sobretudo, o capitalismo. Por isto, suas asserções dispersas e relativamente não sistemáticas sobre a utopia do comunismo permanecem um pouco indeterminadas, mas certamente delimitam os contornos de um mundo além do capitalismo. Enquanto em seus primeiros escritos predomina a visão de um indivíduo desdobrado em múltiplos lados e da superação da divisão do trabalho, Marx em *O Capital* enfatiza a organização consciente da divisão do trabalho numa "associação de pessoas livres". Há alguns indícios de que, para Marx, o critério do comunismo não era uma ideia determinada sobre a sociedade, mas o grau de autodesenvolvimento do indivíduo. Em parte seguindo Marx e, em parte, fora da tradição marxista, ideias-modelo foram desenvolvidas e parcialmente testadas no século passado, que podem ser vistas como alternativas ao capitalismo. Seu objetivo é devolver ao homem tornado impotente por estruturas superdominantes a soberania sobre sua vida. Como o trabalho conecta o homem com a natureza e seus iguais, a reapropriação do trabalho por meio de sua configuração social consciente é a tarefa central de uma utopia pós-capitalista. Presumivelmente, somente em combinação entre si esses conceitos podem produzir o que se deve esperar numa ordem pós-capitalista: levar a sério os princípios orientadores do Iluminismo e, ao mesmo tempo, respeitar os fundamentos da vida. Se estas ordens não-capitalistas ou pós-capitalistas devem ser chamadas no século XXI de "socialistas" ou mesmo "comunistas" e se isso deve realmente ser feito é algo questionável devido ao tratamento abusivo desses termos no século XX.

9

Fundamentos da vida

"Num porto da costa ocidental da Europa está um velho e andrajoso pescador a dormitar no seu barco."[1] Assim começa um belo conto de Heinrich Böll com o título provocativo *Anedota acerca do afundamento da moral do trabalho*. Trata-se de um turista que tem um encontro com um pescador em férias, que o deixa pensativo. Depois que o turista despertou o pescador com seu fotografar e o aborreceu intensamente em sua sesta com suas perguntas e sugestões para o aumento do rendimento da pescaria, o pescador taciturno faz uma pergunta simples: "E depois?" Então ele poderia, de acordo com o turista, deitar-se e cochilar calmamente ao sol. "Mas já faço isso agora", diz o pescador, acrescentando que infelizmente fora perturbado. E "assim se retirou o ilustre turista, pensativo. Também ele acreditara que trabalhava

---

[1] Böll, 1963.

para um dia deixar de trabalhar, e assim desapareceu aquele sentimento de piedade pelo andrajoso pescador, restando apenas uma ponta de inveja". — O relato documental sobre um viajante que, no final dos anos 1980, conhece uma família de pescadores da tribo Evenque morando nas margens do Lago Baikal mostra como esse conto é realista[2]. Este relato de viagem é interessante porque não só, como Böll, fala da relação entre trabalho, vida e felicidade, mas também de concepções de progresso histórico e do papel do dinheiro na questão de lidar com os fundamentos naturais da vida. O pescador do Lago Baikal tem um filho que abre novos caminhos. O filho toma emprestado um barco do vizinho para sair novamente para a pesca matinal. Ele quer pescar mais do que o necessário para suas próprias necessidades. Ele vende a segunda captura no porto vizinho. Seu pai não deve saber nada disso.

Na transição da economia da autossubsistência para a economia do crescimento, o significado que a economia tem para a vida do homem muda fundamentalmente. Isso é acompanhado pelo fato de que mesmo a visão dos fundamentos da vida sofre mudança dramática. É pouco conhecido que Marx deixou reflexões perspicazes também sobre este assunto — muito antes de surgirem temas como poluição ambiental e colapso climático, mas também transtorno de ansiedade, depressão e *burnout*.

De que vivemos?

Quando falamos dos fundamentos da vida, entende-se tudo o que deve estar presente no mundo externo e interno do homem para que a vida tenha êxito. No mundo exterior, o homem deve sua vida às dádivas da natureza. No que diz respeito ao mundo interior, não devemos examinar atentamente apenas as necessidades do homem. Também são importantes as habilidades especiais que os seres humanos trazem consigo para poder criar a conexão entre o exterior e o interior. A seguir, pergunto primeiramente como o capitalismo lida com os dois lados dos fundamentos da vida e quais as dificuldades que a ciência estabelecida tem para apreendê-los em sua relação com a atividade econômica humana. A perspectiva de Marx a respeito é apresentada sobre esse plano de fundo. A conclusão tratará sobre qual outra forma de lidar com os fundamentos da vida para além do capitalismo seria possível.

---

[2] *Neue Zürcher Zeitung* 11/12 mar. 1989, apud Binswanger, 1991, 13.

Dádivas da natureza — necessidades e faculdades humanas

Examinemos um pouco mais os pescadores do Lago Baikal. Como eles percebem o ambiente natural na transição da economia de autossubsistência para economia de crescimento?[3] Para o pai, o lago ainda é um espaço fechado em si mesmo, marcado principalmente pelas estações. A vida do pai está, portanto, fortemente envolvida no vir-a-ser e perecer da natureza. A vida de seu filho, que de repente ganha acesso a bens de regiões distantes com a ajuda do dinheiro, já se estende, só por este fato, a um espaço maior. E no que diz respeito à sua percepção e suas relações com o tempo, é o "progresso", em vez do "ciclo", que se torna a orientação mais importante. A vida do pai está, portanto, fortemente relacionada ao biótopo, a do filho, ao horizonte. O horizonte seduz para que se aproximem dele, ao mesmo tempo ele se afasta novamente com cada passo, de modo que a distância em relação a ele permanece sempre a mesma. Com a transição da economia da autossubsistência para a economia de crescimento, surge pela primeira vez na história da atividade econômica a questão de como o homem pretende lidar com esse horizonte evanescente, que é acompanhado pela expectativa de recursos naturais sempre novos e, em princípio, ilimitados.

A resposta até agora parece se esgotar no "mais rápido, mais alto, mais adiante". Mas é cada vez mais urgente a questão do "para onde?". Trata-se da dupla questão de saber quais condições subjetivas da vida são escolhidas e criadas sobre quais pressupostos objetivos. Do lado do objeto, deve ser feita uma distinção entre fontes e sumidouros do ecossistema. Das primeiras o homem retira as substâncias básicas de que precisa para a produção dos meios de vida. E, nos últimos, abandona os restos não utilizados. No lado do sujeito, as necessidades humanas, por um lado, e as habilidades humanas, por outro, definem as linhas básicas da vida. De acordo com um modelo conhecido, podem-se imaginar as necessidades humanas sob a forma de uma pirâmide[4]. Sua base consiste nos fundamentos biológicos de respirar, beber, comer etc.; em seguida, vem a necessidade do ser humano de proteção e segurança; depois, de reconhecimento por parte de outras pessoas e, finalmente, de si mesmo. No topo da pirâmide está a necessidade de autorrealização como epítome da felicidade humana. A forma da pirâmide destina-se a expressar tanto a diversidade da urgência quanto a diversida-

---
[3] Para o trecho seguinte, Binswanger, 1991, 21.
[4] Maslow, 1954.

de da conscientização das necessidades. As necessidades biológicas básicas representam, no sentido mais verdadeiro da palavra, o fundamento da vida humana. São, por assim dizer, a natureza interior do homem.

Mesmo no menor nível de necessidade, a relação entre natureza externa e interna é culturalmente transformada. O tipo e quantidade de nutrientes que necessitamos para a vida são biologicamente mais ou menos preexistentes, mas os gêneros alimentícios específicos, a forma como são preparados e os rituais de alimentação variam de acordo com as circunstâncias culturais. Além disso, quanto mais subimos na pirâmide, mais importantes se tornam as circunstâncias individuais. Com as possibilidades culturais e individuais de variação, a liberdade criativa do homem cresce ao mesmo tempo. Para usar esta liberdade, o homem tem habilidades que o separam de seus antepassados, dos animais e das plantas, que lhe valeram o título de "coroa da criação" e, de acordo com Marx, definem seu ser genérico: ele deve e pode pensar, "refletir" sobre si mesmo.

Condensação e mobilização

No que diz respeito aos fundamentos *externos*, conhecemos a seriedade da situação desde o primeiro relatório do Clube de Roma de 1972, intitulado *Os limites do crescimento*. Segundo o nível de conhecimento atual, esses limites referem-se à conversão de floresta em pastagens, à sobrecarga dos ciclos hídricos, à devastação de campos agrícolas e pastos por excesso de pastagem, desmatamento e outras consequências de industrialização[5], à pilhagem dos recursos minerais sob a crosta terrestre, à pesca excessiva nos mares, à diminuição de espécies vegetais e animais e, acima de tudo, à queima de combustíveis fósseis com o inevitável efeito estufa resultante. Esses desenvolvimentos podem ser caracterizados como "tomada de terras" e "aceleração". A tomada de terras está relacionada com a dimensão espacial; aceleração, com a dimensão temporal; resumidamente, talvez se possa falar de "condensação": condensação no espaço e, portanto, destruição da distância, porque cada vez mais pessoas, ações, instituições, lugares etc., que anteriormente não conheciam uns aos outros e não tinham nada a

---

[5] De acordo com a Convenção das Nações Unidas de Combate à Desertificação (UNCCD), nos últimos 20 anos, 800 milhões de hectares de terras aráveis e de pastagem foram perdidos nas regiões secas da Terra, o equivalente à área da Austrália. Todos os anos, a Terra perde 12 milhões de hectares de solo fértil, o que equivale à área arável da Alemanha. Este processo acelera cerca de 1% ao ano. *Das Parlament*, n. 32-33, 9 ago. 2010, 1.

ver uns com os outros, entram em contato uns com os outros e se tornam interdependentes. E condensação no tempo, portanto, aceleração, porque quase tudo tem de ir cada vez mais rápido; a fórmula "tempo = dinheiro" é gravada mais profundamente em nossa vida cotidiana. Pela condensação espaço-temporal, as últimas duas ou três gerações presumivelmente reivindicaram mais fundamentos de vida externos do que toda a humanidade antes disso. Por certo, sabe-se que há esforços enormes nas regiões industrializadas do mundo para a transformação ecológica da sociedade industrial, mas ao mesmo tempo o estilo de vida intensamente material e energético do Norte está se espalhando sem controle ao redor do globo. Como resultado, as economias feitas até aqui pelos principais poluidores, cerca de um quinto da população mundial, são aniquiladas e todo o fardo global é aumentado. Em suma, a espécie humana está mostrando sinais cada vez mais claros de pânico: no Norte, como uma superprodução de coisas; no Sul, como superprodução de pessoas, ambos por medo de não poder sobreviver de outra forma. E é precisamente por isso que o homem mina os fundamentos externos de sua vida.

No que diz respeito aos fundamentos *internos*, a consciência da seriedade da situação amadurece um pouco mais devagar. Aqui, a primeira coisa que vem à mente é a divisão nas condições de vida das pessoas: um em cada seis habitantes da Terra sofre de inanição constante; um em cada sete alemães é pobre, com todas as consequências para o bem-estar e as oportunidades de desenvolvimento, incluindo as crianças (ver capítulo 2). Por outro lado, há pelo menos a mesma quantidade de pessoas supernutridas e crianças negligenciadas por seus pais. Também em relação à situação geral da espécie, a imagem da bulimia não parece exagerada (ver capítulo 3): o descontrole em comer e depois vomitar anda de mãos dadas com sobrealimentação e desnutrição. No que diz respeito à situação mental e social nas regiões altamente desenvolvidas do mundo, agora é possível falar de uma "mobilização" altamente avançada[6]. Por exemplo, o consumo: mensagens publicitárias ininterruptas, variedade de opções, curta vida técnica de muitos produtos, mudança rápida das modas etc. Por exemplo, a educação: apoio inicial no jardim de infância, redução do horário em escolas e universidades, aprendizado como competição por boas notas etc.[7] Por exemplo,

---

[6] Os três termos "mobilização", "tomada de terras" e "aceleração" provêm de Dörre; Lessenich; Rosa, 2009, 13 s. No entanto, os autores falam de "ativação" em vez de "mobilização".

[7] Cf. Reheis, 2007.

o mundo do trabalho: horário de trabalho irregular, condições de trabalho inseguras, trabalho temporário e trabalho de plantão, se possível a qualquer momento em qualquer lugar e com a melhor qualidade etc. Para muitos a vida é uma corrida desenfreada. Trata-se, sempre, de alcançar certos estágios antes da concorrência, e os obstáculos geralmente são levantados mais alto depois de superados, para que se fique no mesmo lugar, apesar do esforço crescente — no bem conhecido efeito de roda de *hamster*. Muitas pessoas sentem que estão sob pressão constante, que não podem ter tranquilidade e alcançar o que é realmente importante para elas; algumas realmente se esgotam. No início do século XXI, transtornos de ansiedade e depressão estão entre as doenças de civilização com crescimento mais rápido e são as mais predominantes em todas as sociedades industriais. É uma consequência lógica que estimulantes e potenciadores de desempenho sejam cada vez mais utilizados não apenas por atletas e gerentes, mas também por assalariados, estudantes normais, a fim de acompanhar o passo dos demais.

Ciência sobrecarregada

No seu núcleo, a atividade científica pretende resumir sistematicamente a capacidade reflexiva humana e direcioná-la para canais institucionais. Como ela tematiza essa maneira de lidar com os fundamentos da vida? O que ela consegue empreender no deslindamento das condensadas redes externas, bem como na compreensão do mundo interno mobilizado? Para os fundamentos *externos*, esta questão se volta, antes de mais nada, para a ecologia (incluindo biologia, geociências etc.) como uma disciplina científica que investiga a vida dos organismos em seus ambientes. Os fundamentos *internos* ficam a cargo da ciência da saúde (incluindo medicina, psiquiatria etc.), que investiga os pré-requisitos para o bem-estar físico, mental e social dos seres humanos. Além disso, existe a ciência da economia como uma disciplina independente que lida com a questão sobre como satisfazer as necessidades e carências das pessoas.

Vejamos com mais atenção essa curiosa forma de "divisão de tarefas" científica usando o exemplo da interface entre as disciplinas de ecologia e economia. Do ponto de vista da história linguística, ambas as palavras têm a mesma raiz: a palavra grega *oikos* significa a habitação, a casa juntamente com o jardim e a área circundante, mais precisamente tanto o local de vida quanto a atividade de gestão deste lugar, o governo da casa. Para os antigos gregos, o governo das famílias e o do Estado ainda formavam uma unidade de acordo com o modelo e as precondições da natureza[8]. Com o início da era moderna, a economia se separou da ecologia; o governo do homem, de um lado, e o governo dos animais, das plantas e dos ecossistemas inanimados com seus ambientes, de outro lado, foram enviados para disciplinas separadas. Esta fatídica divisão de tarefas marcou de maneira essencial o empreendimento científico nos últimos 200 anos.

Somente há algumas décadas, a "economia ambiental" tenta capturar teoricamente a totalidade dos efeitos ambientais da produção e do consumo e integrá-los ao modelo de mercado para, em seguida, na prática, cobrar dos produtores e consumidores os custos financeiros desses efeitos, inclusive aqueles custos futuros. Mas a forma como a teoria do mercado, partindo de pessoas isoladas e recursos igualmente isolados, quer resolver questões ecológicas não é convincente. Como os africanos afetados pelas mudanças climáticas podem apresentar seus interesses ao mercado e à política se os poluidores se encontram em Nova York, Londres, Frankfurt e Tóquio, quando não existe uma autoridade política global, e se uma política empenhada com esclarecimento, discurso e votação sempre deve ser, *per se*, mais lenta do que uma economia controlada pelo dinheiro extremamente mais rápida? Como os que ainda não nasceram fazem valer seus interesses nos mercados e nos órgãos políticos hoje? E como uma manipulação cuidadosa dos fundamentos naturais da vida pode impor-se num mundo caracterizado por competição e curto prazo, em que a consideração e o longo prazo geralmente trazem desvantagens, e como ela pode se impor em tempo adequado, antes que grande parte do dano tenha se tornado irreparável? (ver capítulo 3)[9].

---

[8] Por exemplo, para Aristóteles, um princípio orientador central do governo da casa era a preocupação com relacionamentos justos, em última análise, como uma contribuição humana para a ordem do cosmos. Koslowski, 1993, ver também p. 64.

[9] O modelo de mercado com o qual a economia ambiental prevalecente se sente comprometida é, em princípio, sem espaço e atemporal. Os recursos são tratados como grandezas divisíveis e contáveis, isoladas espacialmente umas das outras, que simplesmente existem em determinado momento. Mas a atividade econômica sempre ocorre, de fato, no espaço e no tempo: os recursos dos quais o homem vive encontram-se em lugares mais ou menos fixos por natureza e em tempos mais ou menos determinados por natureza; e todas as atividades humanas devem se encaixar nesses limites. É claro que a dimensão temporal da ciência econômica predominante não pode ser completamente ignorada. Dentro do modelo, o tema "tempo" é realmente abordado, mas de uma maneira notável, a saber, por seu vínculo com os juros. Todo mundo sabe que se quiser consumir hoje, mas só pode pagar amanhã ou no dia seguinte, o produto será mais caro. Por outro lado, a fruição futura é considerada menos valiosa do que a presente, porque incertezas estão associadas ao tempo que passará até então. Ainda estou interessado neste prazer, ainda existe o objeto do desejo? E eu mesmo? O futuro

A teoria econômica neoliberal predominante tem o mesmo problema em relação aos fundamentos naturais da vida e aos pressupostos sociais do mercado: com sua linguagem, ela não pode realmente entendê-los; o modelo de mercado não é apenas socialmente, mas também ecologicamente cego. Esta ciência é falha na compreensão das redes espaço-temporais da vida tanto por causa da forma da "divisão de trabalho" entre economia e ecologia, que não é apropriada às condições reais, como por causa do modelo de mercado prevalecente. Se é dilacerado antes aquilo que deve ser entendido depois, não é de admirar que esta forma de capacidade refletiva humana institucionalizada fracasse diante da complexidade do mundo[10]. De resto, algo similar também se aplica à interface entre economia e ciência da saúde: trabalhadores eficientes, criativos e consumidores autônomos e capazes de fruição simplesmente são pressupostos nos modelos de mercado. Não se cria uma conexão sistemática entre o comportamento da saúde do indivíduo e a saúde das condições na sociedade, especialmente em relação à vida profissional e econômica. Na realidade, contudo, como sabemos, pessoas saudáveis não caem do céu. Basicamente, essa economia ainda confia na sabedoria da "mão invisível" do mercado louvada por Adam Smith no século XVIII, que guia o egoísmo do indivíduo de uma forma maravilhosa para o bem do todo.

Quem quer compreender os fundamentos da vida precisa de um ponto de partida científico completamente diferente. Mais uma vez, o constitucionalista Ernst-Wolfgang Böckenförde (ver Introdução e capítulo 4):

---

simplesmente vale relativamente pouco no modelo de mercado prevalecente, razão pela qual pode ser gasto com relativa despreocupação já hoje. De resto, o modelo de mercado também se comporta no outro lado, o dos desejos do consumidor (preferências), do mesmo modo daquele visto no caso dos recursos. Presume-se que todos os consumidores introduzam externamente seus desejos no mercado — sem influência mútua, sem uma origem histórica. As suposições do modelo são, portanto, escolhidas de tal forma que, mesmo no processo desencadeado pelos recursos isolados e atemporais e pelas preferências isoladas e atemporais, o tempo não importa. Para uma crítica desse modelo, cf. Vogt, 1973; Reheis, 1986 e 1991; Brodbeck, 1998; Ötsch, 2007 e Garnreiter, 2010. Para a história e a teoria do dinheiro, cf. Brodbeck, 2009.

[10] A essa incapacidade teórica corresponde a prática da economia e da política desde a década de 1870. O esforço desesperado para integrar os efeitos externos ao mercado devido às cegueiras da "mão invisível" do mercado levou a uma interferência do Estado em quase todos os mercados, virando-de ponta-cabeça as regras do liberalismo econômico. Ela começou na Alemanha com a legislação de tarifas protecionistas e de segurança social de Bismarck. Hoje, até mesmo o clima precisa ser politicamente protegido. É possível diferenciar sistematicamente as influências do Estado nos mercados, averiguando se consistem em corrigir posteriormente os resultados do mercado em termos de conteúdo, ou em estabelecer previamente regras formais para precificação, e para admissão ou proibição de mercados. A convicção neoliberal prevalecente dá preferência a esta última diretriz. Mas mesmo essas regras permeiam cada vez mais áreas da vida e as tornam tão conformes ao mercado.

Um vasto individualismo possessivo, que assume como ponto de partida e princípio estruturante o interesse de ganho potencialmente ilimitado do indivíduo e proclamado como direito natural e sem uma orientação de conteúdo, deve ser substituído por um quadro regulatório e uma estratégia de ação que partam da noção de que os bens da Terra, isto é, a natureza e o ambiente, os recursos naturais, a água e as matérias-primas, não pertencem aos primeiros que se apossam deles e os exploram, mas são inicialmente dedicados a todos os seres humanos para satisfação de suas necessidades de vida e obtenção de bem-estar[11].

O corpo inorgânico e o corpo orgânico do homem

Em Marx, os fundamentos da vida não entram em consideração apenas quando já se tornaram escassos e atraíram a atenção para si no mercado mediante sinais de preços. E, acima de tudo, Marx também vê estreita conexão entre os pressupostos internos e externos da vida. Embora o foco principal da análise de Marx acerca da organização social recaia sobre a divisão do trabalho e as consequências para o pensamento e a liberdade do desdobramento do homem, a questão dos fundamentos últimos da vida aparece repetidamente em muitos pontos de sua crítica à economia política. Acima de tudo, Marx mostra como a propriedade privada, a produção de mercadorias e, sobretudo, a produção pela produção no capitalismo, consomem sistematicamente esses fundamentos. A partir disso, podem ser obtidas informações valiosas para um sistema econômico pós-capitalista.

Fontes de riqueza

Como vimos no capítulo 1, a abordagem epistemológica materialista-histórica parte da produção da vida, que é mais antiga do que a produção de mercadoria: o "metabolismo" entre o ser humano e meio circundante. Na maior parte, esse metabolismo não acontece por si só, mas requer a ação do homem. Este ponto de partida já mostra como os fundamentos externos e internos da vida são importantes para Marx. Quando Marx fala do "corpo inorgânico" e do "corpo orgânico" em seus primeiros escritos[12], ele enfatiza o lado físico da ação; e o "corpo" salienta a ligação estreita com contextos mentais, sociais e culturais. O corpo inorgânico e o orgânico, a força vital da

---

[11] SZ 24 abr. 2009.
[12] MEW, Suplemento, 516.

natureza, bem como a força de trabalho do homem: estas são as duas forças produtivas fundamentais que tornam a vida humana e o progresso histórico possíveis em primeiro lugar. Em que fundamentos repousa a vida humana? O metabolismo ativo só é possível se, no lado do corpo inorgânico, as leis da natureza e sua fertilidade forem respeitadas, se forem também, portanto, apreciadas e cultivadas; e, se ao lado do corpo orgânico, houver um cuidado refletido para a satisfação das necessidades básicas. Na importância do ar limpo tanto para a saúde humana como para o ambiente natural, por exemplo, podemos ver quanto os dois lados dependem uns dos outros.

As forças da natureza

Até que ponto, de acordo com Marx, a forma da propriedade é decisiva no que tange a lidar com os fundamentos *externos* da vida? A propriedade privada do solo (ver capítulo 2) e a pretensão de rendimento erroneamente derivada dela por meio do fetiche da renda (ver capítulo 5) geram no proprietário o interesse em converter as forças naturais em dinheiro, onde quer que elas possam ser delimitadas: um corpo de água rico em peixes ou que corre rápido, um terreno fértil, adequado para a construção ou que possui materiais valiosos subterrâneos. Ao proprietário e todos os que se deixam ofuscar pela superfície das condições, o direito de propriedade é um direito que resulta das qualidades naturais do próprio pedaço de terra, de sua utilidade. Aqueles que, ao contrário, não são enganados por este fetiche e perguntam sobre as condições materiais e históricas do uso podem rapidamente ver que a Terra teve primeiro de se tornar proveitosa e ser desbravada pelo trabalho humano. Florestas tiveram de ser limpas, pântanos, drenados, campos, irrigados, córregos, represados, estradas, construídas, túneis, escavados etc., antes que o aproveitamento efetivo pudesse começar. Tudo ocorreu há muitas gerações. Como os frutos desses trabalhos de exploração serão posteriormente distribuídos entre os muitos beneficiários não é, contudo, uma questão da natureza, nem das forças produtivas, mas da sociedade, ou seja, das relações de produção (ver capítulo 7).

> Uma parte da sociedade exige da outra um tributo em troca do direito de habitar a Terra, assim como, de modo geral, a propriedade fundiária implica o direito dos proprietários a explorar o corpo do planeta, as entranhas da Terra, o ar e, por conseguinte, o que serve para conservar e desenvolver a vida[13].

---

[13] Id., 25, 782.

Se hoje, por exemplo, os proprietários nas grandes cidades podem exigir aluguéis exorbitantes por apartamentos minúsculos, esta possibilidade, em última instância, repousa precisamente sobre este princípio da propriedade privada e a usabilidade privada da Terra.

No capitalismo, de acordo com Marx, o direito do proprietário ao seu pedaço de terra parece tão natural como ao escravagista o direito a seu escravo na sociedade escravocrata. Assim que o proprietário de escravos adquiria legalmente seu escravo, ele era legalmente considerado sua propriedade. Mas na realidade, como sabemos hoje, esse direito não era senão a expressão das relações de produção e exploração prevalecentes naquela época. O que as gerações futuras, poderíamos continuar a pensar com Marx, dirão acerca de nossa reivindicação de propriedade sobre o terreno, sobre a água, acerca de nossa negociação de certificados de emissão e biopatentes? "Mesmo uma sociedade inteira, uma nação, mesmo todas as sociedades coevas em conjunto não são donas da terra. São apenas possuidoras, usufrutuárias dela, e como *boni patres familias*, devem legá-las melhoradas às gerações futuras."[14] Vemos, portanto: o ser humano, para Marx, é totalmente um ser da sociedade, não só porque as pessoas que vivem juntas em determinado momento e em determinado lugar são interdependentes, mas acima de tudo porque cada ser humano é apenas um membro de uma imensa cadeia de pessoas que nasceram neste mundo e terão de deixá-lo novamente. Aqui se mostra um horizonte de tempo radicalmente diferente daquele que determina os cálculos econômicos de hoje, um horizonte mais parecido com o da religião. É verdade que Marx, como sabemos, via a religião como "o ópio do povo" de uma maneira muito crítica, mas sua visão do mundo é, em relação aos fundamentos da vida e ao horizonte temporal relacionados a eles, muito semelhante à religiosa — uma importante restrição.

Forças do ser humano

Os fundamentos *internos* da vida abrangem tudo o que chamamos de saúde num sentido amplo, que inclui corpo, alma e espírito. Uma vez que, para Marx, o trabalho é a base para as duas relações fundamentais que o homem deve estabelecer para poder viver, a saber, com a natureza e outros seres humanos, a capacidade de trabalho também é central no contexto da questão da saúde humana. As observações de Marx sobre a reprodução

---
[14] Ibid., 784.

da força de trabalho são particularmente perspicazes sobre o plano de fundo dos conhecimentos da medicina do trabalho moderna. De acordo com Marx, o homem só pode trabalhar permanentemente se a quantidade extra de músculo, nervos, cérebro etc. gasta pelo trabalho é sempre reposta. O "gasto aumentado" pelo trabalho "implica um aumento do ingresso"; o trabalhador deve poder repetir amanhã o mesmo processo de hoje nas mesmas condições de "força e saúde"[15]. Portanto, Marx vê claramente a conexão entre a expansão do dia de trabalho e o aumento do desgaste da força de trabalho. Em algum momento, essa expansão não pode mais ser compensada por "maior substituição", ou seja, aumento da ingestão de alimentos, sono mais prolongado, treinamento muscular e coisas similares. "Além desse ponto, o desgaste cresce em progressão geométrica, e ao mesmo tempo todas as condições normais de reprodução e atuação da força de trabalho são destruídas."[16] Por "progressão geométrica", Marx pretende dizer que os danos à saúde aumentam muito mais rápido do que a prolongação do tempo de trabalho, porque os fatores destrutivos se excitam mutuamente. Este é o caso quando as falhas se amontoam no trabalho, a pressão arterial aumenta, a postura corporal se contrai, a nicotina e o álcool são adicionados, o relaxamento e o sono não se instalam apropriadamente após o término do trabalho.

Para Marx, as questões de saúde não se limitam à força de trabalho. Por exemplo, quando fala sobre o empobrecimento dos sentidos e a alienação do homem (ver capítulo 3), ou a erosão da confiança interpessoal e o autoengano (ver capítulo 5), ele tematiza uma parte das doenças de civilização que têm suas bases nas condições de vida do capitalismo. Essas doenças, com todos os sintomas resultantes, como vício, ansiedade, depressão e agressão contra si mesmo e outros, delimitam a estrutura para as forças vitais do indivíduo dentro da qual ele pode suprir suas necessidades.

Desintegração do mundo e distúrbios dos ciclos

O modo como o capitalismo lida com as forças produtivas externas da natureza e as internas do homem revela com toda nitidez sua contradição básica: o proprietário do capital individual quer economizar o máximo possível, no plano individual, custos naturais e custos trabalhistas, mas é

---

[15] *MEW* 23, 185.
[16] Ibid., 549.

dependente de que haja na sociedade uma natureza utilizável suficiente e uma mão de obra saudável como condição para o aproveitamento de seu capital. A racionalidade individual e a racionalidade social também aqui se separam sistematicamente (ver capítulo 2).

A desintegração do mundo no espaço e no tempo

Acima se falou da condensação dos fundamentos da vida no espaço e no tempo. Marx mostra em muitos lugares como a redução das distâncias e a aceleração dos processos destroem as redes da vida. A produção simples de mercadorias resulta numa decomposição do mundo em componentes individuais. O responsável por isto é a lei do valor (ver capítulo 2). Ela garante que apenas o tempo médio de trabalho socialmente necessário seja reconhecido como formador de valor, e, assim, a visão do produtor se estreita de uma maneira totalmente específica. Para ele, a natureza é como um reservatório infinito de recursos, sua origem e seu futuro não o interessam. Quanto tempo médio é socialmente necessário para produzir uma mercadoria depende, como já vimos, do nível de produtividade que prevalece na indústria concernente no maior número de produtos. No entanto, como o produtor individual não pode conhecê-lo de maneira sistemática e, além do mais, não tem certeza alguma de que seu trabalho será realmente reconhecido no mercado (ver capítulo 6), ele age racionalmente se tomar da natureza o mais rápido possível o que ele necessita e pode obter. Afinal, ele não quer aumentar desnecessariamente seu risco de mercado. Por exemplo, tentar reciclar cuidadosamente os elementos não utilizados da natureza, o chamado "resíduo", seria um risco de mercado grande demais. Ao extrair para si as peças que lhe são importantes e abandonar o resto, ele rompe as redes espaciais da natureza e assim condensa o espaço. Esta lógica traduz e transforma em propriedade privada tudo o que foi entendido como propriedade comum para mais de 99% das gerações anteriores.

A desintegração do mundo no espaço e no tempo é para Marx quase a epítome da missão da burguesia. "Evapora-se toda estratificação, todo o estabelecido" nas mãos dos possuidores de dinheiro; nada está a salvo de sua compulsão de exploração (ver capítulo 4). A redução do tempo de produção pelo emprego de máquinas é tanto mais importante, quanto mais a produção de mais-valia não ocorre mais pela prolongação do dia de trabalho, mas pela redução do trabalho necessário para abaixar o valor da força de trabalho (ver capítulo 2). Nesta fase do capitalismo, a dimensão temporal, finalmente, controla os eventos. Ao subordinar o trabalho à máquina, as atividades de trabalho das pessoas se tornam cada vez mais igualadas umas às outras. As pessoas vivas com todas as suas peculiaridades tornam-se apêndices das máquinas. O "pêndulo do relógio" torna-se claramente o critério universal para comparar os desempenhos de duas pessoas, bem como para comparar as velocidades de duas locomotivas. "Então, não há por que dizer que uma hora (de trabalho) de um homem equivale a uma hora de outro homem; deve-se dizer, ao contrário, que um homem durante uma hora vale tanto quanto outro homem durante uma hora."[17] O significado elementar do tempo no capitalismo conduz Marx a uma fórmula simples: "O tempo é tudo, o homem não é mais nada; quando muito, ele é a carcaça do tempo"[18].

Marx previu com uma precisão surpreendente o significado do tempo e da aceleração para a divisão do trabalho e a diferenciação da economia e o desenvolvimento tecnológico. Quanto mais a produção é baseada na troca, mais importantes se tornam

> as condições físicas da troca — os meios de comunicação e de transporte. É da natureza do capital mover-se para além de todas as barreiras espaciais. A criação das condições físicas da troca — de meios de comunicação e de transporte – torna-se para ele, numa dimensão totalmente distinta, uma necessidade — a anulação do espaço pelo tempo[19].

Não é difícil encontrar no mundo do trabalho e no mundo econômico de hoje exemplos do regime ditatorial da economia do tempo: na formação da infraestrutura de transportes, especialmente na competição entre transportes aquático, terrestre e aéreo, na escolha de locais de produção na competição global da economia real, nos *benchmarks* de desempenho na economia financeira, quando há muito já se passou de balanços anuais para balanços trimestrais e mensais e os funcionários de empresas financeiras às vezes são questionados já no terceiro dia do mês sobre o motivo por que "os números despencam"[20]. Mesmo no campo da educação os ditames do tempo dominam o que ocorre, pois desde o jardim de infância até a escola e a universidade, as diretrizes temporais estruturam o caminho educacional tanto quanto possível[21]. Todos estes são fenômenos concomitantes de uma

---

[17] *MEW* 4, 85.
[18] Ibid.
[19] *MEW, Grundrisse*, 423.
[20] *SZ* 30 ago. 2010.
[21] Reheis, 2007.

economia que elevou a equação "tempo = dinheiro" a uma posição de fórmula universal. Quanto mais a tomada de terras e a aceleração avançam, quanto mais o mundo da vida exterior é condensado, e o interno é mobilizado, mais o capitalismo, coerentemente, decompõe tudo o que é vivo em partes individuais que não têm nada a ver entre si física e psicologicamente — a não ser pelo fato de que funcionam como pequenos parafusos e engrenagens no grande mecanismo da exploração.

Perturbação dos ciclos ecológico e social

Há 150 anos, Marx já estava ciente de que as consequências desse desenvolvimento também afetam o trabalhador e a natureza.

> Todo progresso na agricultura capitalista é um progresso na arte de saquear não só o trabalhador, mas também o solo; todo progresso alcançado no aumento da fertilidade do solo por certo período é ao mesmo tempo um progresso no esgotamento das fontes duradouras dessa fertilidade. Quanto mais um país... tem na grande indústria o ponto de partida de seu desenvolvimento, tanto mais rápido se mostra esse processo de destruição. Por isso, a produção capitalista só desenvolve a técnica e a combinação do progresso de produção social na medida em que solapa os mananciais de toda a riqueza: a terra e o trabalhador[22].

Portanto, sob a direção do capitalismo, há sempre o perigo de que o homem prejudique seus corpos orgânico e inorgânico. Onde isso acontece, o ciclo da vida é perturbado; e, se nada for feito, as energias inevitavelmente se extinguem. O irônico deste trabalho de destruição é que os proprietários do solo e da força de trabalho cooperam nele com diligência.

Mas para onde leva esta obra de destruição devida ao producionismo? Aqui, também, o prognóstico de Marx revela-se extremamente perspicaz.

> Com a preponderância sempre crescente da população urbana que se amontoa em grandes centros, a produção capitalista acumula, por um lado, a força motriz histórica da sociedade, mas perturba, por outro lado, o metabolismo entre homem e terra, isto é, o retorno à terra dos componentes do solo consumidos pelo homem sob a forma de alimentos e vestuário; portanto, perturba a eterna condição natural de fertilidade permanente do solo[23].

---

[22] MEW 23, 529 s.
[23] Ibid., 528.

Segundo Marx, a produção pela produção leva inevitavelmente a um duplo transtorno de ciclos — um social e um ecológico. Ambos são o resultado de um *feedback* falso (ver capítulo 4), ambos desenvolvem enorme poder explosivo.

Vejamos, primeiro, o transtorno do ciclo *ecológico*. Quanto mais as pessoas se concentram nas grandes cidades, mais elas intervêm nos ciclos da natureza e destroem o fluxo de matéria e energia. Por um lado, diretamente na forma de barulho, de poluição do ar e da água, dos lixões que se espalham ao redor das megacidades. Por outro lado, indiretamente também: quanto mais a indústria se concentra nos centros e a agricultura, nas periferias (ver capítulo 2), mais o mundo é sobrecarregado unilateralmente, o refluxo do que não foi usado na produção é suprimido. Do lado das fontes ecológicas isso pode ser visto, por exemplo, quando os centros industrializados do Norte do mundo estão importando café, laranjas e bananas em larga escala do Sul. Pois, então, eles também indiretamente importam a água que foi necessária para irrigar essas frutas, a chamada "água virtual", que já não está disponível para os ciclos regionais e, portanto, para as necessidades das pessoas que vivem lá. Por outro lado, deve-se apontar para a exportação de problemas e resíduos tóxicos e a emissão de gases de efeito estufa pelos centros industrializados. O desenvolvimento de monoculturas e a globalização da agricultura, incluindo a subsequente produção de alimentos com rotas de transporte imensamente prolongadas também estão destruindo em grande escala ciclos de produção locais e regionais, que asseguraram a autorregulação da fertilidade do solo por milhares de anos.

Como o poder explosivo do transtorno do ciclo *social* entre cidade e campo ou entre centros e periferias deve ser interpretado hoje? As periferias estão sofrendo de modo relativamente silencioso. As semiperiferias são jogadas de um lado para o outro entre a esperança de ascensão e o medo de não mais poder fazer isso. E as pessoas dos centros, sensibilizadas sobretudo para as consequências ecológicas e sanitárias do sistema? Não seria concebível que os ciclos em colapso pelo producionismo chamassem novamente à consciência das pessoas nos centros uma simples verdade, que o capitalismo reprimiu com êxito durante 200 anos: a saber, a produção requer reprodução e, portanto, esta última merece precedência? Na verdade, é uma trivialidade que aquelas "fontes" que são consumidas na produção devam ser capazes de se renovar reiteradas vezes. O que se aplica ao corpo orgânico, à força dos músculos e da mente também é válido para o corpo inorgânico, a força do solo, da água e do ar. A força-motriz histórica nos centros poderia ser a de que aí começasse um vasto repensar em vista do aumento crescente das catástrofes sanitárias e ecológicas. Poder-se-ia impor a noção de que é sábio cuidar primeiramente para que haja nutrição, vestuário, habitação, assistência de todas as pessoas em nosso globo, desenvolver suas capacidades psíquicas, sociais e intelectuais, e nutrir e conservar, como pressupostos destas, a cultura e a natureza da melhor maneira possível antes de pensar no desenvolvimento de modelos de carros, tipos de celulares e séries de entretenimento. Nos centros, poderia amadurecer a percepção de que a principal tarefa da economia não deve ser a produção compulsiva do novo e do desconhecido, mas a preservação do que realmente precisamos para a vida e ao que nos é mais caro e querido. De resto, talvez se pudesse constatar que, para muitas pessoas, a riqueza de tempo é mais importante que a riqueza de dinheiro e bens.

Sustentabilidade

O modelo frequentemente citado de "desenvolvimento sustentável" é uma fórmula de conciliação com pouca substância e conteúdo até aqui. Ele remonta a uma Conferência das Nações Unidas de 1992 no Rio de Janeiro, que — pela primeira vez em sua história — abordou questões ambientais e de desenvolvimento como uma unidade. A fórmula destinava-se a combinar o interesse ambiental do Norte com o interesse de desenvolvimento do Sul. Desde então, contudo, permanece completamente obscuro como ambos os objetivos podem realmente ser compatíveis. A falta de clareza decorre, em minha opinião, do fato de que, embora a sustentabilidade traga para o foco a dimensão temporal, os defensores desse modelo não conseguem apresentar um programa coerente de como concretizar temporalmente as dimensões ecológica, econômica e social[24]. É exatamente neste ponto que Marx poderia ajudar: para que a reprodução seja o objetivo da atividade econômica, o manejo dos fundamentos da vida deve ser organizado ciclicamente. Apenas ciclos são permanentes, não o fluir, o correr. Isso, obviamente, aplica-se ao corpo inorgânico e ao corpo orgânico do homem.

Natureza e sintropia

A fim de orientar a economia e a sociedade pela reprodução, seria sábio tomar a natureza, com sua enorme riqueza de experiências evolutivas, como modelo para lidar com os fundamentos *externos* da vida. Ela não co-

---

[24] Reheis, 2005, 9-39.

nhece nenhum desperdício; produtos de degradação são sempre ao mesmo tempo produtos de construção; a natureza vem operando uma economia cíclica sustentável há milhões de anos. Flores e folhas, por exemplo, depois de cumprir suas funções na primavera e no verão, servem como nutrientes para o solo no outono e no inverno, permitindo que a árvore desenvolva flores e folhas novas. Como o princípio da sustentabilidade na silvicultura é conhecido desde o século XVII, ele pode ser considerado um modelo básico para uma economia reprodutiva: não explorar todas as áreas florestais, não derrubar todas as árvores nas áreas cultivadas, para cada árvore derrubada plantar pelo menos uma nova; são estas as recomendações da silvicultura sustentável para o século XXI. As árvores não derrubadas devem ter tempo para morrer; a madeira morta se torna novamente a base da vida para musgos, fungos e besouros. Que lições sociedades industriais e de prestação de serviços podem tirar disso? *Em primeiro lugar*, bens e serviços devem ser tão duráveis, fáceis de reparar e recicláveis quanto possível, idealmente segundo o princípio do "berço ao berço". *Em segundo lugar*, no entanto, sempre que matérias-primas são necessárias das fontes do equilíbrio natural e resíduos são devolvidos aos sumidouros do equilíbrio natural, deve ser dada clara preferência às substâncias regenerativas ou a soluções repetíveis. Portanto, não se deve remover da natureza mais do que ela faz crescer novamente; e não se deve depositar nela mais do que ela pode tornar novamente inofensivo. Ambas as diretrizes exigem uma sincronização temporal muito específica da economia e da natureza. *Em terceiro lugar*, apenas excepcionalmente recursos não renováveis podem ser utilizados, e somente temporariamente, com a ressalva de que os benefícios dos recursos não regenerativos sejam usados para substituí-los pelos regenerativos o mais rápido possível[25].

O princípio dos ciclos tem uma aplicação fundamental também no uso de energia, de "capacidade de trabalho". Sabe-se que a capacidade de trabalho da natureza é, bem como a dos seres humanos, em determinado momento apenas limitada e deve se regenerar repetidas vezes, tal como um ciclo material. Mas o olhar sobre o lado energético dos ciclos leva a uma importante limitação do princípio dos ciclos: no longo prazo, a energia é, de fato, menor, a energia "queima-se". Isso também se aplica ao corpo orgânico, bem como ao inorgânico, do homem. É significativo que este processo de queima tenha sido enormemente acelerado pelo capitalismo. Como sabemos, simultaneamente ao seu pleno desenvolvimento nos sécu-

---

[25] Para um aprofundamento, cf. Reheis, 2005, 140-154.

los XVIII e XIX, o fornecimento de energia foi em grande parte transferido para portadores fósseis. Estes não são senão energia solar concentrada que foi armazenada no interior da Terra ao longo de milhões de anos, uma "floresta subterrânea"[26]. Esta agora é "desmatada" em tempo muito curto. Como portadora de energia altamente concentrada, que é fácil de porcionar e transportar, o carvão, o petróleo bruto e o gás natural são portadores quase ideais de capacidade de trabalho dos pontos de vista técnico e econômico: tecnicamente para a enorme aceleração dos processos de produção e transporte, para o "crescimento lubrificado"[27]; e economicamente para a transformação em dinheiro e capital. É por isso que, nos países industrializados, as companhias de energia estão entre as maiores e mais influentes empresas desde o início da industrialização. Visto que a energia solar "coagulada", depositada em carvão, petróleo e gás natural permite ganhar mais dinheiro do que a energia solar "viva", que o sol fornece quase totalmente de graça, as empresas de energia acrescentam sem cessar sua fonte de lucro fóssil ao "*firewall* de energia"[28]. Os preços baixos para o carvão, o petróleo e o gás natural garantem que a energia solar tenha pouquíssimas chances.

Os conhecimentos físicos sobre a relação entre calor e movimento, a chamada termodinâmica, tornam claro como o fornecimento de energia fóssil no capitalismo ameaça os fundamentos da vida[29]. Em sistemas fechados, a quantidade de energia permanece a mesma. Se algum processo ocorrer em semelhante sistema, ele só pode causar alterações de estados, não criar nova energia. E essas mudanças têm sempre uma direção clara: elas não podem ser repetidas; após cada mudança, o potencial de energia encolhe. O significa disso pode ser descrito, da perspectiva da termodinâmica, primeiramente como liberação de calor e como mais um passo, embora minúsculo, na direção da morte térmica do sistema, que espera ao final. Além dessa dimensão material, há outra, uma informacional. Porque, com cada processo num sistema fechado, estruturas também são quebradas, a ordem é destruída. Um pedaço de madeira em um forno, por exemplo, dá ao interior do forno uma determinada estrutura. Mas quando este pedaço de madeira é queimado e, portanto, transformado em calor, esta ordem desaparece irremediavelmente, as informações sobre suas propriedades são

---

[26] Sieferle, 1982.
[27] Altvater, 2005, 92.
[28] Ibid., 78.
[29] Para aprofundar a discussão sobre o lado material-energético da entropia em Marx, cf. Burkett; Foster, 2010.

extintas, e o sistema deu outro pequeno passo em direção ao caos que se encontra no fim de todos os processos de transformação. Esta lei é chamada de *entropia*, termo derivado do grego. Entropia, a "lei fundamental da descida"[30], é considerada a lei mais abrangente em todo o mundo físico. O interesse no lucro e a compulsão de crescimento têm excluído o sol quase por completo como fornecedor de energia por mais de 200 anos, e isto põe a humanidade no caminho direto para a morte térmica e o caos.

Para que o suprimento de energia seja colocado sobre uma base sustentável para além da intensa aceleração capitalista, é necessária a reorientação por outra propriedade fundamental da natureza: a capacidade da matéria, demonstrada pela evolução, de se organizar e construir estruturas vivas[31]. Os seres vivos têm a capacidade de nadar contra a corrente da entropia, de criar *sintropia*. Mas esta ascensão é possível para todos os seres vivos apenas por um tempo limitado; no longo prazo, eles sempre descem, indo parar debaixo da terra. Por essa razão, a sustentabilidade da atividade econômica depende da inteligente formação da relação entre os processos de destruição e construção. É importante, aqui, estar ciente da assimetria de ambos os processos: como é lento e silencioso o crescimento de uma floresta, como é rápido e ruidoso o desmatamento, quanto tempo e trabalho leva a construção de uma casa, a descrição de um suporte de dados, o desenvolvimento de uma relação de confiança, e como é rápida a destruição disso tudo. Antes de mais nada, é importante sempre ter em mente a base de toda a vida, a energia solar e a criatividade da evolução — não temos mais nada à disposição.

Um olhar sobre os fundamentos energéticos da vida ensina que uma economia sustentável deve ser *materialmente* tão "biológica" quanto possível, porque somente no reino do que é vivo pode a sintropia, como a força da ascensão, ser efetiva contra a entropia, como força do declínio. Para que a provisão de energia também se baseie no princípio dos ciclos, ela deve, por coerência, abrir-se na direção do sol. Esta abertura provou ser válida ao longo de milhões de anos na história da vida, incluindo a da raça humana, antes que o desvio fóssil, que hoje se revela como um beco sem saída, tivesse sido tomado há algumas gerações. Numa economia sustentável, o fornecimento de energia é revertido de um padrão linear para um padrão cíclico; e o fornecimento de energia não se orienta por grandezas estáveis,

---

[30] Schütze, 1989.
[31] Kafka, 1989.

mas por variáveis de fluxo. Este fluxo tem um poder inimaginável: em um quarto de hora, o sol fornece mais energia do que a humanidade atualmente usa em um ano inteiro[32]. Mais uma vez se vê: para poder usar de forma abrangente a força produtiva do Sol — diretamente dos seus raios ou indiretamente por meio da água, do vento e da biomassa —, os grilhões das relações de propriedade e disposição existentes no campo da indústria energética devem ser rompidos. E o monopólio dos grupos fósseis, juntamente com seus aliados da indústria química, dos fabricantes de veículos, do ramo do turismo etc., deve ser quebrado.

Mas a interação de entropia e sintropia ainda contém outra lição, que diz respeito ao lado *informacional*. A capacidade da matéria para se autoorganizar está ligada a precondições bastante específicas, que, segundo o astrofísico Peter Kafka, têm muito a ver com espaço e tempo. Em primeiro lugar, em todos os momentos deve haver alternativas que não se encontram muito longe, de modo que o sistema ainda pode alcançá-las. E, em segundo lugar, deve haver tempo suficiente para experimentar essas alternativas: se a comparação de alternativas for interrompida prematuramente, o resultado pode não aparecer, o novo não pode ser reconhecido, não se pode aprender com os erros. Então, terá havido um fracasso na interação de tentativa e erro. Os sistemas criativos precisam, portanto, de um meio para experiências — para o "jogo" com possibilidades. A condição básica de toda autoorganização ou evolução são, de acordo com Kafka, "diversidade e tranquilidade"[33]. Este é o segredo do sucesso da sintropia em sua — finalmente! — luta sem esperança contra a entropia. Aqui, também, a destrutividade do capitalismo torna-se clara. Sua violência estrutural com a qual procura criar um mundo "à sua imagem", com a qual tenta impor suas forças produtivas e relações de produção nos recantos mais distantes do mundo, com a qual aplica apenas a medida média para determinar o valor do trabalho humano e com a qual, por fim, se esforça por uniformizar o pensamento e o sentimento das pessoas, as imagens de prosperidade e felicidade, tem um efeito devastador sobre as precondições da sintropia: a força expansiva do capitalismo, a condensação espacial e temporal do mundo da vida, limita a pluralidade, bem como a tranquilidade e, assim, impede a continuação da evolução cultural, como também, em última análise, o amadurecimento individual do ser humano.

---

[32] Scheer, 1993, 109. Cf. também Scheer, 2010.
[33] Kafka, 1994, 11. Cf. também Dürr, 2009.

O ser humano e a reflexão

O que significam prioridade da reprodução, da sustentabilidade e o princípio do ciclo para os fundamentos *internos* da vida humana? O homem, como descendente de plantas e animais, é um ser completamente rítmico[34]. São processos cíclicos que dão estabilidade à sua vida: o ciclo de inalação e exalação, nutrição e excreção, tensão e relaxamento, vigília e sono, atividade e descanso, trabalho e lazer. O Antigo Testamento já lembra: "Para tudo há momento, e tempo para cada coisa sob o céu: tempo de dar à luz e tempo de morrer; tempo de plantar e tempo de arrancar o que se plantou; tempo de matar e tempo de curar; tempo de solapar e tempo de construir; tempo de chorar e tempo de rir"[35]. Esses ciclos, que muitas vezes remontam diretamente ao movimento dos corpos celestes, garantem o retorno do similar e que a vida, portanto, siga sempre avante. Eles são a base dos processos de crescimento que criam algo completamente novo. Mas o que separa o homem de seus predecessores e define sua espécie, que Marx chama de "gênero", é, como vimos no início, sua capacidade de reflexão. Ela também pode ser entendida como um polo num processo de mudança cíclico: a mudança de intervenção e observação, mudança e teste, implementação e planejamento etc. Onde o ser humano é violentamente impedido de refletir ou mesmo privado da oportunidade de desenvolver sua capacidade de refletir, ele, como ser intelectual, está tão existencialmente bloqueado como se, como ser corporal, estivesse permanentemente privado do sono ou não pudesse desenvolver a capacidade de relaxar[36].

"Refletir" significa "curvar para trás" a consciência: o que acabei de fazer ou pensar? E por quê? Quem sou eu verdadeiramente? Existe um consenso geral na filosofia de que apenas quem se sente idêntico a si mesmo é capaz de refletir. Uma pessoa é idêntica a si mesma quando está consciente de que é basicamente a mesma pessoa que era ontem e será amanhã. Nós, como pessoa, não podemos confiar nem um pouco naquele que, inversamente, declara que não se preocupa com seu falatório de ontem, tal como não se preocupa com sua responsabilidade de amanhã. Os sociólogos há muito descobriram que precisamente essa consciência da identidade está

---

[34] Para um aprofundamento nas ciências naturais da ritmicidade ou natureza cíclica da vida e do aprendizado, cf. Cramer, 1996. Para um aprofundamento nas ciências sociais, cf. Reheis, 1996, 2003, 2005 e 2011.

[35] Eclesiastes 3,1-3.

[36] Este é um ponto de partida para a abordagem neoaristotélica da capacidade, representada principalmente por Martha C. Nussbaum e Amartya Sen.

se tornando cada vez mais frágil por causa da aceleração, flexibilização e mobilização da vida[37]. De acordo com o diagnóstico, o ritmo de vida ditado principalmente pela economia obriga cada vez mais o homem a não se ligar muito a atividades, ocupações, locais de residência e outras pessoas, e até mesmo a adaptar sua disposição interior e, em última análise, seu caráter às restrições do mercado. De acordo com Hartmut Rosa, essas pessoas desenvolvem uma "identidade situacional": no local de trabalho eles se veem de forma bastante diferente de como se veem em casa; e em casa, de forma diferente de como se veem num clube desportivo etc. Não é mais um centro pessoal, mas o "projeto" de cada um que instiga a unidade no cotidiano, as pessoas se tornam "jogadores". A ideia guia da "era moderna" de um processo emancipatório e progressivo de configuração da vida de acordo com nossas próprias ideias, nascidas do interior da pessoa, está perdendo cada vez mais validade. A situação das pessoas no século XXI talvez se assemelhe àquela de passageiro de um avião que perdeu seu piloto e agora está entrando a toda velocidade e às cegas no espaço?

No entanto, pode-se tirar uma lição positiva em relação a esse perigo para os fundamentos internos da vida humana. Quando a capacidade de reflexão ergue o homem acima do mundo dos vivos, e quando a reflexão, como o polo oposto à prática, é um momento de processo cíclico de mudança, então é crucial que esse ciclo seja posto novamente em movimento, onde quer que esteja bloqueado. Para tanto, as pessoas precisariam, em *primeiro* lugar, de oportunidades para obter clareza sobre si mesmas, tomar consciência de sua identidade, "apropriar-se" da história de suas vidas. Quanto mais eu me acostumo a dirigir meu olhar do meu presente para o meu passado e futuro, e daí novamente para meu presente, percebo quem eu sou[38]. Mas isso não é suficiente. Pois as pessoas que sabem quem são nem por isso têm, necessariamente, uma ideia do que querem. A vontade do homem pode ser vista como uma espécie de "superestrutura" da identidade pessoal. Para que a vontade se origine da própria pessoa e, portanto, seja "livre" no verdadeiro sentido da palavra, uma relação estreita deve então, num *segundo* passo, ser estabelecida entre a consciência da identidade da pessoa e sua vontade[39]. De acordo com o filósofo berlinense Peter Bieri, enquanto o homem apenas simplesmente quiser o que é exigido dele ou o que simplesmente é

---

[37] Sennett, 1998; Rosa, 2005.
[38] Dieter Sturma fala, neste contexto, de elasticidade do tempo ou neutralidade do tempo. Sturma, 1997.
[39] Bieri, 2003.

visto como desejável em seu entorno, sem ter examinado a coisa exigida ou desejada, não poderemos falar de um livre-arbítrio. A liberdade da vontade, por sua vez, requer um movimento cíclico mental: partindo de minha vontade espontaneamente existente, devo verificar se sou eu que quero a coisa desejada. O ciclo é fechado apenas quando a vontade e o julgamento coincidem. No entanto, esse tipo de reflexão deve primeiro ser aprendido, deve ser transferido para a "cabeça", o "coração" e a "mão". No caminho para uma sociedade economicamente sustentável, supostamente seria importante, num primeiro passo, arranjar espaço e tempo suficiente para a reflexão em todas as etapas da vida e âmbitos sociais — para pausar, repensar e descansar. Isso permitiria oferecer resistência verdadeira à operação *nonstop* do capitalismo com suas onipresentes coerções de desempenho e flexibilidade e com todo o poder de mobilização que ele tem.

Sinfonia da vida, barulho da morte

Para que o tratamento dos fundamentos externos e internos da vida seja pautado pela estrutura cíclica e, assim, corresponda ao primado da reprodução e ao modelo de sustentabilidade, é aconselhável olhar novamente para o papel que o dinheiro tem exercido até agora. No capitalismo, o dinheiro é usado como uma medida universal e como um meio para comparar e conectar coisas, que de outro modo permaneceriam isoladas umas das outras. Se, como deve ter sido esclarecido neste livro, a racionalidade do dinheiro conduz ao erro com clareza cada vez maior como padrão e meio no cultivo e desenvolvimento da felicidade e da saúde, da sociedade e da cultura — e, claro, nos fundamentos naturais de nossa vida! —, então devemos procurar uma nova medida, um novo meio. E este poderia ser o tempo, porque um olhar sobre o tempo também traz ao centro da atenção tanto nossa própria vida como seus fundamentos[40]. O tempo é mais antigo e mais universal do que o dinheiro, está inscrito pela evolução no mundo vivo e inanimado, no grande mundo dos corpos celestes, bem como no pequeno mundo dos átomos[41].

---

[40] De resto, a equação "tempo = dinheiro" é fundamentalmente errada. Somente em condições muito específicas, o tempo é trocável por dinheiro; e mais raramente ainda o dinheiro é trocável por tempo; o fim pode vir rápido, no mais tardar em idade avançada e em doenças graves.

[41] Os impulsos sociocientíficos para uma teoria cultural e social relacionada ao tempo foram dados por Fernand Braudel com sua história econômica estruturalista (ver capítulo 1). Com o exemplo de sua "história universal do Mediterrâneo", ele apresenta uma concepção da distinção de três níveis

Tudo o que existe, diz o biólogo molecular Friedrich Cramer em seu livro A *sinfonia da vida*, está em constante vibração, gera ressonâncias, está sincronizado[42]. E o dinheiro? Seu descomedimento, especialmente se serve à lógica capitalista da produção pela produção, a retroalimentação compulsiva de lucro e investimento — tudo isso cria padrões de movimento e crescimento que são mais propensos a fazer pensar em barulho do que em música, em morte do que em vida.

Em primeiro lugar: as direções nas quais o dinheiro e capital se movimentam são ditadas por ele próprio. O princípio é: é preciso transportar mais coisas para onde já há muitas. Plantas, animais e seres humanos, na medida em que não obedecem à lógica do dinheiro, seguem um princípio exatamente oposto: quando estão saturados, suas atividades são interrompidas ou dirigidas para outros objetivos.

Em segundo lugar: as velocidades dos movimentos de dinheiro e capital, de um lado, e do "restante" do mundo, de outro, também são fundamentalmente diferentes. Graças à moderna tecnologia da informação, o dinheiro e o capital se movem com rapidez quase infinita. E o dinheiro e o capital crescem para cima sem limitação, devido à intrínseca pretensão de autorreprodução. Em contraste com o dinheiro, o "restante" do mundo luta contra os dentes do tempo e, em algum momento, desembarca num caminho circular. O dinheiro cresce até o céu, as árvores não.

E *em terceiro lugar*: a gigantesca mobilidade do dinheiro, sua tremenda velocidade de fluxo e a possibilidade de armazenamento conduzem ao obscurecimento de todas as fronteiras espaciais e temporais e, nesse processo, destroem também a diversidade do mundo. O dinheiro conecta espaços que, se não houvesse o dinheiro, não teriam nada a ver uns com os outros. O efeito de longa distância do dinheiro, de repente, ameaça a ruína de ilhas no Pacífico Sul, como Tuvalu, por meio de decisões tomadas nos bancos e bolsas em Nova York, Tóquio e Frankfurt. E o dinheiro também pode superar os limites temporais entre presente, passado e futuro: dinheiro e

---

temporais da história: da natureza quase imóvel, do nível lento da cultura, da economia e da sociedade e dos rápidos eventos baseados na ação individual. Quem quer entender o que é mais rápido deve fazê-lo sempre no contexto do mais lento. Transferindo isso para a relação de dinheiro e tempo: o dinheiro rápido torna-se compreensível apenas no contexto do tempo lento. De semelhante modo, Oskar Negt distingue quatro "camadas da realidade no contexto de globalização" em termos da dimensão espaço-tempo: os mercados financeiros ou as bolsas são os mais amplos e mais rápidos; a comunidade tem o mais lento enraizamento e o mais profundo. Negt, 2001, 60-95. E, portanto, em relação à última camada final, seria preciso acrescentar a ecologia e a evolução da natureza.
[42] Cramer, 1996.

capital são armazéns de tempo. É verdade que, no início, apenas as horas de trabalho humanas já passadas são depositadas neles, como em todos os produtos da atividade humana. No entanto, a coisa insidiosa no dinheiro é que ele pode armazenar não apenas o tempo passado, mas, se usado como capital, também o tempo futuro. Em contraste com os bens de consumo ou com o dinheiro que serve para adquiri-los, o dinheiro como capital serve para a aquisição de meios para mais produção e, portanto, aumenta a pretensão por potencial de tempo futuro. Quem tomou dinheiro emprestado já vendeu uma parte do seu próprio futuro. Onde o dinheiro aparece como capital, a força de trabalho humana e os recursos naturais devem ser colocados em movimento; a paz e a moderação acabaram de uma vez por todas. Por meio de sua capacidade de expansão e de mistura espaciais e temporais, não apenas fronteiras são destruídas, mas também diminui a diversidade do mundo, ordens são dissolvidas, e a entropia aumenta.

Resumo

É inegável que, desde a disseminação do capitalismo no mundo, e especialmente desde a industrialização, os fundamentos da vida humana foram demandados de uma maneira historicamente incomparável. Essa demanda é acompanhada pela condensação do mundo exterior e pela mobilização do mundo interior. Embora o empreendimento científico estabelecido tenha grandes dificuldades em destrinchar essas conexões, Marx apreende, desde o início, a conexão fundamental entre o corpo orgânico e o inorgânico do ser humano. O produzir por produzir, que rebaixa a reprodução ao nível do efeito colateral que pode ou não ocorrer, perturba essa conexão em ambos os lados. Ele ameaça gerar, poderíamos dizer hoje, um duplo esgotamento das energias. No entanto, também podemos concluir das explanações de Marx como esse perigo pode ser enfrentado: reorientando a atividade econômica do primado da produção para o primado da reprodução, ou seja, superando a compulsão do crescimento capitalista. O objetivo da atividade econômica poderia ser não a acumulação de bens e capital, mas a preocupação com a fecundidade da natureza e a vitalidade do ser humano. Essas ideias marxistas são aptas, no discurso atual, para introduzir o modelo de desenvolvimento sustentável. Uma economia orientada pela reprodução substitui o prevalecente padrão linear e, muitas vezes, até mesmo exponencial pelo padrão cíclico, e apenas os ciclos são verdadeiramente sustentáveis. Isto se aplica tanto aos fundamentos externos como aos internos da vida, aos ciclos materiais e energéticos da natureza, bem como à respiração e nutrição do homem — e também ao ciclo pelo qual o homem se distingue de todas as outras espécies: o ciclo entre prática e reflexão.

Em que medida o olhar sobre os fundamentos da vida nos ajuda a iluminar a peculiaridade da estabilidade do capitalismo até aqui? Em termos de fundamentos *externos*, quanto mais nos aproximamos dos limites do crescimento no século XXI, mais fica claro que a construção de pilares de suporte deve chegar ao seu fim "natural". Porque todo o material de construção que é necessário para esses pilares — para a expansão externa do sistema de exploração, incluindo sua segurança sociopolítica e político-militar, bem como para a penetração interior da alma dos homens de ganância, autocoerção e promessas de salvação — é, em última análise, retirado da natureza que está chegando aos seus limites. E em termos dos fundamentos *internos* da vida parece estar emergindo, com nitidez cada vez maior, o fato de que o homem, em face da densidade agora alcançada das redes do mundo exterior e devido ao grau de mobilização de seu mundo interior, perde gradualmente sua orientação. Assim como a pura produção o faz perder a reprodução, ele, por pura mudança, pode deixar de compreender o que ele realmente está fazendo e o que realmente está acontecendo[43].

---

[43] Cf. Herbert Schnädelbach em referência à bem conhecida *Tese sobre Feuerbach* nº. 11 de Marx ("Os filósofos apenas interpretaram o mundo de diferentes maneiras; o que importa é transformá-lo"). SZ 4/5 mar. 1995.

Perspectiva:
E agora?

Quem quer ver Marx no lixo da história gosta de se referir às suas previsões que não teriam se confirmado em sua totalidade. Este livro mostrou duas coisas: *em primeiro lugar*, o capitalismo impera há apenas duas décadas de modo verdadeiramente global e sem concorrentes, ou seja, tal como Marx imaginava a conquista do mundo pela burguesia[1]. Se o prognóstico da autodestruição do capitalismo por causa de suas contradições intrínsecas é confirmado ou não pelo desenvolvimento real é algo que, portanto, só pode ser revelado no futuro. *Em segundo lugar*, asserções essenciais nos escritos de Marx, complementadas por algumas continuações dos autores do século XX, podem explicar convincentemente os traços básicos da atual ordem econômica e social. Isto é especialmente verdadeiro ao compararmos essa explicação com o que a ciência

---

[1] Cf. também Negt, 2001, 30.

econômica prevalecente tem para oferecer. No entanto, na questão sobre quanto tempo o capitalismo durará, como e onde exatamente seu fim será selado e o que vem depois dele era algo incerto e impreciso para Marx — como filho de seu tempo. Por meio de seu trabalho, Marx talvez tenha contribuído para o fato de que a linha do tempo do capitalismo, no final da qual ele já se imaginava, tenha mais uma vez se estendido claramente "para trás".

Reduzir as dores do parto

Temos, portanto, boas razões para finalmente nos despedir da corrida triunfante do início da década de 1990 do século passado. Mas o que se segue disso para a prática política hoje? Na história da luta contra o capitalismo, discutiu-se por longo tempo sobre o caminho certo. Em última análise, o capitalismo é destruído pelo agravamento de suas próprias contradições internas, de modo que só é preciso esperar para depois assumir o controle da transformação da economia e da sociedade? Ou a transição do capitalismo para o socialismo consiste num processo contínuo e interminável, que é preciso influenciar desde o início, para que o caminho seja finalmente o objetivo? Em outras palavras, tudo depende principalmente ou até mesmo exclusivamente dos fatores objetivos, ou seja, do desenvolvimento da tecnologia e do grau da divisão do trabalho, ou principalmente ou até mesmo exclusivamente dos fatores subjetivos, ou seja, do grau de consciência humana e da resistência organizada?

O próprio Marx enfatizou claramente os fatores objetivos (ver capítulos 1 e 7). Mas ele não desconsiderou os subjetivos. Na introdução ao prefácio do primeiro volume de O *Capital*, ele compara o surgimento da nova ordem a partir da antiga ordem com o nascimento de uma pessoa[2]. O crescimento do feto no útero e também o processo de nascimento em si são processos objetivos, que só podem ser influenciados de forma muito limitada pelos humanos. Mas, de acordo com Marx, é possível reduzir as "dores do parto". E isso acontece porque a sociedade sai no encalço de "sua própria lei do movimento". É precisamente a esse objetivo que Marx pretende servir com sua *crítica da economia política*. Nesse sentido, ele vê muito bem que às contradições objetivas no capitalismo deve-se adicionar o fator subjetivo do esclarecimento sobre essas contradições, para que a superação do antigo sistema seja bem-sucedido.

---

[2] *MEW* 23, 15 s.

Hoje, há outra necessidade para se concentrar mais no lado subjetivo da transição do capitalismo para o sistema subsequente: os riscos associados a essa fase de transição, que hoje, ao contrário do século XIX, são enormes. Pois, com o grande aumento das forças produtivas, o capitalismo também produziu enormes forças destrutivas. Basta pensar na possibilidade do colapso dos mercados financeiros globais, das artérias principais da economia mundial, na paralisação das redes de comunicação mundiais, ou seja, na infraestrutura técnica do entendimento global, na interrupção dos sistemas de abastecimento de petróleo, gás e eletricidade, ou seja, no fornecimento de energia do mundo industrial; ou no colapso de grandes ecossistemas ou na liberação do potencial de destruição de usinas nucleares ou armas de destruição em massa. Essas forças destrutivas podem causar sofrimento incalculável. E, em casos extremos, podem levar a uma situação em que a busca de uma ordem econômica e social humanamente digna seja supérflua para sempre.

Autoesclarecimento da sociedade

Portanto, como se pode imaginar a necessária redução das dores de parto pelo autoesclarecimento da sociedade em relação à sua lei de movimento? Quem deve esclarecer quem e como? Quanto a isto também estamos mais inteligentes no início do século XXI. Em nenhum caso, um pequeno círculo de "iluminados" deveria reivindicar o papel de esclarecedor, como aconteceu repetidas vezes na história do movimento socialista. Todos devem poder participar da luta comum pelo esclarecimento. Isto se aplica antes de tudo a quem sofre sob as atuais condições, a quem é visto como vítima de mazelas evitáveis. Mas também se aplica a todos os outros que simplesmente querem contribuir com suas ideias para a busca comum de um progresso humano e social. Tal como acontece com todos os processos educacionais, este processo só pode ser bem-sucedido se os participantes começam onde se encontram, ou se buscam umas às outras onde estão. A única compulsão que merece respeito em tais discursos de esclarecimentos é, como diz o filósofo Jürgen Habermas, a "compulsão peculiarmente relaxada pelo melhor argumento"[3].

Os esforços feitos até agora para obter clareza sobre o capitalismo e lutar contra ele foram tão insatisfatórios porque também não fizeram todos

---

[3] Habermas, 1981, vol. 2, 56.

os adversários puxar a mesma corda. Igrejas e espíritos livres, humanistas e cidadãos educados, sindicatos e cooperativas, movimentos de reformas e grupos ambientalistas, antimilitaristas e ativistas do terceiro mundo — todos descrevem e explicam o capitalismo de sua maneira específica. Não raro, eles jogam sobre os outros a culpa por situações deploráveis; por exemplo, quando as igrejas acusaram os sindicatos de uma atitude materialista e egoísta, os sindicatos as acusaram de uma atitude ingênua e idealista. E sucessos práticos alcançados numa área na tentativa de limitar ou eliminar o capitalismo muitas vezes ocorrem às expensas de outras áreas, como quando, por exemplo, o crescimento econômico nos centros foi pago com a miséria nas periferias e a pilhagem da natureza (ver capítulo 2). Essas expensas foram repetidamente empurradas para os ombros dos outros, e as responsabilidades, constantemente redistribuídas. No final se encontrava aquele pátio de manobras da responsabilidade, mencionado na introdução e que quase ninguém mais conseguia deslindar.

Movimentos sociais

A questão central hoje deve ser: como todos aqueles que estão empenhados no autoesclarecimento da sociedade e são críticos ao capitalismo podem se unir em um movimento social comum contra ele? Os movimentos sociais são, de acordo com o politólogo berlinense Dieter Rucht, mais do que apenas grupos de indivíduos, mais que organizações, mais do que partidos. São redes duradouras que encontraram uma "identidade coletiva" e querem promover ou também evitar mudanças sociais fundamentais[4]. O liberalismo burguês e a fase inicial do socialismo foram, por muito tempo, os movimentos sociais mais importantes. Em termos simples, hoje se formam, de um lado, adeptos do neoliberalismo e, de outro lado, críticos da forma capitalista de globalização, cada um constituindo em torno desses dois polos uma variedade colorida de vínculos mais ou menos sólidos.

Os movimentos sociais tornam-se politicamente poderosos especialmente se conseguem não só partir de experiências cotidianas elementares, mas também integrar correntes críticas existentes. As chances de tal integração tornam-se melhores quanto maior é o êxito desses movimentos em impor uma linguagem comum para a interpretação do sofrimento diário como os

---

[4] Rucht, 2002. Os movimentos sociais puderam surgir na história apenas no momento em que a crença na onipotência de Deus ou da tradição foi substituída pela convicção de que a sociedade é essencialmente moldada pelo próprio homem.

sonhos de uma vida melhor, podendo assim ganhar uma identidade coletiva. Não é uma exigência fácil: essa linguagem deve ser ancorada na teoria das ciências sociais e, simultaneamente, estar ligada ao mundo da vida das pessoas. Deve permitir tanto o entendimento coletivo de questões factuais, como a expressão individual de ideias e sentimentos. Ela deve conectar o ser humano com outras pessoas. E consigo mesmo, o que, muitas vezes, não é tão simples. Como se sabe, podemos ser enganados mentalmente em várias coisas, e se não tivéssemos nossos corpos como aliados incorruptíveis, não seríamos capazes de experimentar "por nós mesmos" o que é e o que não é bom para nós, estaríamos em péssima situação[5].

O movimento crítico ao capitalismo de orientação marxista tinha, até aqui, condições apenas limitadas de executar essa integração linguística e intelectual. O chamado movimento trabalhista ou marxismo de visão de mundo (ver Introdução) centrou-se na teoria da exploração como um elemento essencial da crítica marxista. Mas a teoria da exploração só diz respeito à esfera da produção. Esta forma de marxismo no final do século XIX e, durante grande parte do século XX, conseguiu mobilizar e organizar uma parcela considerável de assalariados nos países avançados industrializados. No entanto, em vista das consequências hoje ubíquas desta integração dos trabalhadores dos países altamente industrializados no sistema global de exploração, é preciso levar mais a sério o segundo foco da crítica de Marx ao capitalismo nos centros da economia mundial: o foco relativo à esfera da reprodução, isto é, à esfera de nossa vida em que preservamos e cultivamos tudo o que é importante para nós — saúde, relações sociais, cultura e natureza[6]. A mera percepção de que o capitalismo tem como meta a produção de valor mostra que esse modo de atividade econômica leva a reprodução a sair perdendo sistematicamente. Tão logo a visão crítica do capitalismo é direcionada para a questão de saber quais consequências o producionismo tem não apenas para a situação material dos trabalhadores, mas para a vida como um todo, novas percepções entram em foco. Elas receberam atenção especial neste livro. Dizem respeito aos efeitos sobre os fundamentos naturais da vida, às conquistas culturais e aos laços sociais, ao bem-estar e

---

[5] O psicomotricista Jörg Schröder, de Schwerin, desenvolveu uma concepção promissora, com ajuda da qual a pessoa que se sente sobrecarregada pelas contradições da vida cotidiana no capitalismo, pelos enredos entre o domínio externo e o domínio próprio, pode ganhar "no seu próprio corpo" um fio condutor guia para a convalescença e a boa vida. Schröder, 2009.

[6] Oskar Negt foi um dos primeiros a chamar a atenção para essa dimensão da análise de Marx. Negt, 1987.

felicidade das pessoas. Por conseguinte, trata-se de compreender a ameaça contra aquilo do que precisamos para a vida, o que nos é caro, o que torna a vida digna de ser vivida, e compreendê-la "num todo homogêneo" — e, ao mesmo tempo, como ligada à esfera da produção.

"Num todo homogêneo" significa *em primeiro lugar* esclarecer o vínculo interno entre o sofrimento das pessoas com os *déficits* do setor reprodutivo, de um lado, e o princípio da produção pela produção no setor produtivo, de outro.

Um exemplo de tal contexto é o contraste escandaloso entre o subfinanciamento e o desprezo ao trabalho reprodutivo, isto é, a educação das crianças, o cuidado dos doentes e idosos, a atenção às preocupações sociais, culturais e ambientais gerais da comunidade, de um lado, e a riqueza abundante na área de produção material com sua superestrutura financeira em todas as sociedades avançadas, de outro. *Em segundo lugar,* "num todo homogêneo" significa que, a partir da descrição e análise das condições de reprodução, os critérios para uma reviravolta podem ser obtidos ao mesmo tempo. E *em terceiro lugar,* significa que não só os fatos, mas também os sentimentos devem ser levados a sério na descrição e análise do que acontece no domínio reprodutivo. Apenas sentimentos mexem conosco tão profundamente que podem ser efetivos como base de motivação de um movimento social contra o capitalismo.

Ecologia do tempo

Como essa abordagem anticapitalista, visando ao âmbito da reprodução, poderia parecer concretamente quando ligada a Marx? Ela poderia tomar como ponto de partida um sentimento perceptível em todos os lugares. Mais e mais pessoas estão experimentando hoje como seu corpo e sua psique, como suas parcerias, famílias e redes sociais estão sob pressão temporal e sofrem danos. Quando os adultos, de repente, colapsam sob o peso das demandas diárias, quando crianças e adolescentes de repente ficam incontroláveis, mas também quando os rios transbordam com frequência sempre maior e o clima se altera, esses fenômenos podem ser interpretados como sinais de alarme de um tratamento inadequado do tempo: nosso próprio tempo, o tempo de nossos semelhantes e o tempo da natureza extra-humana. Outro argumento a favor deste ponto de partida é que já existem muitos esforços nos centros capitalistas para lidar com o tempo de outra maneira, muitas vezes sob o modelo da "desaceleração": desde *slow food, slow city, slow motion,* passando por esforços de igrejas e sindicatos para proteger domingos e feriados, a Associação para o Retardamento do Tempo e a Sociedade Alemã para a Política do Tempo até o entusiasmo por caminhos de peregrinação e períodos de jejum.

Embora todas as forças críticas ao capitalismo até aqui tenham sempre se preocupado com a maneira correta de lidar com o tempo, elas ainda não se conscientizaram desse ponto em comum: os sindicatos protegem o tempo livre do homem contra o ataque do mundo do trabalho, as igrejas protegem os períodos de retiro e o tempo das famílias contra a voragem da comercialização; grupos no Terceiro Mundo protegem o tempo de desenvolvimento das sociedades contra a indiferença do restante do mundo; os grupos ambientais protegem o tempo de regeneração da natureza contra a implacabilidade de sua excessiva exploração técnica. O tema "tempo" poderia estabelecer enormes conexões sinérgicas entre essas forças e inspirar a prática de crítica ao capitalismo. Além disso, um amplo interesse em lidar com o tempo poderia facilmente seguir o modelo do desenvolvimento sustentável, que, como se sabe, visa à viabilidade futura de nossa forma de lidar conosco mesmos, com os outros e com a natureza e, sem uma concretização limitada no tempo, permanece não-obrigatória.

Portanto, essa "ecologia do tempo"[7] deveria perguntar como, no trato do ser humano consigo mesmo, com seu ambiente social e o entorno natural sob o ditame temporal da produção pela produção, nosso tempo próprio é violado estruturalmente, e como esse ditame temporal acarreta sistematicamente estresse e destruição em todos os três níveis. E ela precisa desenvolver conceitos para lidar com o tempo de uma maneira que seja mais apropriada para as pessoas e a natureza. A ecologia do tempo poderia ser um desenvolvimento frutífero da teoria de Marx na direção de uma crítica contemporânea da forma capitalista de reprodução. Este livro mostrou o quanto Marx enfatiza a centralidade da dimensão temporal em muitos lugares — na diferenciação do homem em relação ao animal, na caracterização da época burguesa, na análise da produção de mercadorias e na exploração da força de trabalho. Uma ecologia do tempo de crítica ao capitalismo teria de partir daí. Tal projeto seria excelentemente apropriado para uma integração das mais diferentes vítimas desta ordem econômica e também poderia falar àqueles que têm apenas o vago sentimento, talvez emparelhado com

---

[7] Para o projeto homônimo na Academia Evangélica de Tutzing, ver, por exemplo, Geißler; Held 1995 e Geißler; Kümmerer; Sabelis, 2006. Para a base científica, cf. especialmente as contribuições ao projeto de Klaus Kümmerer. Para a conexão entre ecologia do tempo e crítica do capitalismo, cf. Reheis, 1996, 2003 e 2005.

curiosidade, de que possa haver algo diferente, melhor, mais bonito além do conhecido. Talvez tal projeto possa ajudar a recuperar o primado da política democrática sobre as coerções da economia e criar uma nova identidade coletiva para a modernidade tardia e o pós-modernismo, que perderam orientação. Mesmo que os frutos de tal visão só possam ser colhidos após décadas, devemos começar a plantar as árvores amanhã.

Bibliografia

1. Karl Marx e Friedrich Engels

Os títulos são cronologicamente organizados e, em sua maioria, estão contidos em *Marx-Engels-Werke* (MEW). Exceções: *Grundrisse der Kritik der politischen Ökonomie* e *Marx/Engels. Historisch-kritische Gesamtausgabe* (MEGA).

Marx, Karl. (1843). *Zur Judenfrage*. In: MEW 1, Berlim, 347-377. Trad. bras.: *Sobre a questão judaica*. São Paulo: Boitempo, 2010.

_____. (escrito em 1844). *Ökonomisch-philosophische Manuskripte aus dem Jahr 1844* In: MEW, Suplemento, Berlim, 465-588. Trad. bras.: *Manuscritos econômico-filosóficos*. São Paulo: Boitempo, 2010.

_____. (1844-1845). *Exzerpte*. In: MEGA, Primeira seção, vol. 3, Glashütten im Taunus, 546 ss.

_____. (escrito em 1845). *Thesen über Feuerbach*. In: MEW 3, Berlim, 5 ss.

_____.; Engels, Friedrich. (escrito em 1845-1846). *Die deutsche Ideologie. Kritik der neuesten deutschen Philosophie in ihren Repräsentanten Feuerbach, B. Bauer und Stirner, und des deutschen Sozialismus in seinen verschiedenen Propheten*. In: MEW 3, Berlim, 9-530. Trad. bras.: *A ideologia alemã. Crítica da mais recente filosofia alemã em seus representantes Feuerbach, B. Bauer e Stirner, e do socialismo alemão em seus diferentes profetas*. São Paulo: Boitempo, 2007.

_____. (1847). *Das Elend der Philosophie. Antwort auf Proudhons "Philosophie des Elends"*. Deutsch von E. Bernstein und K. Kautsky. Mit Vorwort und Noten von Friedrich Engels. In: MEW 4, Berlim, 63-182. Trad. bras.: *Miséria da filosofia*. São Paulo: Boitempo, 2017.

_____.; Engels, Friedrich (1848). *Manifest der Kommunistischen Partei*. In: MEW 4, Berlim, 459-493. Trad. bras.: *Manifesto do partido comunista*. São Paulo: Penguin Companhia, 2017.

_____. (escrito em 1857-1858). *Grundrisse der Kritik der politischen Ökonomie (Rohentwurf)*, Berlim. Trad. bras.: *Grundrisse. Manuscritos econômicos de 1857-1858. Esboços da crítica da economia política*. São Paulo: Boitempo, 2011.

_____. (1858). *Brief an Engels vom 8.10*. In: MEW 29, Berlim, 360.

_____. (1859). *Zur Kritik der politischen Ökonomie*. In: MEW 13, 3-160, Berlim. Trad. bras.: *Contribuição à crítica da economia política*. São Paulo: WMF Martins Fontes, 2003.

_____. (1861-1863). *Theorien über den Mehrwert*. In: MEW 26.3, Berlim, 252 s.

_____. (1867). *Das Kapital. Kritik der politischen Ökonomie*, vol. 1: *Der Produktionsprozeß des Kapitals*. In: MEW 23, Berlim. Trad. bras.: *O capital. Livro 1, vol. 1. Crítica da economia política. O processo de produção do capital*. Rio de Janeiro: Civilização Brasileira, ^{25}2008.

_____. (escrito em 1875). *Kritik des Gothaer Programms*. In: MEW 19, Berlim, 11-32. Trad. bras.: *Crítica do programa de Gotha*. São Paulo: Boitempo, 2012.

_____. (escrito em 1881). *Brief an V. I. Sassulitsch. Dritter Entwurf*. In: MEW 19, Berlim, 401-406.

_____.; Engels, Friedrich (1884). *Der Ursprung der Familie, des Privateigentums und des Staates. Im Anschluss an Lewis H. Morgans Forschungen*. In: MEW 21, Berlim, 23-173.

Engels, Friedrich. (1887). *Einleitung zu Sigismund Borkheims Broschüre "Zur Erinnerung für die deutschen Mordspatrioten. 1806-1807"*. In: MEW 21, Berlim, 346-351.

Marx, Karl (editado em 1894 por Friedrich Engels). *Das Kapital. Kritik der politischen Ökonomie. Bd. 3: Der Gesamtprozess der kapitalistischen Produktion*. In: MEW 25, Berlim. Trad. bras.: *O capital – Livro 3: O processo global de produção capitalista*. Rio de Janeiro: Civilização Brasileira, 2013.

2. Bibliografia adicional

Adorno, Theodor W. *Zur Logik der Sozialwissenschaft*. In: Id. (org.). *Der Positivismusstreit in der deutschen Soziologie*, Darmstadt – Neuwied, 1972.

Alt, Franz. *Die Sonne schickt uns keine Rechnung. Die Energiewende ist möglich*. Munique, 1994.

Altvater, Elmar. *Der Preis des Wohlstands. Oder Umweltplünderung und neue Welt(un)ordnung*. Münster, 1992. Trad. bras.: *O preço da riqueza. Pilhagem ambiental e a nova (des)ordem mundial*. São Paulo: Unesp, 1995.

_____. *Das Ende des Kapitalismus, wie wir ihn kennen. Eine radikale Kapitalismuskritik*. Münster ^{3}2006. Trad. bras.: *O fim do capitalismo como o conhecemos*. Rio de Janeiro: Civilização Brasileira, 2010.

Amery, Carl. *Hitler als Vorläufer. Auschwitz – der Beginn des 21. Jahrhunderts?*. Munique, 1998.

Berg, Rudolf; Selbmann, Rolf. *Grundkurs deutsche Geschichte, Bd. 1. 1800-1918*. Frankfurt – Main, ^{4}1988.

Bieri, Peter. *Das Handwerk der Freiheit. Über die Entdeckung des eigenen Willens*. Frankfurt – Main, 2003.

Binswanger, Hans Christoph. *Geld und Natur. Das wirtschaftliche Wachstum im Spannungsfeld zwischen Ökonomie und Ökologie*. Stuttgart – Viena, 1991.

Bloch, Ernst. *Das Prinzip Hoffnung*, Berlim, 1954.

Böhme, Hartmut. *Fetischismus und Kultur. Eine andere Theorie der Moderne*. Reinbek, 2006.

Böll, Heinrich. *Anekdote zur Senkung der Arbeitsmoral*. In: *Werke: Romane und Erzählungen 4. 1961-1970*. Colônia, 1994, 267-269.

Braudel, Fernand. *Das Mittelmeer und die mediterrane Welt in der Epoche Philipps II*., Frankfurt – Main, 1990. Trad. bras.: *O Mediterrâneo e o mundo mediterrâneo na época de Filipe II*. São Paulo: Edusp, 2016.

Brocke, Bernhard vom. Wissenschaft und Militarismus. Der Aufruf der 93 'An die Kulturwelt!' und der Zusammenbruch der internationalen Gelehrtenrepublik im Ersten Weltkrieg. In: Calder, William M.; Flashar, Hellmut; Lindken, Theodor (orgs.). *Wilamowitz nach 50 Jahren. Symposium aus Anlass des 50. Todestages*. Darmstadt, 1985, 649-719.

Brodbeck, Karl-Heinz. *Die fragwürdigen Grundlagen der Ökonomie. Eine philsophische Kritik der modernen Wirtschaftswissenschaften*. Darmstadt, 1998.

_____. *Buddhismus interkulturell gelesen*. Nordhausen, 2005.

_____. *Die Herrschaft des Geldes. Geschichte und Systematik*. Darmstadt, 2009.

Bröckling, Ulrich. *Das unternehmerische Selbst. Soziologie einer Subjektivierungsform*, Frankfurt – Main, 2007.

Bude, Heinz; Damitz, Ralf M.; Koch, André (orgs.). *Marx. Ein toter Hund? Gesellschaftstheorie reloaded*. Hamburg, 2010.

Burkett, Paul; Foster, John Bellamy. Stoffwechsel, Energie und Entropie in Marx' Kritik der politischen Ökonomie. Jenseits des Podolinsky-Mythos. In: PROKLA 159. *Zeitschrift für kritische Sozialwissenschaft* (Jg. 40, Nr. 2), 2010, 217-240.

Chossudovsky, Michael. *Global brutal. Der entfesselte Welthandel, die Armut, der Krieg*. Frankfurt – Main, 2002.

Cockshott, W. Paul; Cotrell, Allin. *Alternativen aus dem Rechner*. Colônia, 2006.

Cramer, Friedrich. *Symphonie des Lebendigen. Versuch einer allgemeinen Resonanztheorie*. Frankfurt – Main – Leipzig, 1996.

Creutz, Helmut. *Das Geldsyndrom. Wege zu einer krisenfreien Marktwirtschaft*. Munique, 1993.

Decker, Oliver; Brähler, Elmar. *Vom Rand zur Mitte. Rechtsextreme Einstellungen und ihre Einflussfaktoren in Deutschland. Unter Mitarbeit von Norman Geißler*. Berlim, 2006.

Demirović, Alex. Struktur, Handlung und der ideale Durchschnitt, in: PROKLA 159. *Zeitschrift für kritische Sozialwissenschaft* (Jg. 40, Nr. 2), 2010, 153-176.

Dörre, Klaus; Lessenich, Stephan; Rosa, Hartmut. *Soziologie – Kapitalismus – Kritik. Eine Debatte. Unter Mitarbeit von Thomas Barth*. Frankfurt – Main, 2009.

Dürr, Hans-Peter. *Warum es ums Ganze geht. Neues Denken für eine Welt im Umbruch*. Munique, 2009.

Dux, Günter. *Warum denn Gerechtigkeit. Die Logik des Kapitals. Die Politik im Widerstreit mit der Ökonomie*. Weilerswist, 2008.

Ehrenreich, Barbara. *Smile or Die. Wie die Ideologie des positiven Denkens die Welt verdummt*. Munique, 2010.

Eicke, Ulrich. Die Werbelawine. Angriff auf unser Bewusstsein. Munique, 1991.

Engler, Wolfgang. *Bürger ohne Arbeit. Für eine radikale Neugestaltung der Gesellschaft*. Berlim, 2005.

Fetscher, Iring. *Der Marxismus. Seine Geschichte in Dokumenten. Philosophie – Ideologie – Ökonomie – Soziologie – Politik*, 5. Auflage der einbändigen Ausgabe. Munique – Zurique, 1989.

_____. *Marx*. Freiburg – Basel – Viena, 1999.

Frey, Bruno S.; Stutzer, A. Glück – die ökonomische Analyse. In: Witte, Erich H. (org.). *Sozialpsychologie und Ökonomie. Beiträge des 25. Hamburger Symposions zur Methodologie der Sozialpsychologie*. Lengerich, 2010, 75-93.

Fromm, Erich. *Die Kunst des Liebens*, 60. Auflage. Frankfurt – Main, 2003. Trad. bras.: *A arte de amar*. São Paulo: Martins Editora, 2015.

____. *Haben oder Sein. Die seelischen Grundlagen einer neuen Gesellschaft*. Munique, 1978.

Fukuyama, Francis. *Das Ende der Geschichte. Wo stehen wir? Aus dem Amerikanischen von Helmut Dierlamm*. Munique, 1992. Trad. bras.: *O fim da história e o último homem*. Rio de Janeiro: Rocco, 1992.

Garnreiter, Franz. *Der Markt. Theorie – Ideologie – Wirklichkeit. Eine Kritik der herrschenden Wirtschaftsideologie (Forschungsheft 4 des Instituts für sozial-ökologische Wirtschaftsforschung)*. Munique, 2010.

Garnreiter, Franz; Schmid, Fred; Schuhler, Conrad. Die Alternative: Entmachtung und demokratische Kontrolle der Energiekonzerne, In: Id.; Selinger, Helmut. *Klima-Killer-Konzerne. Wie Konzerne und Marktwirtschaft das Klima kaputt machen (Report 73 des Instituts für sozial-ökologische Wirtschaftsforschung)*. Munique, 2008, 51-54.

Geißler, Karlheinz A.; Held, Martin. Grundbegriffe zur Ökologie der Zeit. Vom Finden der rechten Zeitmaße. In: Held, Martin; Geißler, Karlheinz A. (orgs.). *Von Rhythmen und Eigenzeiten. Perspektiven einer Ökologie der Zeit*. Stuttgart, 1995, 193-208.

Geißler, Karlheinz A.; Kümmerer, Klaus; Sabelis, Ida (orgs.). *Zeitvielfalt. Wider das Diktat der Uhr*. Stuttgart, 2006.

Genschel, Philipp; Nullmeier, Frank. Ausweitung der Staatszone. In: *Die Zeit*, n. 46 (2008) 15.

Giddens, Anthony. *Die Konstitution der Gesellschaft. Grundzüge einer Theorie der Strukturierung. Mit einer Einführung von Hans Joas*, 2., durchgesehene Auflage. Frankfurt – Main – Nova York, 1995. Trad. bras.: *A constituição da sociedade*. São Paulo: MWF Martins Fontes, ³2009.

Goetze, Dieter. *Entwicklungspolitik 1: Soziokulturelle Grundfragen*. Paderborn, 1983.

Großmann, Gustav. *Sich selbst rationalisieren. Mit Mindestaufwand persönliche Bestleistungen erzeugen*. ed. com novo subtítulo *Lebenserfolg ist erlernbar*. Grünwald, ²⁸1993.

Grün, Anselm. *Buch der Antworten. Antworten auf die Königsfragen des Lebens*. Freiburg – Basel – Wien, 2007. Trad. bras.: *O livro das respostas*. Rio de Janeiro: Vozes, 2008.

Habermas, Jürgen. *Theorie des kommunikativen Handelns*. 2 Vols., Frankfurt – Main, 1988. Trad. bras.: *Teoria do agir comunicativo*. São Paulo: MWF Martins Fontes, 2012.

Hardt, Michael; Negri, Antonio. *Empire. Die neue Weltordnung*. Frankfurt – Main – Nova York, 2002. Trad. bras.: *Império*. Rio de Janeiro: Record, ⁸2006.

Haug, Wolfgang Fritz. *Vorlesungen zur Einführung ins "Kapital"*. Colônia, 1974.

____. Historisches/Logisches. In: *Das Argument* 251. *Zeitschrift für Philosophie und Sozialwissenschaften* Heft 3 (Jg. 45), 2003, 378-396.

Heinrich, Michael. *Die Wissenschaft vom Wert. Die Marxsche Kritik der politischen Ökonomie zwischen wissenschaftlicher Revolution und klassischer Tradition*. Münster, 1999.

____. *Kritik der politischen Ökonomie. Eine Einführung*. Stuttgart, ³2005.

Hofmann, Werner. *Was ist Stalinismus? Vorwort von Frank Deppe und Gert Meyer*. Heilbronn, 1984.

Huber, Joseph (org.). *Anders arbeiten – anders wirtschaften. Dualwirtschaft: Nicht jede Arbeit muß ein Job sein*. Frankfurt – Main, 1979.

Hüther, Michael; Straubhaar, Thomas. *Die gefühlte Ungerechtigkeit. Warum wir Ungleichheit aushalten müssen, wenn wir Freiheit wollen*. Berlim, 2009.

Immel, Karl-Albrecht; Tränkle, Klaus. *Tatort Eine Welt. Was hat mein Handy mit dem Kongo zu tun?*. Wuppertal, 2007.

Jessen, Jens. Fegefeuer des Marktes. In: Id. (org.). *Fegefeuer des Marktes. Die Zukunft des Kapitalismus*. Munique, 2006, 105-120.

Kafka, Peter. *Das Grundgesetz des Aufstiegs. Vielfalt, Gemächlichkeit, Selbstorganisation. Wege zum wirklichen Fortschritt.* Munique, 1989.

_____. *Gegen den Untergang. Schöpfungsprinzip und globale Beschleunigungskrise.* Munique, 1994.

Kant, Immanuel. Beantwortung der Frage: Was ist Aufklärung?. In: *Berlinische Monatsschrift*, Dezembro, 1784, 481-494.

Klimenta, Harald. *Was Börsen-Gurus verschweigen. 12 Illusionen über die Finanzwelt.* Reedição atualizada. Munique, 2002.

Koslowski, Peter. *Politik und Ökonomie bei Aristoteles.* Tübingen, 1993.

Krebs, Angelika. *Arbeit und Liebe. Die philosophischen Grundlagen sozialer Gerechtigkeit*, Frankfurt – Main, 2002.

Kühnl, Reinhard. *Der deutsche Faschismus in Quellen und Dokumenten.* Colônia, 1975.

Kurz, Robert. *Marx lesen! Die wichtigsten Texte von Karl Marx für das 21. Jahrhundert. Herausgegeben und kommentiert von Robert Kurz.* Frankfurt – Main, 2006.

Lemke, Thomas; Krasmann, Susanne; Bröckling, Ulrich. Gouvernementalität, Neoliberalismus und Selbsttechnologien. Eine Einleitung. In: Id. (orgs.). *Gouvernementaliät der Gegenwart. Studien zur Ökonomisierung des Sozialen.* Frankfurt – Main, 2000, 7-40.

Lenk, Kurt. *Theorien der Revolution.* Munique, 1973.

Lotter, Konrad. Vom Gottvertrauen zum Vertrauen in die Bewältigung der Wirtschaftskrise. In: *Widerspruch 51. Münchner Zeitschrift für Philosophie* (Jg. 29), 2010, 59-73.

Luxemburgo, Rosa. Die Krise der Sozialdemokratie, In: *Gesammelte Werke*, vol. 4. Berlim, ^{5}1990, 49-164.

Marcuse, Herbert. *Der eindimensionale Mensch. Studien zur Ideologie der fortgeschrittenen Industriegesellschaft.* Neuwied – Berlim, 1967. Trad. bras.: *O homem unidimensional: estudos da ideologia da sociedade industrial avançada.* São Paulo: Edipro, 2015.

Marx, Reinhard. *Das Kapital. Ein Plädoyer für den Menschen. Unter Mitarbeit von Dr. Arnd Küppers.* Munique, 2008.

Maslow, Abraham H. *Motivation und Persönlichkeit.* Reinbek, 1994.

Maurer, Andrea. *Herrschaftssoziologie, Eine Einführung.* Frankfurt – Main, 2004.

Müller, Wolfgang. *Die großen Wirtschaftslügen. Raffgier mit System.* Munique, 2009.

Münchau, Wolfgang. *Kernschmelze im Finanzsystem*, Munique, 2008.

Negt, Oskar. *Lebendige Arbeit, enteignete Zeit. Politische und kulturelle Dimensionen des Kampfes um Arbeitszeit.* Frankfurt – Main, 1987.

_____. *Arbeit und menschliche Würde.* Göttingen, 2001.

Nutzinger, Hans G.; Wolfstetter, Elmar. Einleitung zum Kapitel "Das Transformationsproblem". In: Id. (org.). *Die Marxsche Theorie und ihre Kritik. Eine Textsammlung zur Kritik der politischen Ökonomie.* Marburg, 2008, 231-236.

Ötsch, Walter Otto. *Mythos MARKT. Marktradikale Propaganda und ökonomische Theorie.* Marburg, 2009.

Offe, Claus. Politische Herrschaft und Klassenstrukturen. Zur Analyse spätkapitalistischer Gesellschaftssysteme. In: Kress, Gisela; Senghaas, Dieter (orgs.). *Politikwissenschaft. Eine Einführung.* Frankfurt – Main, 1969, 135-164.

_____. Spätkapitalismus – Versuch einer Begriffsbestimmung. In: Id., *Strukturprobleme des kapitalistischen Staates. Aufsätze zur Politischen Soziologie.* Frankfurt – Main, 1971, 7-25.

Ottomeyer, Klaus. Vertrauen im Kapitalismus. In: *Widerspruch 51. Münchner Zeitschrift für Philosophie* (Jg. 29), 2010, 74-88.

Pohl, Kurt; Werther, Franke. Die freien Gewerkschaften im Ersten Weltkrieg. In: Deppe, Frank; Fülberth, Georg; Harrer, Jürgen (orgs.). *Geschichte der deutschen Gewerkschaftsbewegung.* Colônia, 1977, 94-145.

Reheis, Fritz. *Konkurrenz und Gleichgewicht als Fundamente von Gesellschaft. Interdisziplinäre Untersuchung zu einem sozialwissenschaftlichen Paradigma.* Berlim, 1986.

_____. "Bierbank" versus "Katheder". Zur Abgrenzung von Marxismus und Kathedersozialismus am Beispiel Gustav Schmollers. In: *Zeitschrift für Wirtschafts-und Sozialwissenschaften,* Heft 3 (Jg. 111), 1991a, 437-455.

_____. Zu einigen historischen Bedingungen des Projekts von 1917. In: Backhaus, Jürgen (org.). *Systemwandel und Reform in östlichen Wirtschaften.* Marburg, 1991b, 330-350.

_____. Das Bekenntnis zur herrschenden Wirtschaftsordnung als Lernziel? Kritische Bemerkungen zu einem Erlass des Bayerischen Kultusministeriums. In: *Gegenwartskunde,* Heft 4 (Jg. 41), 1992, 491-496.

_____. Ökologische Blindheit. Die Aporie der herrschendenWirtschaftswissenschaft. In: *Das Argument* 208. Zeitschrift für Philosophie und Sozialwissenschaften, (Jg. 37), Heft 1, 1995, 79-90.

_____. *Die Kreativität der Langsamkeit. Neuer Wohlstand durch Entschleunigung.* Darmstadt, ³2008.

_____. *Entschleunigung. Abschied vom Turbokapitalismus.* Munique, 2003.

_____. *Nachhaltigkeit, Bildung und Zeit. Zur Bedeutung der Zeit im Kontext der Bildung für eine nachhaltige Entwicklung in der Schule.* Baltmannsweiler, 2005.

_____. *Bildung contra Turboschule. Ein Plädoyer.* Freiburg – Breisgau, 2007.

_____. Wie reift der politische Wille? Thesen zur Eigenzeitlichkeit von Identität und Willensbildung, erscheint. In: Id.; Görtler, Michael (orgs.). *Reifezeiten. Bildung, Politik und Zeit. Tagungsband zur gleichnamigen Tagung an der Universität Bamberg 13.–14.04.2010.* Schwalbach – Taunus, 2011.

Reichelt, Helmut. *Zur logischen Struktur des Kapitalbegriffs bei Karl Marx. Mit einem Vorwort von Iring Fetscher.* Frankfurt – Main, ⁴1973.

Rosa, Hartmut. *Beschleunigung. Die Veränderung der Zeitstrukturen in der Moderne,* Frankfurt – Main, 2005.

_____. Ohne Bremse an die Wand. In: *Die Zeit,* n. 27 (2009) 48.

Rucht, Dieter. *Anstöße für den Wandel – Soziale Bewegungen im 21. Jahrhundert.* Documento datilografado não publicado. Conferência no contexto do encontro para "Die Bewegungsstiftung – Anstöße für soziale Bewegungen", Haus der Demokratie. Berlim, 2 de março, 2002.

Sarasin, Philipp. *Michel Foucault zur Einführung.* Hamburg, 2005.

Sarrazin, Thilo. *Deutschland schafft sich ab. Wie wir unser Land aufs Spiel setzen.* Munique, 2010.

Scheer, Hermann. *Sonnenstrategie. Politik ohne Alternative.* Munique – Zurique, 1993.

_____. *Der energetische Imperativ. 100 Prozent jetzt. Wie der vollständige Wechsel zu erneuerbaren Energien zu realisieren ist.* Munique, 2010.

Schlangen, Walter. *Demokratie und bürgerliche Gesellschaft. Einführung in die Grundlagen der bürgerlichen Demokratie.* Stuttgart, 1973.

Schröder, Jörg. *Besinnung in flexiblen Zeiten. Leibliche Perspektiven auf postmoderne Arbeit.* Wiesbaden, 2009.

Schütze, Christian. *Das Grundgesetz vom Niedergang. Arbeit ruiniert die Welt.* Munique, 1989.

Sennett, Richard. *Der flexible Mensch. Die Kultur des neuen Kapitalismus.* Berlim, 2000.

Sieferle, Rolf Peter. *Der unterirdischeWald – Energiekrise und industrielle Revolution.* Munique, 1982.

_____. Global 2050. Auszüge aus dem Bericht des Club of Doom. In: Altner, Günter et al. (org.). *Jahrbuch Ökologie* 1992. Munique, 1992, 63-73.

Sik, Ota. *Ein Wirtschaftssystem der Zukunft*. Berlim – Heidelberg – Nova York – Tokio, 1985.

Sinn, Hans-Werner. Kasino-Kapitalismus. Wie es zur Finanzkrise kam und was jetzt zu tun ist. In: *Polis. Report der deutschen Vereinigung für politische Bildung*, Heft 1 (Jg. 14), 2010, 11.

Sombart, Werner. *Händler und Helden. Patriotische Besinnungen*. Munique – Leipzig, 1915.

Stiglitz, Joseph E. *Im freien Fall. Vom Versagen der Märkte zur Neuordnung der Weltwirtschaf*. Munique, 2010.

Sturma, Dieter. *Philosophie der Person. Die Selbstverhältnisse von Subjektivität und Moralität*. Paderborn – Munique – Viena – Zurique, 1997.

Taylor, Charles. Kapitalismus ist unser faustischer Pakt. In: Jessen, Jens (org.). *Fegefeuer des Marktes. Die Zukunft des Kapitalismus*. Munique, 2006, 9-16.

Ternes, Bernd. *Karl Marx. Eine Einführung*. Konstanz, 2008.

Ullrich, Wolfgang. *Habenwollen. Wie funktioniert die Konsumkultur?*. Frankfurt – Main, 2006.

Ulrich, Peter. *Transformation der ökonomischen Vernunft. Fortschrittsperspektiven der modernen Industriegesellschaft*. Bern – Stuttgart, ²1987.

Vivelo, Frank Robert. *Handbuch der Kulturanthropologie. Eine grundlegende Einführung*. Munique, 1988.

Vogt, Winfried. Zur Kritik der herrschenden Wirtschaftstheorie. In: Id. (org.). *Seminar. Politische Ökonomie. Zur Kritik der herrschenden Nationalökonomie*. Frankfurt – Main, 1973, 179-205.

_____. *Theorie der kapitalistischen und einer laboristischen Ökonomie*. Frankfurt – Main, 1986.

Wagenknecht, Sahra. *Wahnsinn mit Methode. Finanzcrash und Weltwirtschaft*. Berlim, 2008.

Wagner, Hilde (org.). *"Rentier' ich mich noch?" Neue Steuerungskonzepte im Betrieb*. Hamburg, 2005.

Wallerstein, Immanuel. Aufstieg und künftiger Niedergang des kapitalistischen Weltsystems. Zur Grundlegung vergleichender Analyse. In: Senghaas, Dieter (org.). *Kapitalistische Weltökonomie. Kontroversen über ihren Ursprung und ihre Entwicklungsdynamik*. Frankfurt – Main, 1979, 31-67.

_____. Marx, der Marxismus-Leninismus und sozialistische Erfahrungen im modernen Weltsystem. In: *Prokla 78. Zeitschrift für kritische Sozialwissenschaft* (Jg. 20), 1990, 126-137.

_____. Marx und die Unterentwicklung. In: Goldschmidt, Werner (org.). *Zur Kritik der politischen Ökonomie – 125 Jahre "Das Kapital"* (Dialektik. Enzyklopädische Zeitschrift für Philosophie und Wissenschaften, Heft 1992/93), 1992, 87-104.

_____. *Absturz oder Sinkflug des Adlers? Der Niedergang der amerikanischen Macht*. Hamburg, 2003. Trad. bras.: *O declínio do poder americano: os Estados Unidos em um mundo caótico*. Rio de Janeiro: Contraponto, 2004.

_____. Die große Depression. In: *Blätter für deutsche und internationale Politik*, Heft 11 (Jg. 53), 2008, 5-7.

Weber, Jürgen. *Das Entscheidungsjahr 1948*. Munique, ²1982.

Weber, Max. *Wirtschaft und Gesellschaft. Grundriss der verstehenden Soziologie. Studienausgabe*, 2 vols., Colônia – Berlim, 1964. Trad. bras.: *Economia e Sociedade*. Brasília: Editora da Universidade de Brasília, 1999.

Wehler, Hans-Ulrich. *Das Deutsche Kaiserreich 1871-1918*. Edição revista e com nova bibliografia. Göttingen, ²1975.

Welzer, Harald. Blindflug durch die Welt. Die Finanzkrise als Epochenwandel. In: *Der Spiegel*, Heft 1, 2009, 132 s.

Wilkinson, Richard; Pickett, Kate. Die verlorene Gleichheit. Wie Ungleichheit Vertrauen zerstört und die Demokratie gefährdet. In: *Blätter für deutsche und international Politik*, Heft 7 (Jg. 55), 2010, 39-48.

Winterhoff-Spurk, Peter. *Unternehmen Babylon. Wie die Globalisierung die Seele gefährdet*. Stuttgart, 2008.

Ziegler, Jean. *Die neuen Herrscher der Welt und ihre globalen Widersacher*. Munique, 2002.

Zielke, Andreas. Bist du berühmt? Bist du sexy? Hast du gewonnen?. In: SZ 3 nov. 2008.

____. In den kulturellen Tiefen der Krise. In: SZ 6 fev. 2009.

Zintl, Reinhard. Privateigentum, Ausbeutung, Entfremdung. Karl Marx, In: Eckl, Andreas; Ludwig, Bernd (orgs.). *Was ist Eigentum? Philosophische Positionen von Platon bis Habermas*. Munique, 2005, 176-190.

Edições Loyola

editoração impressão acabamento
Rua 1822 nº 341 – Ipiranga
04216-000 São Paulo, SP
T 55 11 3385 8500/8501, 2063 4275
www.loyola.com.br